정법시대를 바라보며

근본불교에서 깨치는 수행

정법시대를 바라보며
근본불교에서 깨치는 수행

초판 1쇄 인쇄   2010년 09월 05일
초판 1쇄 발행   2010년 09월 10일

지은이 | 김월관
펴낸이 | 손형국
펴낸곳 | (주)에세이퍼블리싱
출판등록 | 2004.12.1(제315-2008-022호)
주소 | 서울특별시 강서구 방화3동 316-3 한국계량계측회관 102호
홈페이지 | www.book.co.kr
전화번호 | (02)3159-9638~40
팩스 | (02)3159-9637

ISBN 978-89-6023-424-6 03220

정법시대를 바라보며

근본불교에서
깨치는 수행

김월관 지음

ESSAY

길이 없으면 만들어 가라

불교의 깨침은 수행의 첫걸음
깨치면 베푸는 수행이 다음 길
깨침은 지혜요 베풂은 자비다
깨치고 베풀면 인생은 즐겁다

길이 아니면 가지를 말라.
길이 없다고 헤매지 말라.
길이 없으면 찾아서 가라.
길이 없으면 만들어 가라.

<월관 법당>

불교는 깨침의 종교이고, 베풂의 종교입니다. 깨침이 제일 중요합니다. 무엇을 깨쳐야 하는가? 왜 진리를 깨쳐야 하는가? 깨치면 무슨 이득이 있는가? 깨쳐도 이익이 없다면 깨칠 필요가 없지 않는가! 이런 질문을 수행자들은 하지 않을 수 없습니다. 깨침에 가까이 온 수행자나 초심자나 모두가 이런 질문을 스스로 하면서, 뼈아픈 수행을 하고 있습니다. 이 책 속에서 독자 여러분들이 스스로 자기에 맞는 답을 찾아 주기 바랍니다.(월관합장)

불교 책은 무책임한 글을 쓰면 안 됩니다. 부처님이 우주의 근본진리를 깨치시고, 그 진리를 인간의 생활에 바르게 적용하여, 중생들을 고해인생에서 해탈-열반의 생활을 할 수 있도록 가르쳤던 종교이기 때문입니다.

이 책의 내용은 정법 진리를 깨치도록 지도하는데 중점을 두었기 때문에 같은 말이나 비슷한 설명을 여러 번 반복하고 있습니다. 이 책을 단순히 읽는데 그치면, 불교소설을 읽는 결과 밖에 얻지 못할 것입니다. 수행하는 책은 빨리 읽는 것보다, 깊이 생각하면서 천천히 읽는 것이 훨씬 더 효과적입니다. 불교의 <근본진리> 하나를 깨치도록 돕고 싶은 저자의 뜻이 모든 분들에게 바르게 전달되기를 바랍니다.

월관법당은 <6인1조>로 구성된 <줄탁동시수행)을 함으로써 근본진리를 깨치는 기간을 6개월로 단축하고, 매일 수행내용을 도반끼리 공개합니다. 이 수행법은 누구나 할 수 있는 보편적인 깨침 수행법입니다. <자각전서> 한 권으로 공부하고, 수행자는 각자 자기 집에서 참선

수행에 정진합니다.

　불교의 정법 진리를 깨침은 고진감래(苦盡甘來)입니다. 뼈를 깎는 고통과 가슴을 치는 아픔을 참고, 견디면 깨침을 얻을 수 있습니다. 진리 깨침의 길은 8만 4천 가지입니다. 월관의 깨침법만이 유일한 것은 절대로 아닙니다. 훌륭한 등산가는 길을 잘 찾아서, 없던 길도 만들어서 올라갑니다.

　책 후미에 월관 자신의 삶에서 경험한 교훈(?)을 소개하오니, 모두가 인생을 사는데 작은 도움을 얻기 바랍니다. 인생을 사는 길에서 걱정과 근심과 외로움이 생길 때, 누구에게도 물을 수 없는 경우가 있었던 <고민의 경험>을 쓴 글들이오니, 독자님들의 깊은 이해를 바랍니다.

경기도 성남시 분당구 정자동
월관 합장

自 - (자)

覺 - (각)

德 - (덕)

行 - (행)

종교의 뿌리[根本]는 자연진리에 있고,

종교의 목적(目的)은 중생구제에 있다.

진리의 깨침(自覺)은 자각수행에 있고,

수행의 완성[德行]은 자비희사에 있다.

맑은 하늘에서 나에게 보내준 천둥소리

월관을 개종시킨 '자각덕행'(1996년)

雨(우) 衆(중)
寶(보) 生(생)
益(익) 隨(수)
生(생) 器(기)
滿(만) 得(득)
虛(허) 利(이)
空(공) 益(익)

萬(만) 自(자)
法(법) 覺(각)
歸(귀) 佛(불)
一(일) 教(교)
自(자) 自(자)
證(증) 修(수)
得(득) 行(행)

부처님의 가르침은 허공에 가득 내리고 있는데,
중생들은 각자가 가진 그릇 대로만 받아 가는구나!
우주만법의 뿌리는 한 진리요. 깨침은 자각뿐이다.
진리를 깨치는 붓다의 가르침은 자각수행뿐이라네.

{차 례}

제1편

불교를 알게 하는 기본 가르침

1. 자각불교는 어떤 불교인가?

자각불교 향방(自覺佛敎向方)
[自覺成道] - [스스로 깨치고]
[德行利他] - [마음을 열어서]
[生活修行] - [집에서 수행을]
[世界佛敎] - [인류를 위하여]

자각불교는 부처님이 깨치시고 가르쳤던 근본불교(초기불교)의 교리와 수행법을 오래오래 보존하고, 세계불교를 지향하는 현대인의 생활불교입니다. 부처님은 우주만법의 근본진리를 깨치시고, 그 진리에 따라 수행한 결과 고해 인생을 벗어날 수 있는 해탈열반의 길을 찾았으며, 그렇게 살면서 만세의 인류를 위한 가르침을 남겼습니다.

부처님이 남긴 가르침은 '진리를 찾아 스스로 깨치라'는 것이며 이것이 불교를 믿는 첫걸음입니다. 다음은 주변의 모든 사람들과 더불어 평화롭게 살라는 것입니다. 그러나 부처님이 깨친 진리를 지금의 우리가 어떻게 수행해야 '깨침 수행의 바른 길'인지를 찾기는 매우 어렵습니다.

수행자가 진리를 깨치는 데 일로정진하기만 하면 자리(自利) 수행에 머물게 되고, 덕행이 보살의 길이라고만 믿으면 진리 깨침이 없는 '빈 수레'를 타고 다니는 헛된 삶이 됩니다. 불교를 바로 깨치고 바르게 수행하는 보살은 반드시 먼저 진리를 깨치고, 깨친 다음에는 반드시 '중생제도 - 덕행보시 - 자비희사'를 생활 속에서 실천해야 합니다. 이런 가르침이 자각불교의 근본이념이자 기본교리입니다.

자각불교 - 월관법당은 '진리 깨침의 수행법'을 찾았습니다. 부처님의 진리 깨침 수행은 현대인들과 미래인들도 생활 속에서 누구나 이해할 수 있는 가르침이고, 누구나 실행 가능한 수행법입니다. 정법을 깨친 법사가 가르쳐주는 교리와 사상 그리고 이론체계를 공부하고, 법사의 깨침 체험을 듣고 함께 따라 수행하면 쉽게 깨칠 수 있는 수행법입니다.

자각불교(www.JAKAKBULKYO.NET)는 일반 방문자들을 위한 열린 법당[無門法堂], 근본진리의 깨침을 얻어 중생을 제도코자 하는 수행자를 위한 수행법당(自覺法堂), 깨친 후 중생을 지도하기 위한 '보임수행－자료법당'으로 구성되어 있습니다.

열린 법당은 누구나 자유롭게 드나들며 부처님의 가르침의 글들을 읽고 공부하고, 일상생활 속에서 스스로 수행하는 도량입니다.

수행법당은 불교의 교리지식과 수행요체를 해득하고, 법사와 함께 줄탁수행을 통해 진리를 깨치고, 체득체화(體得體化)하여 불교를 널리 펼치는 지도자가 되는 도량입니다.

지금, 세계종교는 새로운 진리종교를 찾고 있습니다. 지난 2천 년 동안 인류의 문화는 많은 진화를 해 왔습니다. 전통불교에서 세계불교로 나아가는 진화의 모습이 보이기 시작했습니다.

불교의 길고 험난했던 역사 속에서 굴곡(屈曲)된 사상과 교리를 배제하여, 미래 인류문화에 부합하는 불교로 진화해야 합니다. 부처님이 깨치고 가르쳤던 '근본진리－기본수행'은 지구상에 인류가 있는 동안에는 변치 않을 것입니다.

월관법당의 깨침 수행법이 지구촌 모든 인류에게 자유와 평화, 번영을 누리는 생활의 기초가 되고, 종교문화의 큰 등불이 되기를 바랍니다. '자연－생명－인간'에 대한 바른 시각을 확실하게 밝힐 수 있는 지도자들이 많이 나와서 '새로운 불교운동'을 전개하는 날, 새 시대의 정법 광명이 온 누리를 밝힐 것입니다.

우리의 불교가 지금 그리고 앞으로 해야 할 사명은 '불교의 세계화'에 앞장서는 것입니다. 세계불교를 이끌 지도자들은 불교의 근본진리를 먼저 깨치고, 중생을 위한 덕행을 실천해야 합니다. 그런 의미에서 자각불교-월관법당은 미래의 지도자들을 찾아 함께 수행하며 새 시대를 열고자 합니다.

> ✤ 부처님이 깨치고 실천한 근본교리는 '지혜의 큰 등불'입니다.
> 인연법리(因緣法理)/인과법리(因果法理)/연기생멸(緣起生滅)
> 제법무아(諸法無我)/제행무상(諸行無常)/일체개고(一切皆苦)
> 오온무아(五蘊無我)/고집멸도(苦集滅道)/신수심법(身受心法)
> 자업자득(自業自得)/업장윤회(業藏輪廻)/생명윤회(生命輪廻)
> 동체대비(同體大悲)/자비수행(慈悲修行)/해탈열반(解脫涅槃)
> 개심득도(開心得道) 등은 진리 깨침 수행의 요체입니다.

자각불교-월관법당은 부처님이 직접 가르친 핵심교리와 수행법을 따라 모두 함께 줄탁동시수행(啐啄同時修行)으로 정진하여 '깨친 지도자'를 배출할 수 있는 수행기법을 가르칩니다. 줄탁수행은 법사와 다섯 명의 수자가 함께 수행도반이 되어 6개월 동안 각자의 느낌과 생각을 끊임없이 서로 교환하는 수행을 합니다.

끝으로, '불교를 믿는 두 갈래 길'을 다시 강조합니다. 어떤 신앙생활과 종교수행의 길을 선택할 것인가? 지도자가 될 것인가? 아니면, 생활불자로 살 것인가? 선택은 각자의 몫입니다. 모든 불자님들은 스스로 판단하고 선택하여 인생 목표에 맞는 종교 수행을 하시기 바랍니다. -월관 합장-

2. 영혼과 생명, 무아론과 연기법

[월관의 무아-연기 깨침]

불교에 입문한 지 오래되지 않은 월관은 아직 불교의 교리를 체계적으로 이해하지 못하여 교리공부가 진전이 퍽 느린 실정이었다. 그러나 위 '제목'에 대한 이해 없이는 불교학 공부를 더 깊게 할 수 없다고 생각했다.

'영혼과 생명'에 대한 의문은 월관이 천주교 신자였던 때에도 깊은 사색의 대상이었고, 끝없는 의문을 가졌던 '인생의 테마[話頭]'였지만, 특히 불교에 입문한 뒤에는 이를 이해하기가 더 어렵게 느껴졌다. 그 이유는 무아설(無我說)과 연기설(緣起說) 그리고 업사상(業思想)과 윤회사상(輪廻思想)이 중층적(重層的)으로 엉켜 있어 단순하게 이해하기가 너무 어려웠다. 또한 불교사상 연구에 관한 많은 책을 읽어보아도 더 어려워지는 것은 무슨 까닭인지 알 수 없었다. 꿈이나 영혼의 정체(正體)는 유전자와 좌뇌-우뇌의 합작으로 환상과 자내음(自內音: 몸 안에서 유전자가 만든 소리 또는 말)을 자신이 느끼는 '인식-의식' 활동이다(월관 자증).

최근에 전남대학교 L교수님으로부터 <불교의 생명관>이라는 연구 논문을 입수하였을 때, 월관은 '영혼과 생명'에 대한 결론을 내리고 앞을 향해 나아갈 다짐을 하면서 불교의 근본사상에 대한 공부를 계속하고 있었는데, 예상하지 않았던 일이 생겼다.

2000년 5월, 불교TV에서 <불교의 기초교리> 강의를 듣고 있을 때, 주제를 설명하던 강사가 아래와 같은 비유를 들면서 '생명의 신비성'

을 설명해주었다. 이 비유를 듣는 순간, 월관은 '한 깨침'을 얻어 영혼과 생명 그리고 무아와 연기의 원리에 대한 깊은 뜻을 깨치게 되었다.

강사는 그 '비유'를 다음과 같이 설명했다. "생명의 신비는 아직 세상에 밝혀지지 않았습니다. 예를 들면, 몇 년 전에 3천 년이 넘은 미라를 높은 산 정상의 눈밭 속에서 발견했는데, 그 미라와 함께 나온 볍씨를 땅에 심었더니, 그 볍씨에서 새로운 생명의 싹이 나왔습니다. 이것은 생명이 수천 년 동안 살아 있었다[常有＝永遠性]는 것을 증명한 것이라고 봅니다."이 설명을 듣는 순간, 월관은 강사와는 다른 생각을 하게 되었다.

그 볍씨 속에는 3천 년 동안 생명이 살아 있었던[常有] 것이 아니라, 볍씨 속에 '배아세포'라는 물질이 변치 않고 있었을 뿐이다. 배아세포에는 '생명이 존재[常有]'하고 있는 것이 아니라, 물질로서의 배아는 언제나 적합한 생육(生育) 조건을 만나면 환경과 조화를 이루어 '연기 생멸의 진리'에 따라 새싹이 나게 되어 있다.

이것이 바로 부처님이 설하신 무아설(無我說)과 연기법(緣起法)의 요지다. 그러므로 '영혼(마음)과 육신(肉身)은 오온(五蘊: 몸의 구성요소)이니, 생멸(生滅)하는 가유(假有: 일시적 존재)'라는 결론을 깨쳤다.

현대적 생명 개념을 살펴보면, '유기물이 공기와 영양을 섭취하고, 에너지를 발산하며, 폐기물을 배출하는 과정'을 생명이라고 부른다. 따라서 영혼(마음)은 생명[肉身]이라는 동전의 다른 면에 불과하다. 생명 과정이 진행되고 있는 동안 오근(五根: 눈, 귀, 코, 혀, 몸)을 통해 받아들인 것에 대응─반응하는 것이 생각과 마음이요, 의식과 의지요, 영혼과 정신이라고 이름 붙인 것이다.

인간의 뇌에는 '숨골'(호흡을 관장하는 뇌) 그리고 그 뒷면에 '마음골'(眼耳鼻舌身意＝六識)이 활동하고 있다. 따라서 숨골의 기능이 정지되면, '생각하는 뇌'도 기능이 정지된다. 우리가 용도에 따라 여러 가지로 표현하는 '마음, 생각, 영혼, 영성, 정신, 의지, 의식'이라는 것은 숨골(생명체)의 기능이 정지될 때, 함께 활동이 사라지는 것이다.

불교공부를 하면서 월관은 여러 가지 귀중한 체험을 하게 되었다. 영혼과 생명에 대한 의문도 열다섯 살 때부터 마음속에 머물러 있다가 65세가 되어 '한 찰나의 깨침'으로 확신할 수 있는 결론을 얻었다는 것은 홀로 불교공부를 하는 가운데 얻은 '자내증(自內證)의 보람'이며, 법을 깨친 기쁨을 느꼈다.

'영혼과 생명'에 대한 나의 의문은 한 찰나의 깨침을 통하여 나의 뇌리에서 일단 정리되었다. '영혼과 생명 그리고 무아설과 연기법'에 대한 확실한 깨침을 얻은 것이다. 우주만물의 본성이 '무아'이기 때문에 연기의 진리에 의해서 생멸이 이루어지는 것이다. 이것이 우주-불교의 근본진리이다.

석가모니 부처님께서는 업보사상(業報思想)과 윤회사상(輪廻思想)을 설하면서, 사후의 존재[靈魂不滅說]에 대해서는 끝까지 침묵하였다. 이로 인해 불교를 포교하는 현대인들이 '영혼과 생명' 그리고 '무아와 윤회'에 대한 확실한 설명을 할 수 없게 되었으니, '대중포교'를 지도하는 이들은 한계를 느끼고 있다. 붓다는 영혼은 존재하는 실체가 아니기 때문에 "있는가? 존재인가?"라는 질문에는 무답(無答)으로 대응했다.

불교의 현실을 살펴볼 때, 불교교리의 구조는 너무나 중층적(重層的)이고 복합적(複合的)이다. 불교가 인도에서 중국을 거쳐, 한반도에 이르는 동안 많은 철학사상과 토속신앙(土俗信仰)을 포용했기 때문이라는 역사적 사실은 이해할 수 있지만, 한국불교의 사명은 결코 과거를 변명하는 선에서 그쳐서는 안 된다. 그래서 '미래불교'를 지향한 새로운 불교운동은 계속 요구되고 있는 것이다.

21세기를 시작하는 오늘의 세계에는 정보와 지식의 자유시장이 전개되고 있다. 종교라고 해서 옛 울안에 갇혀 있을 수 없다. 바야흐로 모든 기존 종교들은 '미래 종교'를 향해 몸부림치고 있다. 인간의 지혜가 2천 년 전과 같지 않고, 여러 종교가 서로 교차 이해되면서 "어떤 종교의 종지가 진리의 종교인가?"라는 의문 앞에서 새로운 도전을 맞고 있다.

불교는 근본불교에서부터 '진리 그 자체(如來)'를 종지의 한가운데에 두었다. 석가모니 부처님은 '브라흐만' 종교의 교리와 종지가 진리에 맞지 않다고 믿었고, 그들의 가르침으로는 결코 "중생을 고해에서 구제하고, 행복한 인생, 평화로운 인류사회[佛國土建設]를 만들 수 없다."고 믿었기 때문에 스스로 진리를 찾아 홀로 수행에 나섰던 것이다.

지난 2500년 동안 '불교의 진리성'에 오염된 부분을 하루 빨리 제거하여, 석가모니 부처님이 깨치신 진리의 바탕 위에 다시 새로운 광명이 비칠 '미래불교'를 펼쳐야 할 사명이 우리들에게 있음을 강조한다.

현대인이 직면한 위기는 현대인의 업보(業報)이다. 잘못된 생명관에서 인간의 생명만 중시되고 다른 모든 생명은 탐욕의 대상이라고 생각하는 데서 여러 가지 병이 계속 새로 생기고, 자연환경은 오염되어 지구의 생명력마저 훼손되고 있다. 바야흐로 인간의 무절제한 탐욕은 극치에 이르러 '복제인간'을 생산하는 단계에 이르고 있다. "훌륭한 사람은 훌륭한 유전자의 소유자가 아니라, 훌륭한 삶을 살아가는 사람이다."라는 부처님의 가르침이 모두에게 바로 인식되어야 한다.

세계적인 물리학자이며 종교사상가인 프리초프 카프라(Fritjof Capra) 박사가 그의 저서 <생명의 그물(The web of life)>에서 강조했듯이, "인간은 자연으로부터 분리될 수 없고, 삼라만상과 상호 연결되고, 상호 의존적인 '연결망(network)' 속에 있는 한 가닥의 '씨줄'에 불과하다."는 주장에 귀를 기울여야 한다.(월관은 우주의 근본진리-무아론과 연기법을 이렇게 쉽게, 한 찰나에 깨칠 수 있었다. -2000년 5월 5일)

> 불교의 진리를 깨치고자 하는 수행자는
> 우주과학-천문학-물리학-생물학-유전학-
> 철학사상의 기초적이고 개념적인 지식을
> 공부하고 나면 큰 도움을 받고, '자각'을
> 확신하는 뒷받침이 됩니다. 월관 자증

1. 월관은 리비아 사막에서 기도 중에
   '자각덕행'이란 하늘 소리를 들었다.
   (1996년 8월 15일 오후 2시)
   불교의 다른 이름은 '자각덕행'이다.
   진리는 스스로 깨치는 것이며,
   깨치면 덕행을 베풀어야 한다.

2. 불교대학 졸업 후에
   '일체무아' '윤회사상' '연기생멸법'을 깨쳤고,
   <법사회보(2000년 6월호)>에 첫 글을 올렸다.
   <월관은 돈오 직후 진리공부의 대상을 잃고 방황했다.>

3. 월관은 선종(禪宗)의 참선법과 지관(止觀) 수행법을 배웠다.
   '우주-생명'을 관법(觀法) 수행하여 '열반'을 증득했다.
   깨침을 얻는 바른 길은 근본 진리 깨침에 집중
   참선-하심수행-교리와 함께 실행함이 효과적!
   <우주와 생명의 생멸론을 집중 수행>
   <월관의 깨침 경험에서 본 다른 수행법 평가>
   <문자를 통한 지식공부만으로는 깨칠 수 없다.>
   <대승불교-선종의 화두수행은 진리와 너무 멀다.>
   <간화선 공안화두는 불교의 핵심교리가 아닌 것이 많다.>
   <집단 깨침 수행보다는 독자적인 수행이 효과적이다.>

   − 월관 − 돈수 합장(2000년) −

[깨침을 얻고 나서, 생활에서 얻은 지혜]-월관 체증-

생활 속에서의 다양한 깨침은 수행자에게 예고 없이 나타난다.

조사들의 글을 보아도 수행자마다 깨침을 만나는 순간의 느낌과 얻음이 일정하지 않다. 따라서 수행자는 항상 정신이 맑게 깨어 있어야 한다.

이러한 정신자세가 깨침을 위한 수행자의 몫이다.

깨침은 개인별로 이루어진다.

열 명이 동시에 수행을 시작해도 언제 누가 깨칠지는 아무도 모른다.

개인별로 수행의 내용과 마음의 상태가 모두 다를 수 있기 때문이다.

깨침의 준비는 교리공부와 참선수행을 열심히 하는 것이다. 깨침의 직접 동기는 개인마다 다르기 때문에 일정한 방법이나 공식은 있을 수 없다.

깨침의 내용, 즉 어떤 내용을 깨치는가?

이것 역시 수행자마다 다르게 느끼고, 다른 것을 느낀다고 볼 수 있다.

깨침은 신비스런 현상인 것 같기도 하고, 보통 일상사일 수도 있다.

수행자의 마음에 스스로 이상하게 다른 감동과 충격을 주는 현상이 깨침이다.

처음 경험할 때는 당황스럽게 느껴지며, 무엇을 표현하고 싶어진다.

안정된 뒤에는 신비한 초인간적인 능력이 나타나는 것이 아니라, "자유스럽고, 편안하고, 즐거운 마음의 상태이다."라고 표현하고 싶다.

세상에 대한 두려움이 없어지고, 과욕도 생기지 않고, 생각나는 대로 행동하면 좋은 결과로 나타난다.

좋다고 말하기보다는 생각한 대로 행동하면, 결과도 생각한 대로 이루어진다.

가끔 여러 가지 좋은 생각(아이디어)이 나타난다.

행동으로 옮기면, 그대로 결과도 좋을 뿐이었다.

예 1: '주식을 사라'는 생각이 떠오르면, 평소대로 사면 된다.

한번 산 주식이 +5~10%의 수익이 났을 때,

팔고 싶은 생각이 나면 별 생각 없이 팔면 된다.

매도한 가격이 상투(꼭지)인지 아닌지

그런 생각을 반복할 필요가 없다. 매도한 주식이 오르든 내리든

그것은 나의 관심사가 아니라 남의 몫일뿐이라는 것이다.

(이런 마음의 상태가 깨친 이의 마음이라고 느꼈다.)

예 2: 친구나 친척이 병원에 입원했을 때,

문안을 하고 싶다는 생각이 갑자기 난다.

문안을 위해 병원을 찾는다. 그러고 나자

그 환자는 곧 죽었다. 병문안을 잘했다고 생각했다.

'깨친 상태'는 신비하고 초인적인 능력이 있다는 주장도 있다.

월관은 아직 그런 심리를 이해할 수 없고, 경험해보지도 못했다.

그런 것은 특정한 당사자의 몫일뿐이라고 믿는다.

초월적 능력을 얻기 위해 불교수행을 하는 것은 아니다.

깨침이란 평상시에 일어날 수 있는 일 가운데

당사자가 스스로 마음속에서 얻는 충격이 아닐까?

'그 충격을 어떻게 스스로 해석하여

불도(佛道) 수행에 접목시키느냐?' 하는 것이 중요하다.

제3자가 당신의 어떤 사연을 듣고

"그것은 분명 당신에게 깨침이 온 것이야!" 하며 놀랄 수 있다.

당사자가 깨어 있지 않고 멍하니 지나쳐버린다면

중요한 깨침의 기회도 그냥 지나갈 수 있다는 말이다.

그러니 깨침을 1차 목표로 하는 수행자는 '항상 깨어 있어야' 한다.

참선 중에 '열반'의 기쁨을 느꼈을 때도 별다른 감정이 아니라

보통 때의 느낌과 다름없는 편안한 마음 상태였다.

- 월관(2005년)

<자각덕행을 자평해본다 – 월관>

본래무법(本來無法: 본래는 만법도 만물도 없었으니)

무일자각(無一自覺: 스스로 깨칠 것이 하나도 없다)

무일덕행(無一德行: 남에게 베풀 것도 하나도 없다)

유유본식(唯有本識: 오직 생명의 근본의식만 있을 뿐)

성성자심(惺惺自心: 별처럼 깨어 있는 마음 알아차림)

수행정진(修行精進: 맑고 바른 수행생활에 전심정진)

수생불이(修生不二: 수행과 생활이 다르지도 않으리)

진속불이(眞俗不二: 진리와 도리가 다르지도 않으리)

천지불이(天地不二: 하늘이나 땅이나 다르지 않으리)

무명중생(無明衆生: 중생은 왜 나고 죽는지를 모른다)

자애자제(自愛自制: 몸과 마음을 사랑하고 갈무리해야)

이고생사(離苦生死: 고생 없이 살다가 죽을 수 있건만)

붓다는 중생을 고해에서 벗어나도록 가르치고 싶었다.

그러나 '이고득락(離苦得樂: 고생을 벗어나고 즐거움을 누리는 것)'
은 말처럼 단순하고 쉬운 일이 아니었다.

모든 생명은 조상으로부터 물려받은 '유전자(遺傳子) 때문에

몸속에 가지고 태어난 본성[業藏]에 따라 살다가 죽는다!

- 월관 합장 -

4. 불교적 내세관: 생명윤회설

여러 종교에서 주장하는 내세관(來世觀)은 그들 종교수행의 목표가되고 있다. 그들은 내세관을 제시(提示)하지 않는 종교에 대해서는 종교가 아니라고 단정해버린다. 이는 서양 철학자들이 생명(生命)을 육신(肉身)과 영혼(靈魂)의 둘로 나누고, 육신 속에 영혼이 있다고 규정한 데서 시작된 서양종교사상이다.

붓다 재세 시(在世時)의 인도 사상계(思想界)에도 영혼을 불멸의 실체로 생각한 정통(正統) '바라문교(敎)'와 '자이나교(敎)'가 있었고, 영혼의 존재를 부정(否定)하고 발효된 누룩으로부터 술의 취하는 성질이 생기듯이 "의식(意識=마음)이란 물질로부터 생긴다."고 주장한 유물론자들도 있었다.

그러나 붓다는 이러한 두 사상을 모두 "영혼이나 육신을 실체(實體)로 생각하는 오류(誤謬)에서 온 것"이라고 부정(否定)했다. 또한 "영혼과 육신이 동일한가, 다른가? 여래는 사후(死後)에도 존재하는가? 존재하지 않는가?"라는 내세관을 묻는 한 수행자의 질문에도 붓다는 '무기－무답(無記=無答)'으로 일관하였다.

붓다는 생명을 육신과 영혼으로 구성된 것이라고 믿는 범부(凡夫)들에게 "무명(無明)에 가리고 애욕에 묶여, 자신의 내부에 의식(＝영혼)이 있고 외부에 명색(名色=물질)이 있다(常有)고 분별하는 것은 잘못된 것"이라고 지적하였다. 생명은 삶(業)의 흐름이요, 100조 개세포의 생명윤회이다.

붓다는 우리가 정신이나 의식이라고 부르는 것이 실체로서 존재하고 있는 것이 아니라, 삶을 통해 연기(緣起)하는 현상이라고 강조했을 뿐이다. 따라서 불교에는 생명에 대한 언급도 없고, 영혼에 대한 설명도 없다. 우리가 생명이라 부르는 것은 삶을 의미하며, 불교에서는 삶을 '업행(業行)'이라고 부른다.

현대적 생명 개념은 '유기물이 공기와 영양을 섭취하고, 에너지를 발산하며, 폐기물을 배출하는 과정'을 뜻한다. 따라서 영혼은 생명이란 동전의 뒷면에 불과한 것이다. 사회통념으로 생명의 주체라고 하는 '나'라는 생각은 삶을 통해 형성된 경험의 내용이 기억되고 개념화되어 언어로 표현한 것이니, 이것을 실체시(實體視)하는 것은 생명에 대한 무지(無知)인 것이다.

원시불경에 나타난 붓다의 깨침은 사성제(四聖諦)에서 시작하여 '십이연기(十二緣起)'에서 교리의 완성을 보게 되었다. 붓다의 '십이연기설'은 바라문교의 유일신(唯一神) 사상과 전변설(轉變說) 그리고 유물론을 주장하는 사문(沙門)들의 적취설(積聚說=斷滅論)을 부정하고 배격한 원시불교의 대표적인 철학적·종교적 입장으로 등장하였다.

전변설은 "브라흐만 신(神=창조신)에서 분화(分化)한 마음과 육체가 인간을 만든 것이며, 죽음은 마음이 몸을 떠나는 것이라고 믿었으며, 불멸하는 마음은 다시 태어나서 영생하는 자(者)의 주인이 된다."는 영혼불멸론을 주장하였다(有神史觀). 그리고 적취설(積聚說)은 "인간은 오직 물질로 구성된 것이므로 죽음은 물질이 흩어지는 것이며, 마음은 물질의 종속적인 현상이므로 죽은 뒤에는 물질만 남을 뿐 아무것도 없다."는 단멸론을 주장하였다(唯物史觀).

이러한 사상(思想)들에 대해 붓다는 연기생멸 법리와 삼법인(三法印: 諸行無常, 諸法無我, 一切皆苦)으로서 유신론자(有神論者)들의 '영혼불멸설'과 '전변설(轉變說)'을 부정(否定)하였고, '업보의 삼세윤회설’로서 숙명론자들과 유물론자들의 ‘적취설’과 ‘단멸론’을 극복하였다(근본불교의 윤회설 참조－힌두교의 윤회설과 구별해야 한다).

‘업보의 삼세윤회설’을 논함에 있어, 먼저 유식불교에서 ‘마음의 종자’라고 하는 팔식(八識: ALAYA＝장식[藏識])을 살펴본다. 월관은 칠식(七識: Manas＝자애식[自愛識])과 구식(九識: Amala＝청정식[清淨識])은 ALAYA 식의 성격을 표현한 것으로 생각한다. 월관이 자증한 것은 인간의 육식(六識＝체감의식－마음)과 팔식(八識－藏識－유전자의식)뿐이다.

ALAYA 식(業藏識)은 중생의 모든 유전자 속에 있으면서 업보를 훈습/축적하고, 육식(六識＝眼耳鼻舌身意)을 유도하며, 나아가서 자식을 낳을 때 새 생명체의 유전자에 ‘업장(業藏)’을 전이(轉移)하여 ‘생명의 고리’를 잇고, 새 생명체의 핵심적 기능을 수행하게 된다.

이러한 ALAYA 식은 의지적 행동의 선악을 구분·저장하여 유전자 속에 머물다가 미래의 새 생명체에 업보로서 전이하는 특성을 가지고 있다. 또한 ALAYA 식은 무시이래 인류의 모든 조상(바다의 미생물에서부터 원인[猿人]과 원시인[原始人])들로부터 이어받은 업장을 새 생명체에 전이해 왔으며, 무의식 활동을 능동적으로 수행한다. 그렇다면 업장과 윤회의 주체는 무엇이며, 어떻게 한 생(生)에서 다른 생으로 옮겨갈 수 있을까? 무아설에서 본 ‘나’의 일생은 아주 짧다. 비유하면 “한 호흡이 몸속으로 들어와서 다시 나가는 때까지가 일생(찰나 생, 찰나 멸)”이다.

그러므로 업장의 계승은 한 호흡 이전의 내 ALAYA 식(業藏)이 지금 이 순간 내 몸의 새 세포 속으로 옮겨지는 것이다. 인간은 100조 개의 세포 뭉치다. 세포는 매 순간마다 생겨나고, 살아진다. 이것이 세포들의 윤회 현상이다. －(월관 자증) 이러한 견해에서 볼 때, 업의 주체는 무명(無明)을 인(因)으로 행하는 '자유 의지＝行'이며, 윤회의 주체는 생명체의 유전자 속에 ALAYA 식(業藏)으로 저장되어 있는 업보(業藏＝유전자)일 것이다. 무명이란 진리를 모른다는 말인데, 인간의 무지와 욕망을 뜻한다. 따라서 우리의 마음은 근본욕망(번뇌＝무명)이 가리어서 사물을 있는 그대로 보는 밝은 지혜[正見]가 없다. 즉, 무명(無明)은 붓다가 깨친 '사제(四諦)와 무아－연기의 진리'를 모른다는 불교 교리의 용어이다. 연기의 진리를 처음 설명한 ≪아함경≫의 십이연기설에는 무명에서 시작하여 '생로사(生老死)'로 끝을 맺는다.

실상을 알지 못하는 무명에 휩싸인 중생들이 끊임없이 새로운 행위와 기억을 모아 온(蘊＝신체)을 형성하여 '나'라는 생각에 집착하고 살아가는 것이 인간의 십이연기 '유전문(流轉門)'이다. 그리고 생명의 실상을 자각하여 온(蘊)을 멸하고 생명의 내용을 바로 알면서 삶을 살아가는 것이 십이연기의 '환멸문(還滅門)'이다. 그러므로 생명의 의미를 바로 알면 생사가 없어지나니, 즉 열반에 이르는 길은 생사를 있게 하는 '최초의 인(因)이 되는 무명'을 없애는 '사념처 수행'으로 사는 (수행하는) 것이다.

'무아윤회설'에서 무아는 삼법인의 제행무상과 제법무아에서 설한 바와 같이 아(我: 삶＝業)는 잠시도 쉬지 않고 계속 변하고 있는 가유(假有)이니, 진아(眞我)라는 실체가 없으므로 무아(無我)라고 표현한 것이다. 그렇다면 윤회의 주체를 어떻게 이해해야 할 것인가?

모든 중생에게는 어제의 육신(온－蘊)은 없어지고 오늘의 육신으로 변한, 쉼 없는 생명활동이 계속되고 있다. 이러한 생명체의 내면에는 오직 업장(유전자 변이－분열)만이 상속(윤회)하고 있는 것이다. 인간의 자유의지는 끊임없이 업(삶)을 짓고 업장(業藏＝八識)의 윤회를 계속하고 있으니, 이것이 우리가 살아 있다고 하는 '생명 현상'인 것이다.

업장윤회의 실상을 구체적으로 살펴보면 첫째, 자신 속에서 지어진 업장이 해묵은 세포에서 새 세포 속으로 상속되는 '일생윤회(一生輪廻)'이다.

둘째, 자식을 생산할 때 부모가 지은 업장이 새 생명체(자식)에게 유전자를 통하여 상속되는 '삼세윤회(三世輪廻)'이다.

셋째, 우리가 일상생활 가운데 접촉하는 모든 중생과 더불어 행하는 여러 가지 행위를 통해 나와 그들의 업장이 함께 짓는 '공업윤회(共業輪廻)'를 들 수 있다.

최근 급속도로 발전하고 있는 생명공학에서, "인간의 유전자 속에서 인류의 역사를 볼 수 있다."고 주장하는 과학자들의 말은 깊은 뜻을 담고 있다. 인간은 태초부터 지금과 같은 육체와 정신을 가진 존재로 창조된 것이 아니라, 작은 미생물에서부터 진화를 거듭하여 지금의 '최고 고등동물'에 이르렀음을 유전공학이 증명하고 있다.

그러므로 오늘 내가 짓는 업장은 나의 유전자 속에 ALAYA 식으로 저장되어 내 일생에만 그 업과를 받는 것이 아니라, 후세의 많은 불특정 생명체(후손들)에게 전이되어 그 업과를 받게 될 것이니, 우리가 짓는 신구의(身口意: 십악업[十惡業])는 인류와 지구의 장래에 큰 영향을 미친다는 것을 알고, 오직 선업만 짓는 '불도의 수행생활'을 해야 할 것이다.

붓다는 ≪잡아함경(권13)≫에서 "업보는 있으나 작자는 없다. 업보(＝업장)는 이 온(蘊＝몸＝세포들)이 멸하면 다른 온으로 상속한다."라고 설하였고, "만일 고의로 업을 지으면 반드시 그 과보를 받게 되나니, 현세에서 받거나 혹은 내세(후손들)에서 받게 될 것"이라고 하였다(≪중아함≫ 권3: 사경[思經]).

붓다는 "인간의 삶[業]이 누구에 의해 결정되는 것도 아니고, 그렇다고 자연 발생적으로 이루어지는 것도 아니니, 오직 인간의 자유의지에 의해 짓는 업장이 연기(緣起)하고 있다."는 사실을 깨쳤다. 그러므로 인간의 삶은 생명의 실상을 모르는 무명에 의해 행위를 짓게 되고, 결국엔 생로사(生老死)에 이르는 괴로운 삶(불행한 삶)을 살게 된다고 보았다. 그러나 "생명의 실상을 바로 이해하여 무명을 없애는 '업(삶)의 연기'를 실행(참회수행)하면 괴로움은 사라지고, 열반의 삶을 누릴수 있다."고 많은 경전은 설하고 있다.

불교의 내세관은 바로 '무명을 인으로 지은 업장'이 유전자 속에 ALAYA 식으로 저장되었다가 새로 태어나는 내세의 생명체에 전이되는 윤회관을 의미한다.(생명윤회관-월관 자증) 우주에 생명이 존재할 수 있는 조건[緣]이 주어진 것은 무시이래 중생의 공업(共業)의 결과라고 불교는 믿고 있다.

그러므로 지구의 미래는 중생이 공업을 어떻게 짓느냐에 따라 결정된다는 것은 자명한 일이다. 현재 지구의 자연환경은 심하게 오염되어 있다. 대기권의 오존(O_3)층이 더 엷어져서 태양의 강한 자외선이 지구표면에 닿게 되는 날, 지상에는 생물이 살 수 없게 된다.

이런 점을 미루어볼 때, 불교의 내세관은 개개인의 생명이 윤회하는 과정(흐름)을 '업보-업장-윤회' 또는 '전 인류의 공업(共業) 윤회'를 통해 이해해야 한다. -월관 합장-

5. 운명에 대한 진리적 고찰－業藏輪廻

　사람들은 "타고난 운명(사주팔자＝X, 유전자＝O)에 따라 일생을 산다."고 믿고 있다. 이러한 믿음(사주팔자)이 옳다고 확신하지도 않으면서 다른 진리적 해석이나 믿음의 근거를 찾지 못하기 때문에 전통적인 사고방식(사주팔자)대로 믿고 살아간다. 불교는 운명을 긍정도 부정도 하지 않는다. 운명이란 말 자체를 대상으로 '진리적 해석'은 하지 않지만, '자업자득(自業自得)'이라고 강조하여 중생을 보다 더 높은 차원에서 지도하고 있다.

　자업자득은 깊은 뜻을 가지고 있다. 즉, 자업(自業)이란 스스로 행위(생활)한 내용을 의미한다. 그런데 여기에 쓰인 '자(自)'는 단순히 '지금의 나'만을 의미하지 않고, 나의 몸에 전해온 모든 조상들의 '유전자－업장(業藏)－DNA'를 총칭하고, '자득(自得)'의 의미는 나만 받는 것이 아니라 나의 후손들도 받는다는 뜻이다.

　인간의 몸은 대략 100조 개의 세포로 구성되어 있다. 그중에서 유전자 세포는 2만5천 개 정도이니까 '25,000÷100조＝아주 작은 답[數]'이 나온다. 즉, 모든 인간은 99.99%의 세포조직이 같다는 말이다. 다만 각자가 다른 유전자 세포를 가짐으로써 모양이나, 성격이나 능력, 지능이 다르게 나타난다는 것이다.

　'유전자－업장－DNA'는 생활을 통해 얻어지는 모든 '경험－지혜'가 유전자 세포에 저장되어 한 인간의 생각과 지능을 유도하고, 자손을 생산할 때 부모의 유전자가 자식들에게 전해진다. 호박씨를 심으면 호박이 생겨난다./수박씨를 심으면 수박이 생겨난다./고등어는 고등어를 낳고, 멸치는 멸치를 낳는다./코끼리는 코끼리를 낳고, 독사는 독사를 낳는다./흑인은 흑인 아이를 낳고, 백인은 백인 아이를 낳는다. 나의 운명을 진리적으로 살펴보려면 먼저 나의 조상들의 삶을 살펴보아야 한다. 그리고 내가 태어난 이후의 나의 생활을 살펴봐야 한다. 모든 사람들이 희망했던 어떤 일이 자신의 뜻대로 안 되면 막연한 생각으로 운명 탓을 하게 되고, 자신의 지능으로 예견(豫見)하기 힘든 일을 구상할 때에는 운명철학관을 찾게 된다.

관상(觀相) 철학관을 찾아서 훌륭한 분을 만나면 도움을 받을 수도 있다. *관상은 과학이다. 얼굴에 모든 신상정보가 있다. 표정을 보면 마음을 볼 수 있다. 그러나 모든 관상가들이 과학적으로 사람의 운명을 예언한다는 말은 아니다.

불교의 최고 경전인 ≪화엄경(華嚴經)≫의 요체(要諦)라고 하는 의상(義湘)조사의 <법성게(法性偈)>에도 다음과 같은 구절이 있다. "우보익생만허공(雨寶益生滿虛空) 중생수기득이익(衆生隨器得利益), 즉 중생들에게 이(利)로운 보배같은 비(진리)가 허공에 가득히 내리지만, 중생들은 자신이 가진 그릇(크기)에 따라 그 비(이익)를 받아가는구나!" 인간의 타고난 지능의 한계를 이 짧은 글에서 잘 표현해주고 있다. 인간의 운명, 개인은 자기 운명을 탄식하기에 앞서서 먼저 조상의 업장(業藏), 즉 '나의 조상들이 어떤 삶을 살았을까?' 하는 생각을 해봐야 하고, 자신의 삶의 내용을 면밀하게 살펴서 장단점을 확인하고, 단점을 고치거나 버리는 노력을 해야 한다. 이상과 같이 '자업자득'을 바로 알면 운명론을 이해하는 데 큰 어려움은 없으리라고 믿는다. 생활에 도움이 되기를 바라는 마음이다. 월관은 '부처님이 무엇을 깨쳤고, 무엇을 가르쳤을까?' 하는 의문을 자증(自證)하는 데는 불과 2~5년이 걸렸으나, 자업자득을 이해하는 데는 10년이 넘는 시간이 걸렸다. 유전학을 공부해야만 인간의 구성요소를 제대로 깨칠 수 있다. 붓다가 최초에 무아설을 가르칠 때, 오온을 해부해서 각 기능을 쉬운 말로 설명했다. 지금의 우리는 과학의 도움으로 더 상세히 해부하여 각 기관의 기능을 이해할 수 있다.

인간의 운명론을 불교의 근본 진리를 바탕으로 설명한 책이나 논문은 보지 못했다. 학자와 스님들의 설법에서도 등한시하고 있다. 그러나 많은 사람들은 일생 동안 적어도 몇 번씩 자신의 운명에 대한 고민과 탄식을 하는 것이 일상사가 되고 있다.

인간의 운명이 조상과 나의 업장(業藏)이 작용하는 현상(생활 속에서 나타나는 느낌)이라는 것을 알면, 인생의 하루하루를 자비와 지혜의 깊은 사려(思慮)를 바탕으로 행동하며 살게 될 것이다. 인생의 업장윤회가 곧 생명윤회인 것이다. 생명윤회란 조상의 생명이 부모를 통해, 나를 통해 자식들에게 그리고 손자들에게 계속 흘러가는 것이다.

-월관 자증-

(一身二識＝感受意識－本能意識) － 월관 자증 －

<감수의식＝體感意識><본능의식＝生命意識>

<깨침 수행에 도움이 되는 의식구조 관찰수행>

이는 월관이 지은 새 용어들입니다.

용어는 어떤 뜻을 설명하기 위한 것일 뿐이니,

수행자는 용어－이름에 머물지(執念) 말기 바랍니다.

사람의 몸은 하나이고, 몸(100조 개의 세포 공동체)을 유지하고 움직이고 생각하는 '의식'은 둘이다. 심장－가슴 그리고 온몸의 세포(유전자－DNA 세포)에 있는 '본능의식＝생명의식'은 몸을 유지－보호하기 위한 기능을 스스로(자율적) 수행하고 있다. 육근의식＝감수의식＝체감의식은 밖에서 들어오는 느낌을 얻어서 만들어지는 생각－마음－의지를 말한다. 영혼＝영성＝영감＝정신＝두 의식이 일합(一合)하여 만들어 낸 '깊고 강한 의식'이다. －월관 자증－

본능의식은 타고난 유전자 의식으로, 생명－신체를 유지－활동하기 위한 생명활동의식이다. 조상과 부모의 유전자[業藏]가 자손들의 몸속(세포)으로 전해져 태어나면서부터 생명을 유지하기 위한 '요구＝응아!'를 외치면서 '자리행(自利行)'을 하게 된다. 동물들의 유전자 전이(윤회)는 너무나 확실하다.

들쥐는 태어나서 어릴 때부터 헤엄을 잘 친다. 어미가 개울을 건너면 뒤따라가던 새끼들도 다 함께 능숙하게 헤엄쳐 개울을 건넌다. 헤엄을 치는 유전자가 몸속에 있기 때문이다. 그들은 태어난 이후에 수영을 배운 적이 없다.

체감의식은 몸을 해체하여 오온(색수상행식－色受想行識)으로 살펴보면, '식'이 곧 체감의식－감수의식이다. 체감의식－감수의식은 육근(六根: 안이비설신의－眼耳鼻舌身意)의 '의'에서 느끼고 생각하는 의식이다. 사람이 자신의 '생각－마음－의식'이라고 하는 것은 바로 '체감－감수의식'이다. '본능의식－생명의식'은 태어날 때 몸 깊은 곳에 있는 '유전자 세포 의식'으로, '생명－몸을 유지－보호－관리'하는 자율적 의식이다. 육근에서 얻어지는 '체감 의식'에 의해서 생긴 '마음'이 본능의식에게 아무리 요구를 해도 본능의식은 듣지 않는다. 본능의식은 자율적으로 필요한 정보를 체감의식에서 받아 자율적으로 활용하기 때문이다.

체감의식(마음)으로 지나치게 '활동－운동－생각－공부'하면 몸은 과로를 느껴 피로해지고, 몸(유전자)은 마음의 요구를 거부한다. 그 결과 몸이 아프고 병이 생긴다. 지나치게 많은 음식을 먹는 경우, 지나친(몸의 능력을 초과한) 신체적 운동, 지나친 정신적 욕심, 지나친 생각－공부－연구 활동을 하면 '본능의식＝생명의식'은 몸의 상태를 보호－보완－보충－개선하기 위해 몸을 쉬게 한다. 이것이 바로 몸에서 생긴 여러 가지 '신병(身病)'들이다.

'병에 걸렸다, 병이 생겼다.'며 누구를 탓하거나 의사가 빨리 고쳐주지 않는다고 원망하지 말라. 먼저 자신에게 물어보라. '무엇을 잘못 했나?' 자기반성이 더 중요한 처방법의 첫걸음이다. －月觀 自證－ 월관이 골수암에 걸렸을 때(2004년 초) 찾아보니, <너무 빨리 불교의 근본 진리와 해탈열반을 찾아 득도하려고 욕심을 내고, 지나치게 공부에 집착하고, 무엇에 쫓겨 다니는 초조한 생활(마음자리)을 한 것이 원인이었다.> －월관 자증－

깨침도 '체감의식'에서 시작된다. "나의 생각에서 깨침은 시작한다." 여기서 말하는 깨침은 물론 부처님이 깨친 진리의 깨침을 말한다. 따라서 진리를 깨치려는 수행자는 먼저 '불교의 기초지식-근본불교의 교리-많은 상식과 지식-깨침'으로 가까이 가는 요체 등등을 체계적으로 공부하여, 마지막 '깨침의 수행 단계에서 일로정진(一路精進)해야만 성도(成道)할 수 있다. 이 설명은 마지막 성도(眞覺)의 길에 들어선 수행자들을 위한 것이다. ―月觀 合掌―

깨침의 마지막 단계에 들어선 수행자는 '본능의식=가슴(심장)과 우뇌의 활동'에 대한 지식과 관심을 높이면 도움을 받을 수 있다. 사람은 몸과 마음으로 구성되어 있다. 유전자(세포)는 몸에 속한다. 다시 말하면, '감성-몸짓'을 민감하고 활발하게 만드는 노력을 말한다. 감성과 몸짓을 활성화하려면 '음악-무용-예술 공연-미술 감상-체육 운동' 등을 보고 따라하면서 연기자-선수들과 하나[一合]가 되어, 충격-감동을 얻는 것이 깨침-체득에 도움이 된다. 불교의 깨침은 붓다가 깨친 진리를 감동-충격으로 받아들이는 '체득(體得)'이어야 한다.

예술가의 공연을 보면서, '내가 주연자가 되는 것이다.' '내가 가수가 되는 것이다.' '내가 축구선수가 되어 멋지게 한 골을 넣는 그 순간의 몸짓을 하는 것이다.' 즉, 내가 텔레비전을 보고 있지만, 나의 마음-생각-의식은 공연과 경기 현장에서 움직이는 <그 사람이 되는 것이다.> 또 한 가지 다른 예를 들면, 길을 걷다가 '불쌍하게 보이는 거지를 만난다.' '거지의 모습을 보는 순간, 내가 그 거지가 되는 것이다.' '무의식적으로, 아무 생각 없이 내 손은 호주머니에 들어가 지갑의 돈을 꺼내 그 거지에게 준다.' 왜? 내가 그 거지니까. 그냥 지나갈 수가 없는 내 마음이니까.

요즈음에는 텔레비전에서도 동정심을 유발하는 프로그램이 많다. 전화 한 통화를 걸면 작은 돈이지만 불쌍한 사람에게 전해지는 보시 활동이 있다.

깨침을 일으키는 시작은 '체감의식'이지만, 다음 단계는 '체득－체화'의 과정으로 이어진다. 체득과 체화는 본능의식의 과정이다. 우뇌와 가슴(심장 유전자)의 감동이 있어야 유전자 세포가 자란다.

유전자의 수는 사람에 따라 다르지만, 25,000~40,000개라고 한다. 조상으로부터 물려받은 유전자 수는 비슷하지만, 살면서 '체험－체득－체화'를 많이 한 사람의 '유전자의 수는 늘어날 수 있고, 타고난 유전자 세포도 더 많이 자라게 된다.' 즉, 지혜가 더 많아지고, 더 커진다는 말이다.

체감의식과 본능의식은 말로는 둘인 것처럼 설명하지만, 실제로 실행하는 과정에서 보면 너무 빨리 '상호 교신－교감'이 이루어지기 때문에 둘로 느껴지지 않고 하나의 신경작용으로 느껴진다. 체감(體感)－체득(體得)－체화(體化)의 연속된 과정은 깨침이 준비된 수행자에게는 '한 순간(찰나)의 결과＝돈오돈수'로 느껴진다. 체화(유전자에 저장－습관화－생활화)가 이루어지면, 그 깨침은 수행자의 것으로 완성되어 평생 동안 지혜로 작용한다.

마음(생각)으로 그 깨침을 지우고 싶어도 지울 수 없다. 평생 그 깨침은 수행자와 함께 활동－작용할 것이다. 어릴 때 수영－기술－재주－지혜를 얻었으면, 일흔 살에도 같은 재주를 행할 수 있다. 불교 정법을 돈오돈수한 수행자는 더 이상 깨침 수행을 할 필요가 없다. 중생 교화를 위해 보임수행[지식공부－불교의식－설교기법－방편설법]은 계속할 필요가 있다.

옛 조사님들은 '일신이식(一身二識)'으로 사람의 몸[心身]을 인식하지 못하고, 본체(本體)와 행용(行用)으로 인식했기 때문에 '체용(體用)' 사상으로 인간을 분석하고 이해하였다. 체용의 사상도 바로 이해하고 깨치기에는 너무 어렵다. 말로 설명하면 이해하기 쉬우나, 실제로 응용해서 진리를 깨치는 데는 도움을 받기가 쉽지 않다.

진리 깨침은 붓다가 다섯 비구들에게 깨치게 했던 것처럼, '무아-연기'의 진리를 단순하게 가르쳐서 깨치게 하는 것이 좋다. '중도-연기' '영혼윤회', 즉 근본불교의 핵심사상과 대승불교의 제법사상을 혼합하여 모두가 '정법진리'이니 깨치라는 것은 수행자가 스스로 길을 알고 있지 않으면 깨치기가 어렵다. 대승불교의 선종수행법[간화선]으로 '진리 깨침'이 어려운 것은 이와 같은 여러 가지 이유가 중첩되어 있기 때문이다. -월관 자증-

[결어] '체감의식-감수의식'에서 깨침을 시작(수행과정)하여, '본능의식-생명의식'에서 체험-체득-체화의 과정(찰나적 자각=감동충격)을 거치면, '유전자 세포에 저장'되어 '완전한 내 것(유전자 지혜)'이 되는 것이다. 하나의 유전자 속에 '진리의 깨침 세포=Chip'이 생기면, 나의 생각-행동은 언제나 '진리'를 따라 작용-실행하게 된다. 이런 사람을 '돈오돈수를 이룬 수행자=깨친 이=아라한=붓다=부처'라고 한다(2008년 10월-月觀自證).

7. 아는 지식과 깨친 지혜[眞俗二諦]

<진각불교의 깨침을 돕는 진속이제 수행법>

'아는 지식과 깨친 지혜'라는 구분을 특별히 강조하는 이유는 불교 공부에서 진제(眞諦)와 속제(俗諦)의 의미를 확실히 알지 않고는 독서와 작문, 깨침 수행에서 혼돈을 면하기 어려운 경우가 너무나 많고 지식과 지혜의 본래적 의미 차이로 인한 결과 또한 너무나 크기 때문이다.

불교에서 만난 자내증(自內證)의 의미를 함께 생각해보고 싶다. '자내증'이란 깨친 진리성(眞理性)을 스스로 검증한다는 말이다. '스스로의 힘'으로 얻은 깨침을 '기증(己證)'이라고도 말한다.

불교적 신앙이란, 타력에 의한 구원을 바라는 것이 아니라, 배움과 수행을 통해 붓다의 가르침을 먼저 이해하고, 계율에 따라 수행(생활)하며, 끊임없이 '자내증'의 과정을 통하여 '스스로 체험한 깨침의 지혜'를 체득−체화하는 수행생활이라고 볼 수 있다.

'아는 지식'이란, 더 설명할 필요도 없이 다른 사람들의 깨친 지혜와 경험을 말과 글을 통해 얻은 관념적 이해(지식)를 말한다. 그러나 나의 뇌에 저장(기억)해두면 일상생활, 특히 참선 중에 소나기처럼 혹은 봄비처럼 많은 지혜가 떠오르는 것을 경험하게 된다. 월관은 이런 경험 때문에 후학들에게 교리 공부를 열심히 하라고 권한다. 목표는 큰 지혜[大覺]를 얻는 것이지만, 우선 작은 일상적 지혜라도 많이 얻고자 하면, 먼저 지식을 쌓아두고, 이를 바탕으로 최종 목표인 아누다라삼먁삼보리를 얻는 것이 불도 수행의 정도라는 말이다.

'담배를 피우면 건강에 좋지 않다'는 것을 아는 것은 '지식'이요,

'담배를 끊어보니 건강에 큰 도움이 되었다'는 체험−체득−체화를 거친 사람은 바로 '흡연에 대한 지혜'를 얻은 것이다. 인간이 아무리 많은 것을 알고 있어도 욕심과 번뇌와 고난의 현실에서 벗어나기 어려운 것은 인생 내용이 복잡하기 때문이다.

마찬가지로 불자들도 많은 불경 속의 글을 외우고 이해해도, 그것은 석가모니 붓다의 깨침과 경험을 인지(아는)하는 지식만 얻을 뿐이다. 불경에 많은 붓다의 지혜가 씌어 있어도 그것은 <석가모니 붓다의 깨침의 결과>일 뿐 그 가르침이 곧 나의 깨침(지혜)은 아니다. 그래서 선종불교에서는 "깨치기 위해서는 경전을 덮고, 참선수행을 통해 '자신의 깨침'을 얻으라."고 강조한다. 지식은 욕심을 내고, 열심히 노력하면 다른 사람보다 더 많은 지식을 얻을 수 있다. 그러나 지혜는 욕심을 버리지 않고는 더 크고, 더 깊은 지혜를 얻을 수 없다는 데 주목할 필요가 있다. 오늘날 지구상에는 많은 사람들이 교육을 통해서 높은 지식을 가지고 있다. 이러한 지식을 서로 연결하여 인류의 자유와 평화와 번영을 추구하고 있지만, 현실은 바라는 대로 이루어지지 않고 계속되는 굶주림과 크고 작은 분쟁이나 전쟁으로 인하여 많은 생명이 희생되고 있는 것이 오늘의 현실이다.

지구의 종말론을 외치는 사람들, 남극 상공 오존층에 큰 구멍이 생겨 태양의 자외선이 지구에 너무 많이 도달하여 지구 온난화가 가속화된다고 주장하는 과학자들, 이런 말들이 인류의 자유와 평화, 번영을 크게 위협하고 있다. 그러나 인류를 구원할 성스러운 말씀은 힘을 잃어가고 있는 것 같다. 근본적인 이유는, 아는 지식을 가진 사람은 많으나, 깨친 지혜를 가진 큰 지도자들이 많지 않기 때문이다.

왜 불교는 처음부터 깨침을 통해 얻는 지혜를 특별히 강조하였고, 깨침의 과정을 불교의 근본수행이라 했을까? 지배신(支配神)이나 창조신(創造神)을 신앙하는 유신교(有神敎)에서 형이상학적 문제를 논할 때, 구경(究竟)에 이르면 '모든 것이 신의 뜻'이라고 독단하고 설전을 끝낸다.

불교도 궁극의 이치(열반 또는 성불) 또는 형이상학적 개념(죽은 다음의 세상 또는 영혼의 불멸성)에 대해서는 "깨침의 경계에 이르면 스스로 알게 되는 것이라."고 설하고 만다. 언어의 표현을 초월한 깨침의 경계[眞諦]이기 때문일까? 수행자들이 스스로 깨치라고 독려하는 말일까? 글쎄.

고타마 붓다는 중생을 고난(苦難)에서 구제하기 위한 법(진리)을 찾기 위해 학덕이 높은 스승들을 찾아가서 진리 깨침을 얻기 위한 여러 가지 수행(＝고행)법을 배우고 실천해보았지만 만족하지 못했다. 그래서 깨침의 지혜를 스스로 얻기 위한 고행(6년 동안 아란야의 좌선수행)을 통하여 중생제도의 길을 찾았으니, 이것이 불교의 근본교리인 '제법무아－제행무상－연기법리－인연인과－사성제 수행'이다.

과연 석가모니 붓다는 어떤 깨침(내용)을 스스로 얻으셨을까? 지금 우리가 만날 수 있는 붓다의 말씀은 불교경전(주로 ≪아함경≫)에 적힌 것이 전부일 것이다. 그러나 붓다께서 직접 말씀하신 것을 녹음한 것도 아니고, 받아 적은 것도 아니다. 붓다께서 열반에 드신 후(1－2－3독회를 300년에 걸쳐), 많은 제자들이 구전(口傳)으로 만든 경전의 내용이 문자로 남게 된 것은 붓다의 열반으로부터 4~5백 년 뒤에 이루어졌으니, 그동안 많은 종파의 분열과 교리의 연구, 불교수행의 진화 과정, 타종교의 다양한 악영향이 있었던 것이 불교의 역사이다.

일본의 불교학자인 기무라 야스마사(木村泰賢: 1881~1930)는 그의 저서 ≪원시불교 사상론(185~210쪽)≫에서 고타마 사문이 도를 얻기 위해 찾았다는 '알라라 칼라마' 선인도 '명초(冥初)－아만(我慢)－치심(癡心) 염애(染愛) 오미진기(五微塵氣) 오대(五大) 탐욕진에(貪慾瞋恚) 생로병사(生老病死) 우비고뇌(憂悲苦惱)'>의 '구지(九支) 연기설'을 설한 바 있고, 불교와 유사한 자이나교도 "현자는 진(瞋), 만(慢), 기(欺), 탐(貪), 증(憎), 혹(惑), 식(識), 생(生), 사(死), 지옥(地獄), 수(獸), 고(苦)의 '12지 연기'를 피하지 않으면 안 된다."고 하였듯이, 연기설(緣起說)을 가르친 흔적이 많이 있다고 주장했다.

또한 ≪대비파사론≫에는 "대덕설왈(大德說曰) 피사리자(彼舍利子) 수관연기(隨觀緣起) 유십이지(有十二支) 차별성(差別性) 성아라한(成阿羅漢)"이라고 한 것을 볼 때, 붓다의 수기제자(수보리)가 십이연기설을 완성하고 고타마 붓다는 이를 인가했던 것으로 추측할 수도 있다.

이러한 자료들을 볼 때, 십이연기설은 특정한 사람이 깨침을 얻어서 한 순간에 완성한 것이 아니라, 당시 사상계에 다양하게 전해온 사상적 전법(傳法)을 정리하여 불교의 교리로 확정한 것으로 추측된다.

흔히 붓다의 깨침을 연기법이라고 하는 경우가 많으나, 기무라(木村) 교수는 붓다의 깨친 내용을 설명하면서, "연기법의 깨침이 아니더라도, 사제(四諦)의 깨침만으로도 고타마는 붓다(佛陀)라 불릴 수 있는 자각(自覺)을 얻었다."고 주장한다. 기무라 교수의 이러한 주장이 붓다의 깨침과 수행 내용을 폄하하려는 뜻은 아니라고 본다. 신앙적 대상으로서의 붓다의 위상이 너무 위대하게 비춰지고 있기 때문에 역사적 인물로서 붓다의 고행(체험)과 중생제도를 위한 이타행(利他行)의 역정을 널리 이해시키고자 한 것으로 독자들은 이해해주기 바란다.

기무라 교수의 학설에 따른다면, 불교를 창시한 고타마 붓다의 깨침[大覺]도 기존의 사상들과 스승들의 가르침을 자신의 '자내증 과정'을 거치면서 자신의 큰 깨침으로 승화한 사실을 엿볼 수 있다.

불교에는 배워야 할 학문적 지식이 너무 많아서 고민스럽다. 그러나 처음부터 남의 깨침과 가르침만을 배우는 것[多聞]에만 몰두하여 자신의 깨침[自內證]에 가까이 하려는 노력을 소홀히 하면 안 될 것이다. 왜냐하면 다문(多聞)의 지식은 반드시 자각을 거쳐야만 도력(道力)이 나타날 것이고, 사도(邪道)로 빠지지 않기 때문이다.

진리를 찾는 수행의 길은 특정한 사람들만의 몫이 아니라, 모든 초심자(初心者)들도 반드시 가야 할 길이니, 깨침은 스스로의 체험을 통해 직관(直觀)할 수밖에 없는 것이기 때문이다. ≪능엄경(정종분)≫에는 이런 가르침이 있다.

今日乃知 雖有多聞, 若不修行 如不般, 如人說食 終不能飽
[비록 (법문을) 많이 들어서 오늘은 알고 있다 할지라도 수행을 하지 않으면 듣지 않은 것과 같으니, 밥 먹는 이야기를 많이 들어도 배가 부르지 않는 것과 같다.]

그러므로 불자들이 불경을 날마다 열심히 애송해도 붓다의 깨침을 나의 깨친 지혜라고 볼 수 없으니, 끊임없는 '자내증'의 깨침을 추구하면서 보살(보리살타＝Bodhi－sattva)의 자리이타행(自利利他行)에 정진해야 한다.

붓다는 열반에 드실 때, "너희들은 게으르지 말고 정진하여라."라는 마지막 말씀을 남겼다. 이 마지막 유언은 모든 불자들에게 깊고 큰 의미를 시사하고 있다. 또한 중국 불교에서는 많은 조사들이 제자들의 물음에 대하여, 기답(奇答－기이한 대답)을 남기고 있다. 예를 들어 조주(趙州) 스님에게 한 제자가 '달마조사가 서쪽에서 온 까닭'을 묻자, 스님은 "뜰 앞에 잣나무가 있지!"라고 대답하였다. 무슨 뜻일까? 각자 생각해볼 일이다.

≪경덕전등록(景德傳燈錄)≫에는 1,700여 명의 대선사(大禪師) 어록과 전기가 있으니, 한 분이 한 가지 문답만 남겼다 해도 1,700가지 간화선(看話禪) 화두(話頭)가 있을 것이다. 이와 같이 불교의 옛 지도자들은 필요한 지혜를 얻고자 하는 후학(後學)들에게 쉽게 답을 말하지 않았다.

조사들의 대답은 주로 "현상을 바로 보라."든가 "네가 해야 할 일이나 열심히 할 것이지, 쓸데없는 의문만 품고 시간을 허비하지 말라."는 뜻으로 이해할 수도 있다. 그리고 반드시 깨쳐야 할 진리의 경계에 대해서는 "어려운 수행과정과 자내증을 거친 깨침의 경계에 스스로 도달해야 한다."는 준엄한 교훈을 남긴 것으로 이해해야 할 것이다.

중국 선승(禪僧)들은 종교적이고 도덕적인 진리의 경계는 타인과 공동으로 이해될 수 있는 학문적 지식으로서가 아니라, 오히려 제각기 스스로 맛보는 직접적인 체험으로서 파악된 '자기만의 깨침[自內證]'으로 만족할 수밖에 없다는 것을 시사하고 있다.

그러나 현대불교에서 자내증의 법열(法悅)을 홀로 느끼는 것에 만족해야 할 것인가? 자내증을 통한 깨침의 경계에 관해서 함께 살펴보고 싶다. 깨친 지혜는 정확해야 한다. '비몽사몽(非夢似夢)'이라는 말처럼 무엇(지혜)에 대해 알 듯 말 듯한 느낌 정도로는 진리를 깨쳤다고 볼 수 없다.

붓다는 "깨침은 확실히 아는 것"이라고 규정했다. 고도의 정밀한 지적 체계를 갖추어야 한다는 뜻이다.

그러므로 깨침은 말과 글로 표현할 수 있는 보편타당성도 있어야 후학들을 깨치게 할 것이다. 원시경전인 ≪아함경≫에 나타난 업과 윤회에 관한 경문을 접하면서, 고타마 붓다는 현대생명과학에서 사용하는 세포, 염색체, 유전자, DNA(핵산) 등의 용어들의 의미를 말씀하고 싶었던 흔적을 느끼게 한다.

일설에 의하면, 업과 윤회사상은 불교 이전에 있었던 브라흐만교의 사상을 붓다께서 이를 원용(援用)하였다고도 하나, 필자의 느낌으로는 분명히 붓다께서 유신교(有神敎)의 전변설(轉變說)과 유물론자(唯物論者)들의 적취설(積聚說)을 배격하면서, '인간의 업은 유전자(업장－業藏)를 통해서 후손들에게 오랫동안 이어진다.'는 뜻을 '자업자득(自業自得)'으로 설명한 것을 느낄 수 있었다. －월관 자증－

필자의 이러한 느낌을 현대과학용어를 통해 아래와 같이 풀어본다. 인간은 전생(모든 조상으로부터 부모에 이르기까지)으로부터 무명(無明)의 인자(因子＝유전자)를 받고 태어났다. 이 '무명 인자'로 하여 인간은 끊임없이 새로운 업(삶＝행위)을 지으면서 살고 있다. 이렇게 지은 업은 '아뢰야식＝유전자에 저장된 의식＝業藏'이 되어 유전자의 본성을 이루고 있으니, 이런 아뢰야식은 '해묵은 세포'에서 '새로 생기는 세포'로 끊임없이 상속[輪廻]하고 있다. 이러한 유전자의 본성은 육식(六識＝마음－생각: 眼耳鼻舌身意－안이비설신의)을 유도하고, 나아가서 자식을 낳을 때 유전자를 통해 자성(自性)의 업보(業報＝業藏)를 전이(轉移)하여 새 생명체의 근본의식으로 기능을 하게 한다.

이와 같이 아뢰야식(業藏識－업장식)은 무시이래(無始以來) 인류의 모든 조상들로부터 현세 인류에게 전이(轉移)되어 온 것이니, 업보를 지은 이들은 없어졌지만, 업보는 끝없이 이어져 전해온 것이다. 이와 같은 '업보윤회＝업장윤회'를 불교의 '삼세관(三世觀＝過去世＝現在世－未來世)'이라 해도 좋을 것이다. 즉, <조상의 시대, 나의 시대, 자손들의 시대>로 이어지는 '업장의 윤회'로 인식해도, 과학적으로는 문제가 없다. 업보의 윤회하는 형태는 다음과 같은 세 가지로 나누어 볼 수 있다.

(1) 자의(自意)에 의해 지은 업은 '해묵은 세포에서 새 세포 속으로 상속되는 경우'(일생 동안 60회 이상 반복하는 세포윤회[細胞輪廻])

(2) 자식을 생산할 때, 부모가 지은 업이 자식에게 유전자를 통하여 상속되는 경우(부모와 나와 자식으로 연결된 삼세윤회[三世輪廻])

(3) 일상생활 가운데 접촉하는 모든 사람들과 함께 짓는 '공업－共業 상속'을 들 수 있다(인류의 공업윤회[共業輪廻]).

이러한 '업의 윤회' 가운데 가장 중요한 것은 '공업윤회'라고 본다. 나 혼자만의 소원 성취보다는 우리 모두의 대원(大願)이 이루어져야만 인류의 장래는 어둡지 않을 것이다. 또한 온 인류가 갈망하는 자유와 평화, 번영은 지구상에 오래 이어질 것이다. 자내증의 깨침을 함께 생각해보자는 의미는 현존하는 불교 고문서(古文書)들을 이해하고 해석하는 것만을 불교를 배우는 정도(正道)로 생각해서는 안 된다는 것을 다짐하는 말이다.

오늘날까지 북방불교는 경전 비판을 터부시(視)하고, 복을 짓는 공덕을 불교의 본질로 이해해 왔기 때문에 많은 종파불교가 큰 발전을 해 왔지만, 한편으로는 석가모니 붓다의 근본교리에서 멀어진 부분이 적지 않다는 것을 엿볼 수 있다.

지금 우리는 21세기의 새 천년을 시작하는 중요한 시점에 있다. 인류의 정신문화유산이 모두 디지털[電産化]문화로 일대 전환을 하고 있다. 세계문화사에서 보여주듯이, 새로운 종교와 철학사상이 가장 활발하게 전개되었던 시기는 서력기원전 구전(口傳)문화가 문자문화로 전환했을 때라는 사실을 상기할 필요가 있다. 그러므로 다가오는 새로운 시대는 새로운 정신문화(새로운 종교, 철학사상, 과학이론)가 창출될 가능성이 커지고 있다. 이러한 시대적 요구에 부응하여 불교는 하루빨리 세계불교를 지향한 발걸음을 재촉하여 세계사상계를 이끌 수 있는 체제를 갖춰야 할 것이다.

우리는 새로운 깨침의 지혜를 얻어 너무나 중층적이고 복합적으로 이루어진 세계불교의 현실(세계 불자들이 한 자리에서 불교적 의례나 행사를 할 수 없는 현실)을 개선하여 새로운 시대 환경에 쉽게 적응할 수 있는 불교의 새 면모를 만들어 가야 한다. ―월관 합장―

불교가 인도에서 중국을 거쳐 한반도에 이르는 동안, 많은 기존 사상과 토속신앙을 포용했기 때문이라는 역사적 사실은 이해할 수 있지만, 현대불교의 사명은 결코 과거를 변명하는 선에 머물러서는 안 된다. 한중일 3국의 불교계가 함께 움직일 수 없다면, 한국 불교는 주저 없이 대승불교의 기수로서 세계무대에 나서야 할 것이다.

오늘의 세계는 '신자유주의(新自由主義) 사상'을 타고 정보와 지식의 상품들이 무한경쟁시장을 펼치고 있다. 이러한 신사상과 경쟁시장 논리가 인류의 미래를 자유롭고 평화롭게 만들 수 있을까? 인류의 문화 환경은 급속도로 변하고 있는데, 종교라고 해서 옛 울타리 안에 머물러 있을 수 있을까? 바야흐로 모든 기존 종교는 새로 태어날 미래의 새 모습을 향해 몸부림치고 있다. 이미 범세계 종교는 '생명을 사랑하자'는 공동선(善)에 뜻을 모으고 있으니, 곧 세계적인 실천운동이 전개될 것이다. 인간의 지혜가 2천 년 전과 같지 않고, 여러 종교의 실상이 서로 교차 이해되면서 이미 진리를 이해하려는 공동노력이 포교현장에서 나타나고 있다. 고타마 붓다는 브라흐만교의 교리가 중생제도의 진리에 이르지 못한다고 판단하였고, 평화공동체[佛國土]를 만들수 없다고 확신했기 때문에 '깨침의 경계'를 찾아 홀로 고행 길에 나섰던 것이다.

이러한 고행에서 얻은 장엄한 외침이 바로 지혜의 완성인 '반야바라밀다-헌신봉사활동=자비지혜보시'이며 부처님의 중생제도 실천인 것이다. 이러한 표현이 여래의 근본사상일 것이다. 지난 2,500년 동안 불교의 진리성에 빛을 가린 부분을 하루 빨리 갈고 닦아, 석가모니 붓다께서 설하신 진리의 본바탕 위에서 다시 새로운 광명이 빛날 미래의 새 불교를 생각해야 한다.(월관이 자각불교를 세우고자 하는 생각의 바탕이다.)

붓다의 자각이제(自覺二諦)

천상천하 유아독존은 오른쪽 손가락으로 하늘을 가리키면서
당시의 생천(生天)이라는 하늘나라에 태어나기만을 바라는
바라문 제사장들의 허망한 사상을 부정하고, 유신(有神) 사상을 지탄했다.
왼손으로 땅을 가리킨 것은 당시 구십육파 외도(外道)들의
유물적 사상(단멸론)을 지탄하고 부정하는 내용이다.
유아독존은 유신과 유물사상을 뛰어넘는
우주존재의 근본진리[無我緣起]와 자업자득(自業自得)의
생명존중사상을 처음으로 세상에 선포한 것이다.
첫째는 연기법으로 삼법인을 깨치고,
둘째는 생명존중의 업장윤회사상을
천하에 선포한 것을 의미한 것이다.

월관 법당의 이제관수행(二諦觀修行)과
대승불교의 견심성불론(見心成佛論)

업식으로 수행(삶)하는 중생은

속제에서 방황하므로 진리를 깨치기가 어렵다.

깨치기 위해서는 진제(眞諦)의 경계에 들어서야만 견성성불 할 수 있다.

진제의 경계에 들어가는 수행자는

'무아-연기'의 이상(二想)을 깨쳐야한다.

대승불교의 선수행에서 '견성-성불'을 강조하나 마음을 보기가 어렵다.

마음은 실체가 없고, 찰나 생 찰나 멸의 허상이므로 마음은 없는 것이다.

마음의 바탕자리를 본다면 그것은 '본능의식-생명의식-아뢰야식'이다.

견성성불을 자각불교에서는 '업장의식=본능의식'을 보고 깨치라 한다.

– 佛谷山下 月觀法師 –

일법대각 중생제도 (불타의 대각성) - 발심발원 중생제도
첫째 깨침은 연기법을 깨쳐 무아 - 무상의 진리 체득
둘째 깨침은 사성제를 가르쳐 중생제도: 해탈열반
우주만법은 연기생멸하고, 일체중생은 업장이 윤회
연기생멸, 무아무상, 일체개고, 고집멸도, 해탈열반
일진법계 유물론적 진제자각, 만법교설 유식론적 속제자각
불타는 진제진리와 속제교설과 사념수행을 가르쳤다.

일체연기 만법무아 (불교의 진리성) - 불교의 바탕은 존재론
우주의 일체존재는 연기생멸하므로 가유적 현상이다.
통불교는 유물론과 유식론을 아울러 중도론을 펼쳤다.
우주본성은 연기생멸이니 자성윤회로 무시무종이다.
일체연기, 일체무아, 일체무상, 일체개고, 진각성불.
고집멸도, 신수심법, 업장윤회, 줄탁수행, 방편제도.
월관 법당의 오법인과 오수행은 정법수행의 핵심이다.

일신이식 불심무아 (불심의 무아관) - 깨친 이의 일체무아관
무아관을 깨치면 자연현상을 본성 그대로 보는 것이다.
불심은 현상의 본성을 총관하고, 중생심은 분별지로 본다.
진각은 충격감의 우뇌 체득, 지각은 좌뇌로 느낀 육식이다.
본능의식은 생명유지 의식이며, 체감의식은 육근의식이다.
생명은 일신의 본능의식과 체감의식이 상의하여 유지한다.
근본불교(유물론 + 업장윤회) - 대승불교(유식론 + 육도윤회).

일진정념 자각덕행 (불자의 수행도) - 신해행증 자각덕행
불교는 자각덕행을 통해 깨친 '불성'을 믿는 자연중심 종교.

근본불교(일진법계 만법연기), 대승불교(일심법계 만법심조)
'신수심법'을 바로 알아 챙기는 깨침이 일진정념 수행이다.
깨침을 얻는 길은 자각뿐이요, 깨침의 완성은 덕행뿐이다.
수행으로 불성을 찾고 무아를 깨치면 덕행을 실천해야 한다.
내가 깨친 경험으로 남들을 깨치게 해야 바른 깨침법이다.

　　　일승불도 이타자행 (불교의 종교성) – 생활에서 자리이타
개고는 탐욕 – 진애 – 무명 – 분별 – 집착 때문이니 버려야 한다.
탐착은 만고의 시초이며, '불이법문'은 연기법의 해설이다.
진제는 하나의 진리로 설하고, 속제는 둘의 분별로 설명한다.
방편설은 무명 중생에게 진리를 알리는 속제의 비유 설법이다.
불교의 무상정등정각은 우주일체의 연기생멸을 '자각 자증'
불도의 일체법은 중생제도이니 이타자행이 일승하는 길이다.

자각덕행 – 줄탁수행 – 일진정념 – 관법수행 – 해탈열반
무고무락 – 무념무상 – 자각불교 – 월관법당 – 월관자증
(1996~2000~2005~2010)

[一法大覺 衆生濟度（佛陀의 大覺性）– 發心發願 衆生濟度]
첫째 깨침은 緣起法을 깨쳐 無我 – 無常의 眞理體得
둘째 깨침은 四聖諦를 가르쳐 衆生濟度: 解脫涅槃
宇宙萬法은 緣起生滅하고, 一切衆生은 業藏이 輪廻
緣起生滅, 無我無常, 一切皆苦, 苦集滅道, 解脫涅槃
一眞法界 唯物論的 眞諦自覺, 萬法敎說 唯識論的 俗諦自覺
佛陀는 眞諦眞理와 俗諦敎說과 四念修行을 가르쳤다.

[一切緣起 萬法無我（佛敎의 眞理性）– 佛敎 바탕은 存在論]
宇宙의 一切存在는 緣起生滅하므로 假有的 現象이다.
通佛敎는 唯物論과 唯識論을 아울러 中道論을 펼쳤다.
宇宙本性은 緣起生滅이니, 自性輪廻로 無始無終이다.
一切緣起, 一切無我, 一切無常, 一切皆苦, 眞覺成佛.
苦集滅道, 身受心法, 業藏輪廻, 啐啄修行, 方便濟度.
月觀法堂의 五法印과 五修行은 正法修行의 核心이다.

[一身二識 佛心無我（佛心의 無我觀）– 깨친 이의 一切無我觀]
無我觀을 깨치면 自然現象을 本性 그대로 보는 것이다.
佛心은 現象의 本性을 總觀하고, 衆生心은 分別智로 본다.
眞覺은 衝擊感의 右腦體得, 知覺은 左腦로 느낀 六識이다.
本能意識은 生命維持 意識이며, 體感意識은 六根意識이다.
一身의 生命은 本能意識과 體感意識이 相依하여 維持한다.
根本佛敎(唯物論＋業藏輪廻)－－－大乘佛敎(唯識論＋六度輪廻).

[一眞正念 自覺德行(佛子의 修行道)－信解行證 自覺德行]
佛敎는 自覺德行을 通해 깨친 '佛性'을 믿는 自然中心宗敎.

根本佛教(一眞法界 萬法緣起), 大乘佛教(一心法界 萬法心造)
'身受心法'을 바로 알아 챙기는 깨침이 一眞正念 수행이다.
깨침을 얻는 길은 自覺뿐이요, 깨침의 完成은 德行뿐이다.
修行으로 佛性을 찾고 無我를 깨치면 德行을 實踐해야 한다.
내가 깨친 경험으로 남들을 깨치게 해야 바른 깨침법이다.

　　[一乘佛道 利他慈行 (佛教의 宗敎性) - 生活에서 自利利他]
皆苦는 貪慾 - 瞋崖 - 無明 - 分別 - 執着 때문이니 버려야 한다.
貪着은 萬苦의 始初이며, '不二法門'은 緣起法의 解說이다.
眞諦는 하나의 眞理로 說하고, 俗諦는 둘의 分別로 설명한다.
方便說은 無明衆生에게 眞理를 알리는 俗諦의 比喩 說法이다.
佛教의 無上正等正覺은 宇宙一切의 緣起生滅을 '自覺 自證'
佛道의 一切法은 衆生濟度이니 利他慈行이 一乘 佛道이다.

[自覺德行 - 啐啄修行 - 一眞正念 - 觀法修行 - 解脫涅槃]
[無苦無樂 - 無念無想 - 自覺佛敎 - 月觀法堂 - 月觀自證]
(1996~2000~2005~2010)

인생은 꿈을 연출하는 무시무간(無時無間)의 환상곡이다.

꿈을 그리고 꿈을 설계해보는 것은

흥미롭기도 하고 고민스럽기도 하다.

그러나 꿈은 언제나 꿀 수 있는 것은 아니다.

태어나는 것은 자연 속으로 뛰어드는 것이다.

자라는 것은 스무 살까지, 지혜를 깨치는 것은 서른 살까지.

인생은 유한한 자기에게 주어진 시간과의 싸움이기도 하다.

금난새의 인생을 바꾼 것은 독일의 음악가(지휘자)를 만난 것.

독일의 대학은 교수가 '제자'를 뽑으면 학비도 필요 없었다.

어리석은 사람은

인생의 기본조건을 모르고 사는 사람이다.

인생의 꿈은 늦어도 서른 살 전에 가져야 하고,

그날이 지나면 꿈의 실천에 몰입해 있어야 한다.

서른 살이 지나도 자기가 개발한(깨친) 지혜가 없다면

언제, 어디서 누구와 싸워도 승산이 보이지 않는다.

꿈을 품고 사는 사람은 '한 가지'에 몰두해야 한다.

금난새는 말한다. "자기 아버지는 여러 가지를 했다."

경쟁사회에서 '승리'는 하나의 꿈을 이루어 내는 것.

가정의 살림살이 지혜를 묻자, 어린 소년처럼 말한다.

인간 세상살이는 '남들과 좋은 인연'을 맺고 사는 것.

좋은 사람들과 인연을 맺는 길은 자신을 좋게 만드는 것.

좋은 사람을 만나는(찾는) 비법은 '자기 마음의 눈'이다.

사기꾼의 마음으로 사람들을 보면 '사기꾼'만 보게 된다.

지혜의 눈으로 세상을 보면 좋은 사람들을 만나 볼 수 있다.

세상에는 두 가지 근본지혜가 있다. '진제(眞諦)'와 '속제(俗諦)'이다.

진제는 '진리 세계'이고, 속제는 '인간 세상'이다.

진리를 깨치고 사는 길은 진제, 지혜롭게 사는 길은 속제.

인류 역사에 이름을 남긴 모든 성인(聖人), 철인(哲人)들은 인생을 고해(苦海)라고 보았다. 자연 현상을 보아도 그러하다.

생명을 가진 모든 것은 위험 속에서, 어려움 속에서 살아간다.

하늘의 달과 별들의 세계도 큰 질량천체(質量天體)는 작은 질량의 별들이 가까이 오면 집어 삼켜버린다. 정글 속에 사는 동물들도 쫓고 쫓기는, 먹고 먹히는 생명활동을 계속하고 있다.

현금을 투자하면 큰돈을 번다는 증권시장도 알고 보면 정글의 법칙과 다르지 않다. 큰손들이 특정 주식을 사면 그 주식은 가격이 올라간다. 뒤따라 작은 손들도 사게 된다. 하늘 높은 줄 모르고 오르던 주식가격은 '큰손들이 샀던 주식'을 많이 팔면 구멍 뚫린 바닥 밑으로 물 세듯 떨어지고 만다. 정글 속에 사는 동물이나 문화 도시에 사는 인간은 모두 약육강식(弱肉强食)의 세상에서 살고 있다. 약육강식은 자연의 진리이고 자연현상이다.

2천 년 전후에 살았던 인류의 스승들은 인생고해(人生苦海)에서 후세 인간들이 고난의 덫에 걸리지 않도록 많은 가르침을 남겼다.

'지금'의 우리는 고해(苦海)가 아닌 낙토(樂土)에 살고 있는가?

중생의 생명현상은 약육강식의 원리 그대로 변함이 없다. 우주의 무한허공(無限虛空)에서 '작고 큰 별들'은 외로운 운행을 하고 있다.

언제, 어디에서 날아올지 모르는 다른 별과 충돌하여 산산 조각이 날 수도 있고, 보다 더 큰 별을 만나면 그냥 빨려 들어가서 용광로 속에 던져진 철광석과 같은 운명이 될 수도 있다.

우주 공간의 일체만물(一切萬物)이 하나의 진리에 따라 생기고 움직이고, 쇠퇴하여 죽거나 없어진다. 하늘의 현상을 바라보면서 인간의 삶과 운명을 점쳐본다. 우주와 지구와 인간과 나는 다르지도 않고 둘도 아니다. 큰 하나 속에 작은 하나로 있음을 볼 수 있다. 우주의 근본진리가 만들어 낸 변화무상(變化無常)한 현상 속에 작은 나도 살고 있다.

일찍이 붓다 성자는 이 위대한 진리를 깨쳐 고해인생을 벗어나는 길을 찾았으니, 마음속에 열반적정(涅槃寂靜)을 누리면서 사는 길이었다. 열반은 마음을 비우는 것. 빈 마음은 번뇌나 망상, 욕심이 없으니, 갈등도 집착도 애증도 없다. 오직 고요할 뿐. 이런 마음을 '열반적정'이라 한다. 붓다는 삶에서 열반적정을 보였다.

그는 작은 나라의 태자(太子)로 났지만 부왕(父王)으로부터 나라를 물려받을 생각을 버리고, 깨침을 얻기 위해 아란야 속으로 들어가서 6년 동안 고행 끝에 대각(大覺)을 이루었다. 이웃의 큰 나라가 자신의 고국을 침략했을 때, 몇 번은 침략군 장군에게 '살생-침략'을 만류했지만 결국에는 포기하고 말았다. 아버지의 나라를 구하는 것 보다는 인류를 구하는 길이 붓다에게는 더 큰 사명이었다.

자신의 마음을 어떤 모습으로 만들어 살 것인가?

66억 세계 인구가 각각 자신의 뜻대로, 생각대로 결정할 일이다.

붓다의 가르침을 듣고도 보고도 알지 못하고, 느끼지 못하고, 깨치지 못하는 것은 각자의 몫이다.

광명천지(光明天地)에 손바닥 보듯이 훤히 밝혀진 우주과학-천문학-물리학-생물학 지식이 진실을 밝히고 있는데, 없는 귀신과 영혼의 윤회를 믿는 사람들이 아직도 많다.

'존재-현상'은 영원하지 않다. 생긴 모든 것은 반드시 없어진다.

태초부터 천상천하(天上天下)에 없던 것을 있다고 믿었던 것도 잘못된 믿음이다.

1만 년 인류문명을 바탕으로 새 삶의 철학과 종교가 밝아지고 있다. 21세기 지금의 수행자들이 해야 할 일대 사명이다.

11. 자식을 바르게 교육시키는 길

지금까지 내려온 전통적 교육관은 '온고지신(溫故知新)'의 교훈을 따라 자손들의 인성 훈육(訓育)을 해 왔고, 학교교육도 큰 틀에서 보면 그 범주를 벗어나지 못하였다. 그러므로 21세기라는 시대적 전환기를 사는 우리들은 옛것을 보존하고 존중하되, 그대로 따르지만 말고, 새로운 시대에 부합하는 길을 찾도록 노력해야 할 것이다.

21세기가 던지는 시대적 의미가 무엇인가? 먼저 지난 시대를 예로 들면, 2,000~2,500년 전의 시대는 원시사회에서 인문사회로 전환한 시기였다. 그래서 많은 나라에서 문자가 생겼고, 활자로 기록되었던 시대였다. 문자가 기록되면서 사상과 이론의 교신이 확대되기 시작했다. 그래서 이 시대에는 훌륭한 철학자와 성인들이 많이 탄생했다. 이와 같이 지구상의 인간사회가 커다란 시대적 변환기를 맞을 때에 사는 사람들은 구체적이고 실제적인 대응을 해야 한다.

지금의 시대는 '정보화시대', '다극화시대', '자유경쟁시대' 등으로 불리고 있다. 세계 철학계를 선도하는 독일의 철학계도 현대 철학의 시조인 니체가 기독교의 신의 존재를 부정한 이래 불교적 존재론을 중심으로 철학사상을 연구하고 있다. 물리학도 양자역학으로, 경제학에서는 ≪작은 것이 아름답다(Small is beautiful)≫의 저자 슈마허(Schumacher)의 '필요한 것만 작게 쓰는 경제이론'이 새삼스럽게 인기를 얻어가고 있다(少欲知足＝無所有思想).

세계 근세사에서 보면, 100년 전 카를 마르크스(Karl Max)가 주장한 '사회주의 경제관'은 이미 80년의 실험을 거쳐 완전히 실패하였고, 1930년대 케인즈(Keynes)의 경제이론(많이 생산하고 많이 쓰는 것이 경제성장에 도움을 준다는 내용)은 미국에서 황혼기를 맞고 있다. 케인즈의 경제이론은 1930년대 미국의 경제공황을 극복하게 해주었지만, 미국 경제가 1945년 이후에는 세계경제의 65% 생산국으로 발전했다가 지금은 25% 수준으로 떨어지고 말았다. 미국이 세계경제를 혼자서 주도할 수 없게 된 것이다. 새로이 각광을 받고 있는 독일의 경제학자 슈마허가 주장한 '작은 것이 아름답다(1930년대의 경제이론)'는 유가(儒家)의 소비미덕인 '소욕지족(少欲知足)' 사상과 불가(佛家)의 '무소유＝필요한 것만 가지라'는 가르침과 근본사상이 같다.

지구상에는 지금 66억 명의 인간이 살고 있다. 아무리 열심히 생산해도 필요량의 절대치가 부족할 수밖에 없다는 이론이 나온다. 지구의 자원고갈, 생산의 한계성은 이미 200년 전에 영국의 철학자 맬서스(Malthus)의 ≪인구론≫에서도 밝힌 바 있다.

과거 박정희 대통령의 '새마을운동'도 '근면, 자조, 협동'을 내걸고 국민의 자립의지를 일으키는 데 성공했지만, 순수한 경제 입장에서 보면 그 한계를 느꼈다고 할 수 있다. 그래서 중화학(重化學)공업으로 국가경제를 다시 돌려세웠던 것이다. *새마을운동은 박정희 혁명최고회의 의장이 1961년 8월부터 육군50사단에서 시작하였다. 그 후 재건국민운동으로 이어오다가, 1972년에 공식명칭을 '새마을운동'이라고 선포하였으나, 정치적 의도가 짙어 정계에서는 반대자들이 많았다. 월관은 최초에 시작했던 50사단의 농촌개선사업에서 실무자로 참여한 인연으로, 1984년부터 4년 동안 새마을운동(UNDP 89개 국가를 대상)의 국제화사업을 총괄했다.

새로운 시대에 부응하는 자식들의 직업은 허상과 같은 이론이나 주장을 따르는 것은 좋지 않다. 구체적으로 생각하는 게 좋다. 월관의 생각으로는 (1) 투자자문회사 (2) 금융산업연구소 (3) 경제학 교수 (4)

선진과학산업(바이오에너지) 등이 눈에 띈다. 이런 방향으로 눈을 돌려 중학교 때부터 수학과 과학, 경제학, 외국어에 취미를 갖도록 자식들을 지도하는 것이 현명할 것이라고 본다.

자식이 어릴 때는 어려운 생활을 많이 경험하도록 부부가 계획적으로 '고생'을 시키는 것이 효과적인 교육방법이다. 인류 역사 속에서 이름을 남긴 성자−성인−성현−무인들의 어린 시절은 모두가 특별히 가난했거나, 조실부모하여 고아가 되었거나, 생활환경이 남들보다 좋지 않았던 사람들이다. 중국의 공자는 세 살 때 아버지(73세)가 돌아가셨고, 열세 살 때 어머니(30세)마저 죽었다. 인도에서 불교를 세운 석가모니 성자도 열세 살 때, 시민들의 생활을 살피면서 아픈 환자, 병든 노인 그리고 가족이 죽어서 장례를 지내는 슬픈 모습을 보면서 '커서 어른이 되면 고통과 고생과 슬픔에 빠진 사람들을 구제하겠다.'는 결심을 하였다. 예수도 열두 살에 페르시아 무역상을 따라 집을 떠나 객지에서 고생하면서, 배화교(불을 숭상하는 종교)와 불교의 가르침을 배워 스물아홉 살에 고국으로 돌아왔다. 자식의 인생을 생각하면 어릴 때 할 수 있는 한 많은 고생을 경험하게 하는 게 가장 좋은 '인간교육'이다. 특별한 고생교육에 대한 방안이 없으면 혼자서 혹은 좋은 친구와 함께 외국 여행을 자주 시키는 것도 한 가지 방안이 될 수 있다. −월관 합장−

12. 종교의 진화-진리의 깨침

서양의 지식인들이 동양의 종교사상을 알기 시작하면서 '일심일생(一心一生)'을 과학으로 연구하느라 바빠졌다. 그들은 '일심수행(명상을 통한 행복추구)'에 초점을 맞추기 시작하였다. 서구식 논리의 발상이다.

물리학자들이 불교의 연기생멸(緣起生滅)과 진공묘유(眞空妙有) 교리를 이용하여 첨단 과학이론인 양자역학(量子力學)에 몰두하는 것도 서구적 종교와 과학이 만나고 있는 한 단면이다.

서양인들이 '명상수행'을 통해 마음의 안정을 찾고, 이고(離苦)의 효과를 봄으로써 대승불교 '간화선'의 새로운 수행법을 서구식으로 시작한 셈이다.

불교의 입장에서 기존의 다른 종교를 볼 때, 많은 지도자와 수행자들의 한계는 '경전 속의 문자' 때문이라고 생각된다. 초기 성경을 만든 그리스의 '메테오라 수도원(Meteora Monastery: 100미터 돌산 위에 있는 옛 수도원)'은 지금도 '초기 원고'를 뒤적이며 살피고 정리하고 있다.

인간이 만든 '말씀의 향연'은 역사가 낳은 시대적 소산물일 뿐! 우주(자연)의 진리 그 자체[眞如]가 될 수 없다. 아무리 좋은 말과 글로 사상과 가르침을 옮겨놓아도 시대가 흐르고 인간의 생활과 생각이 바뀌면, 다시 또다시 고쳐서 해석해야 하는 이유가 생기게 된다.

21세기(새로운 정신문화의 변혁기)를 시작하는 지금, 세계는 새로운 사상-철학-종교의 용틀임이 일고 있다. 정부산업의 발달로 지구촌 세계인들은 같은 시간에 같은 뉴스를 듣고, 각자 다른 생각을 자유롭게 하고 있다. 그 결과 세계인들의 사상의 흐름은 전통적인 큰 흐름을 따르려 하지 않고, 다양한 모습과 움직임으로 나타나고 있다. 철학과 종교-과학의 첨단 이론도 다양한 다극화 시대로 향하고 있는 모습이 보인다. 상당한 시간이 흐르고 나서야 새로운 큰 사상이 인류를 자유와 평화로 이끌게 될 것이다. 두고 볼 일이다.

한국 불교도 물론 진화를 재촉당하고 있다. 중국 불교가 시대적 굴곡 속에서 진통을 겪고 있으니, 한국 불교도 더욱 분발하고 새 시대의 사명을 달성하는 계기를 만들어 가야 한다. 깨끗하게 흐르던 물도 멈추고 고이면 썩기 마련이다.

미래불교는 세계불교를 지향하여 2,500년 전 부처님이 직접 가르친 근본불교의 '무아-연기'의 진리를 재조명하고, '우주 진리 불교'의 본 바탕을 다시 찾아 온 인류를 비쳐줄 새로운 큰 등불을 만들어야 한다.

13. 근본불교가 정법(正法)인 이유

모든 종교는 '인간중심 종교'다.

창조주가 인간을 위해 우주 만물을 창조했다고 주장하는 신앙이다.

근본불교만이 "우주 창조는 자연법칙(연기법리)대로 생기고, 있다가 없어지고, 다시 생기고, 있다가 또 없어진다."고 주장한다.

그리고 "수행자는 스스로 우주 자연을 바로 보고, 스스로 진리를 깨쳐서 믿고, 부지런히 수행하면 해탈열반을 얻는다."고 가르친다.

우주의 존재는 누가 창조한 것이 아니다. 스스로 존재 윤회를 한다.

그래서 불교는 우주 생명을 '무시무종(無始無終)'이라 한다.

옛날 사람들은 모르는 것은 모두 귀신이 한 것이라고 믿었다.

하늘에서 보이는 변화는 하느님이 한 일이라고 믿었고, 자연 산하의 변화는 산신(山神)이나 하신(河神)이 한 일이라고 믿었다.

이와 같이 생각했던 옛사람들의 종교관과 신앙관은 인간의 지혜와 능력은 낮고 작다고 보았고, 하늘과 자연의 변화는 높고 크다고 보았다.

그래서 하느님과 대자연을 숭배했고, 의지(依支)의 대상으로 믿었다.

종교의 뿌리는 이렇게 해서 생긴 것이다.

한 시대를 살던 높은 학문과 지식을 가진 이들은 중생의 궁금증을 풀어주고, 대중에게 등불을 밝히려고 애써 왔다.

공자, 노자-장자, 소크라테스, 차라투스트라, 예수, 마호메트, 그리고 부처님과 많은 선지자-선지식들이 종교의 가르침을 남겼다.

모든 분들은 한결같이 "인간을 우주(세상)의 주인으로 놓고, 우주만물이 인간을 위해 존재해야 하는 것으로 믿고, 자연 산하와 다른 생명들은 인간에게 이용의 대상이고, 희생되는 게 당연한 것"이라고 믿고 가르쳤다.

그 결과 지구는 자원고갈, 자연환경 파괴, 황폐화의 결과를 가져왔다.

이제 제2, 제3의 지구별(인간이 살 수 있는 별)을 찾아 나서고 있다.

부처님만이 우주존재의 근원을 바로 밝히고 스스로 깨쳤으니, 그것이 '인연법(因緣法)' '연기법(緣起法)' '삼법인(三法印)'이다.

이를 바탕으로 중생에게 가르친 불교가 근본불교이다.

근본이란 시작 — 제일 — 본성 — 본질 — 뿌리라는 의미다.

그러나 대승불교는 훗날 부처님의 뜻에 따라 많은 경전을 만들어 대중을 위한 좋은 가르침을 펼친 것은 큰 진화였지만, 인간의 마음을 불교의 중심에 놓았으니, 근본불교의 핵심사상(우주 존재론)에서는 멀어졌고, 다른 종교와 같이 사람을 불교의 중심에 놓게 되었다.

인간은 인간일 뿐, 우주만물 중에 있는 동등한 존재일 뿐이다.

부처님은 근본불교의 핵심사상(자연법 중심)을 따라 깨쳤고, 고해인생의 고통을 여의는 '해탈열반의 길'을 찾았으니, '탐진치' 삼독을 해탈하고, '무고무락 — 무념무상'의 경지에 이르면, 태어난 지금의 생명이 고난 — 고생을 피하고, 자유와 평화와 번영을 누리며, 인류가 오래오래 지구별에서 살 수 있다고 믿었다.

지금의 우리는 불교의 진화된 모습을 다시 한 번 생각해야 한다.

부처님의 가르침은 누구나 자유롭게 생각하고, 우주 근본진리를 부처님이 깨친 것과 같이 스스로 깨칠 수 있고, 스스로 깨쳐야 한다.

불교수행은 깨침을 위한 수행이고, 깨친 대로 중생을 위한 덕행을 실천하는 종교이다.

그러나 우리의 현실은 그렇게 만족스럽지 못하다.

'깨침 수행'보다는 불학의 지식을 얻고자 '교학수행'에 치우쳐 있고, '중생제도'보다는 '기복 — 공덕'에 열중하는 모습이다.

"달마대사가 왜 서쪽(＝인도)에서 왔느냐?" 하는 짧은 글은 선종(禪宗)에서 사용하는 '화두(話頭)'로 알려져 있지만, 1,500년 전 중국 불교의 수행자들 대다수가 '깨침의 화두'이기 전에 사실 자체를 모르고 있었을 것이다.

달마대사가 중국으로 온 사실은 인도 불교가 근본불교(부처님의 직설불교)에서 멀어진 '밀교시대'를 거치고, 이슬람교와 힌두교의 박해를 받던 상황에서 인도에서는 더 이상 불교를 지킬 수 없다고 판단하여 중국으로 온 것이다.

달마대사의 선수행을 이어온 육조 혜능대사의 ≪육조단경≫은 한국 불교의 수행 교과서처럼 쓰이고 있다.

≪육조단경≫에 나오는 좋은 말이 수행에 도움은 되겠지만 결코 깨침을 바로 얻게 돕지는 못한다고 본다.

<달마어록: 이입사행> <신심명> <육조단경>

<임제어록> <전등록> <종경록> <벽암록>

<지눌스님: 수심결> <서산스님: 선가귀감>

<성철스님: 선문정로>－<초발심자경문>

이런 수행 참고서만 통달하면 깨침을 얻을 수 있을까?

자문자답이지만 답은 부정적이다.

해마다 많은 불교 교학수행을 마친 인재들이 나오지만, 아직 기쁜 한 소식은 들리지 않기 때문이다.

우리 불자들의 수행 방법에 문제가 있는 것을 스님－법사들은 착안하고, 연구개발에 힘써야 할 것이다.

부처님의 깨침 수행법은 아주 간단하다.

'무아－연기'를 깨치게 하기 위해서 '오온무아'를 반복해서 가르쳤다.

붓다와 삶을 함께하면서(줄탁동시수행)

스스로 부지런히 수행하여 진리를 깨치는 길.

이런 수행이 부처님이 열반에 든 자리에서 남긴 '자등명(自燈明)', '법등명(法燈明)'이다.

"네 자신을 믿어라. 아니면, 내가 가르친 법을 믿어라.

그리고 "부지런히 수행하라!"

<근본불교는 부처님의 친설 깨침과 가르침>

－月觀 합장－

14. 빈여일등(貧女一燈)-남에게 베푸는 이유

예수교에서는 일찍이 아담과 이브가 자신들의 오만한 마음으로 하느님의 말씀(자아의식과 오만한 마음을 일으키는 과실은 따먹지 말라는 것)을 어기고 그 과실을 따먹음으로써 "인간의 원죄(原罪)가 되어, 인간에게는 삶의 고통이 끊이지 않는다."는 성경의 기록이 있다. 불교에서도 부처님의 사촌인 제바달다가 부처님의 나이가 일흔 살을 넘어서자 부처님의 가르침도 별것이 아니라는 오만한 생각이 들어서, 부처님을 찾아가 여쭈었다. "부처님, 이제 연로하시니까 포교는 젊은이들에게 넘기시고 물러나서 조용한 삶을 사시는 게 좋겠습니다." 그의 말은 듣기에 고운 말처럼 들리지만, 마음속의 뜻은 그와 반대였다.

부처님의 가르침도 나의 알음알이와 별반 다르지 않다는 자만심, 오만심의 표현이었다. 물론 부처님은 그 뜻을 알고, 그의 제의를 거절했다. 위의 두 경전의 말씀을 지금 살고 있는 우리도 한번 깊게 생각할 일이다. 오늘날 세계 시장에는 최고의 지혜를 가진 자들이 경제적 재건과 부흥을 위해 노력을 경주하고 있다. 일생을 거의 마감하는 나이에 도달한 노인들도 공원의 벤치에 앉으면 세상일을 걱정하는 모습을 보인다. 대통령도 비난하고, 장관들이나 국회의원들도 꾸짖는다. 그 마음은 모두가 잘해주기를 바라는 마음이란 것은 이해하지만, 지나치면 자신의 건강만 해치니 쓸데없고 효과 없는 잡담들은 삼가는 게 좋을 것이다. 노인들이 국가에 보탤 수 있는 것 중에서 첫째가 자신의 건강을 잘 지키고, 하루를 편하게 지내는 일이라고 믿는다. 불기 2553년 부처님 오신 날을 맞아 받는 행복감보다 주는 것이 더 즐겁다. 성자님들은 마지막 가진 것(생명)을 인류를 위해서 모두 바쳤다.

우리가 비록 깨치지는 못했지만, 남에게 주는 데 인색해서는 안 된다. 남을 위해 준다는 것은 내 것을 잃는 것이 아니다. 교회에서는 주는 것을 '하늘나라에 저축한다.'고 말한다. 사찰에서도 공양하는 것을 복을 짓는 공덕이라고 한다. 경전 속의 글 가운데 '빈여일등(貧女一燈)'이 있다. "부자들은 붓다가 오시는 밤길에 수백 개의 촛불을 걸었으나, 모두가 초저녁에 사라지고 말았다. 그러나 가난한 여인의 등불은 밤새도록 새벽까지 밝혔다."고 전해 오고 있다. 지금 우리는 경전 속 글만 읽지 말고, 가난한 여인의 마음과 함께해야 한다. 해마다, 봄마다 돌아오는 부처님 오신 날에 아무것도 드릴 것이 없으니, 이 한 마음을 밝힐 뿐이다. -월관 합장-

15. 바로 보면 편히 산다

우주를 바로 보면 진리가 절로 보인다.
세상을 바로 보면 이치가 절로 보인다.
우주-진리와 세상-이치를 바로 본다면
인생고해를 헤매고 있는 나를 볼 수 있다.
옛 중국의 한 조사 왈, "山是山-水是水"
(산은 산이요, 물은 물이다.)라고 했다.
1,300년이 지났어도 아직 수행자들의
입가에서 이 말은 뱅뱅 맴돌고만 있다.
산이 산이지, 산이 물인가?
물이 물이지, 물이 산인가?
진리의 말씀을 산과 물이라는
물질-형상을 눈앞에 놓고 말장난을 한다.
산과 강물을 볼 수 없는 사람은 장님이다.
산과 물을 바로 보는 사람은 깨친 사람이다.
진리! 우주 존재의 근본진리를 깨치면
산하불이(山河不二), 생사불이(生死不二)가 보인다.
산과 강물을 눈으로 보면[見] 둘이다.
산과 강물을 진리로 보면[觀] 하나다.
삶과 죽음을 눈으로 보면 분명히 둘이다.
삶과 죽음을 진리로 보면 분명히 하나다.
현대과학이 본 우주 삼라만상의 존재는
90여 개 원자의 연기화합의 현상이다.
세상만사 인생살이도 복잡하게 보이지만,

모두 하나의 진리법(인연법)의 산물이다.

물리학에서 가르치는 질량불변의 원칙이다.

장작나무는 아궁이에서 태워지면 없어진다.

화장터에서는 매일 수많은 시체들이 사라진다.

사람이 죽으면 돌아갔다고 울고불고한다.

없어진 모든 것은 죄다 어디로 갔단 말인가!

사람은 지수화풍(地水火風)으로 돌아간다.

아끼고 아끼던 내 몸은 어째서 지수화풍인가?

사람의 몸은 100조 개의 세포들의 뭉치로 산다.

몸 덩어리는 흙과 물, 불, 공기 성분이다.

우주의 성운이나 태양 행성도 지구와 달 그리고

인간과 동식물들도 모두 같은[同等] 물질인데,

사람의 눈으로 보면 모두가 다르게 보인다.

내가 나를 바로 보면 왜? 어째서? 편히 사는가?

정답은 간단하다. 자연과 나는 같기 때문이다.

지구상에 생명이 살아온 역사는 37억 년이나 된다.

사람의 조상 호모사피엔스는 불과 5만 년이다.

37억 년 지구 생명체와 인간을 비교하면 너무 짧다.

37억 년 달력에서 인간의 나이는 맨 끝자락에 있다.

그런 인간은 문명의 발달로 지구자원을 고갈시키고

지구환경을 오염시켜, 지금 온 세상을 들끓게 한다.

이제 우리는 '빨리빨리'는 그만두고 '천-천-히' 살자!

빨리 뛰어본들 인생은 부처님 손바닥 안에 있다.

바로 보고 편히 사는 삶은 천천히 사는 것이다.

(정법을 정견-정념-정정 수행하면, 바르게 사는 길)

16. 우주는 한 진리가 돌린다

크고 넓은 우주 허공에 존재하는 일체는 흐르고, 돌고, 움직이고, 부딪치고, 깨지고, 합치고, 생기고, 없어진다. 이러한 변화와 운동이 일체 존재(현상적 가유적 존재)의 원천적 개념이다. 우주 일체는 유정이든 무정이든 이렇게 움직이고, 변하는 존재적 삶을 누리고 있다. 붓다는 '하나의 진리'를 깨치고, 이 진리를 인간과 인생에 적용해서 생각해보고, "모든 생명(중생)은 살기 위해 고생 속에서 살아야 한다."는 것을 알게 되었다.

붓다는 '하나의 진리'를 깨치고 나서 외쳤다. "하나의 진리가 세상을 움직이고 있다. 이 진리는 내가 만든 것도, 누가 만든 것도 아니다." 우주 자연 속에 '무시무종'으로 활동하고 있는 '하나의 진리'는 지금과 미래의 사람들도 붓다와 같이 깨치고 살아야 한다. 하나의 진리를 깨치지 않고는 붓다가 인류를 위해 찾아서 가르쳐 놓은 해탈열반의 지혜도 아무 소용이 없다.

매일같이 말로만 "탐진치 – 삼독을 떠나면 해탈열반의 삶을 살 수 있다."고 외치는 것은 종교적으로 볼 때 바른 신앙(수행생활)이 될 수 없다.

붓다는 스스로 깨친 진리를 바탕으로 많은 교설을 펼쳤지만, 교설 자체는 진리(진제적 진리)가 아니라 속제적 진리(교설 – 가르침)다. 때로는 중생을 가르치기 위한 '방편설 – 진리가 아닌 말씀'도 너무나 많이 했다. 불교의 경전 속은 이렇게 알기 어렵고, 복잡하고, 중층적이고, 다양한 가르침(진위 – 眞僞)들이 섞여 있다.

우주에는 아무것도 없다. 아무것도 독립된 자성을 가진 것은 없다.

우주 자체도 누가 만든 것도 아니고, 누가 움직이고 있는 것도 아니다. 우주의 일체는 자연스럽게 스스로 움직이고, 돌고 있다.

자연스럽게 없어지고, 생겨나고 있다. 자연스럽게 죽고 태어난다. 자연의 변화를 인간의 지식과 기술로 복제를 시도해보지만, 하나의 진리의 범주를 벗어날 수는 없다. 붓다는 이러한 변동(變動)의 자연법칙을 바로 깨쳐서, 고해인생을 편히 살 수 있도록 가르쳤다. 불교를 포함한 많은 종교에서 가르치는 '교설-방편설'은 시대가 진화함에 따라 차츰 퇴색의 길로 가고 있다. 인간의 과학-철학-종교의 지식과 지혜가 진화-발전함에 따라 옛날의 생각은 많이 바뀌고 있다. 넓은 의미의 인간학(인류문화)도 스스로 끊임없는 진화를 계속하고 있다.

우리 불교의 현실을 살펴봐도 누구나 쉽게 '정체(停滯)된 신앙(수행생활)'임을 느끼게 한다. 인류의 미래종교는 움직이지 않고, 변하지 않는 죽은 종교를 거부한다.

종교도 살아 움직이고 변해야 한다. 사람도 숨을 쉬지 않고, 영양을 취하지 않고, 배설하지 않으면 죽은 시체다. 종교도 인간도 만물도 '하나의 진리'에 따라 움직이고, 변하고, 흘러가야 살아 있는 존재로 인정받을 수 있다. 흘러가는 강물도 둑을 쌓아서 오래 가두어두면 썩거나 말라버린다. 살아 있는 강이 될 수 없다. 이와 같이 '하나의 진리'는 한 개인의 삶을 바로 볼 수 있게 하고, 자연의 움직임과 변화도 볼 수 있게 하고, 우주의 미래도 예측할 수 있게 하기 때문에 '하나의 진리=만법귀일(萬法歸一)'이라고 하는 것이다.

붓다가 세운 '근본불교-진각불교'를 자신의 종교로 믿든지, 믿지 않든지 신앙의 자유는 개인의 선택이다. 그러나 붓다가 깨쳐서 알려준 하나의 진리를 깨치고, 삶의 등불로 삼는 것은 누구에게나 중요한 교훈이며 지혜가 된다. 하나의 진리가 인생만사 모든 것에 적용될 수 있기 때문에 많은 사람들이 관심도 갖지만, 자신의 마음이 열려 있지 않으면 귀찮은 말, 잔소리로 들리기도 한다. 이런 구별을 붓다도 일찍이 규정했다.

정법(正法) - 상법(像法) - 말법(末法) - 불교삼시론(三時論)

인간은 개인이 가진 유전자에 따라 성격과 재능과 지혜와 모양이 다르다. 인간(중생)은 타고난 유전자를 바탕으로 진화하면서 일생을 산다.

불경에 자주 나오는 '상근기, 중근기, 하근기'라는 말이 있다. 지금도 많은 사찰과 법당에서 지도자들이 "마음을 열라."고 가르치고 있다. 누구나 생각하는 대로 마음을 열 수 있다면 걱정 - 근심이 사라질 수 있다는 가르침이다.

마음은 각자가 스스로 만들고 생각한 것이므로 그런 마음을 연다는 것은 듣기에 따라 다르지만 쉬운 일일 것 같은데, 현실에서는 엄청 어려운 일이다. 평생 동안 노력해도 자기 마음 하나 열지 못한다. '고행 =수행'을 많이 해도 효과는 아주 적다. 유전자는 내가 혼자 만든 것도 아니고, 조상들(인류의 모든 조상)로부터 물려받은 것과 나의 생활에서 내가 만든 것이 '합친 것'이므로 불교에서 말하는 '업행(業行) - 업장(業藏: 윤회=유전자의 진화)'는 계속되고 있다.

사람이 죽으면 부모의 피를 받은 자손들은 물론이고, 나와 우리가 함께 살았던 사람들까지 공업과(共業果)에 의한 업장윤회(유전자 전이-轉移)의 대상이 된다. 이런 이치를 깨치고 인생을 산다면, 좋은 일(이타행)을 많이 하게 될 것이고, 그렇게 살 수 있을 것이니 '바른 인생'을 살았다고 말할 수 있을 것이다.

불교의 진리를 깨치고자 하는 수행자는
우주과학-천문학-물리학-생물학-유전학-
철학사상의 기초적이고 개념적인 지식을
공부하고 나면 큰 도움을 받고, '자각'을
확신하는 뒷받침이 됩니다. -월관 자증-

나는 무엇인가?

나는 누구인가?

나는 나를 아는가?

나를 알면 만사를 알 수 있다.

나를 알면 세상을 알 수 있다.

나를 알면 우주를 알 수 있다.

이런 의문과 질문은 불교에서 수행하는 사람들이 자주 쓰는 '화두'로 알려져 있다. 근본불교에서는 우주의 존재를 설명하는 유물론적인 이론을 뒷받침하는 '인연법리' '인과법리' '연기생멸' '무아무상'의 진리를 깨치고 인생의 모든 것, 특히 고통과 고민과 고생을 벗어나는 길을 찾고자 했던 고타마 싯다르타 수행자의 '큰 깨침'으로 해결의 실마리는 풀렸다.

나는 지수화풍(地水火風)이고, 오온무아(五蘊無我)이다. 나의 몸은 땅에서 얻은 영양분, 물에서 얻은 수분, 태양열에서 얻은 체온 그리고 공기에서 얻은 산소로 몸[身]을 지탱하고 있다. 나의 삶을 살펴보니, '색수상행식(色受想行識)'이다. 색은 곧 몸[身]이요, 수(受)는 느낌이요, 상(想)은 생각이요, 행(行)은 움직임이요, 식(識)은 생각-의식이다.

즉, 몸과 마음이 함께 움직이고, 함께 살고 있다. 그러므로 몸이 살아 있으면 마음도 살아 있고, 몸이 없어지면 마음도 없어진다. "이것이 있으면 저것도 있고, 이것이 없어지면 저것도 없어진다."는 말은 연기법리를 가르치는 해석과 똑같다.

자세히 살펴보니 나는 아무것도 아니다. 나는 한 가지도 나라고 내

놓을 게 없다. 나는 시공(時空)을 세포들에게 제공하는 일시적 존재[假有]다. 나는 빈털터리 신세로 100년도 못살고 살아진다. 나를 구성한 100조 개의 세포(생명)에게 고마운 마음, 미안한 생각을 갖는다.

나에게 그들은 아픔을 알리는 신호를 시도 때도 가리지 않고 하지만, 그들이 죽어가도, 새로 태어나도, 나는 많은 세포들에게 해주는 게별로 없다. 할 수 있는 것은 병원을 찾아서 화학 분자식으로 만든 알약과 주사 그리고 방사선 치료가 전부이다.(모든 세포들에게 알 수 없는 고통과 죽음을 주고 있는 치료를 할 수밖에 없으니, 그래서 세포들에게 미안하고 죄송하다.)

우주의 진리를 깨친 붓다는 나를 이렇게 해부해서 보았다. 그러나 그의 깨침은 혼자만 알 수 있는 것인지? 다른 사람들도 자신과 같이 우주에 하나밖에 없는 진리를 깨치게 할 수 있을까? 이런 의문을 가졌지만, 일단 이타행(利他行)-중생이 깨치도록 가르쳐보았다.

자신과 같이 숲속에서 깨침 수행을 했던 다섯 수행자들을 가르쳐서 깨치게 했다. 첫 성공이었다. 이 성공의 기쁨을 가지고 55명의 수행자들을 더 깨치게 했다. 이 성공이 1년 동안에 이루어진 것은 붓다의 깨침이 진실이라는 것을 확인한 것이다. 그리고 나서 붓다는 불교의 진리를 널리 알리라는 전도선언을 했다. 이것이 불교의 시작이었다.

만약 붓다가 자신만 진리를 깨치고 남을 깨치게 돕지 못했다면 그의 깨침은 거짓이었고, 그런 깨침은 쓸데없는 환상이 될 뻔했다. 인간의 지능과 기능은 날이 갈수록 진화하고 있으니, 감히 그 속도와 범위를 가름할 수 없다.

지금 21세기를 살고 있는 인간은 우주를 인간이 살아야 할 새 세상으로 바라보면서, 이미 많은 프로젝트(Terra Forming Project on the Mars)를 시작하고 있다. 불교의 진리 정법도 시대의 흐름에 따라 어떤 진화의 길을 찾아야 한다. 우주 속에서 언젠가 우주인간을 만날 날이 올지도 모르니까!

진짜 나를 찾아서 알고 깨치면 세상만사를 해결하는 길이 열릴까? 지구상에는 많은 사람이 살고 있다. 지구촌 사회는 자유경쟁이다. 남들보다 더 잘살기 위해서는 앞서가는 지혜와 노력을 경주해야 한다.

'참 나'를 알고 싶은 사람은 100조 개의 생명세포를 관리하는 주인으로서의 자신을 항상 되돌아보고, 과연 나와 함께 살고 있는 모든 생명(세포)들에게 무엇을 잘하고 있으며, 무엇을 잘못하고 있는지를 살펴야 한다. 가을 하늘에서 볼 수 있는 많은 별들이 우주 허공에 있지만, 육안으로는 100조 개(兆個)의 별을 볼 수는 없지 않는가! 그러나 '참 나'는 작은 몸이지만, 내 몸 안에 100조 개의 생명세포가 있다는 것을 재확인하고 믿으며, 그들과의 대화를 해보아야 한다.

하루를 살기 위해 우리는 바쁜 나날을 보내고 있다. 자신만의 조용한 시간을 얻는 것도 쉬운 일이 아니다. 생물학적 지식을 얻기 위해서도 상당한 노력을 해야 한다. 인간의 구조가 그렇게 많은 생명세포를 가지고 있는 것도 살피기 어려운 일이지만, 작은 머리(뇌 조직) 속에서는 거의 무한에 가까운 신경작용(생각활동)이 진행되고 있다.

수학적으로 계산해도 이런 생각과 저런 생각의 '조합 숫자'는 가히 짐작할 수 없는 큰 수치에 이른다.(유전자와 염색체 활동의 '조합 수치'도 마찬가지다.) 그러나 이러한 과학적 노력은 전문 과학자들의 몫으로 남겨 둘 수밖에 없다. 우리는 일상생활에 충실하면 된다. 많은 종교 가운데 불교가 가진 특성이 바로 '깨침 수행'이다. 자신을 찾는 것이 '우주—세상'의 근본진리를 찾는 길이라고 가르치고 있다. 2,500년 전에 살던 사람들도 숲속에 앉아서, 하늘과 땅을 살피면서, 우주의 진리를 깨친 것이 사실인데, 지금 살고 있는 우리가 어찌 못한다 하겠는가? 아파트에 살면서 방 하나만 있으면, 홀로 수행하기에 적합하다. 하루에 한 시간만 앉아서 명상−참선에 들면 된다.

깨침을 위한 명상−참선 수행을 하면서, 처음부터 망상−환상 속에서 인간적인 욕망−허욕을 가지면 사도(邪道)에 빠지기 쉽다. 자기 수행을 위해 가장 중요한 것은 굳은 의지, 맑은 마음, 순수 생각이다. 시중에서 팔고 있는 종교서적들 중에는 잘못된 수행으로, 빗나간 깨침을 얻어서, 그것이 진리인 줄 알고, 많은 사람들을 속이고 괴롭히는 사례가 적지 않다. 조심해야 한다. 빗나간 깨침이란, 영혼을 지옥에서 천상으로 천도하는 것이 불교의 근본진리인양 주장하는 깨침을 말한다. 각종 영혼 천도제 등의 의식행사는 불교문화의 생활의례이다. 정법의 진리란 붓다가 깨친 진리를 말한다. 붓다는 우주 존재의 본성인 '무아−연기'의 진리를 불교의 핵심이라고 깨쳤다.

진리를 바로 깨친 붓다는 "자신을 바로 보고, 진리를 바로 깨치면, 현실 속에서 모든 판단을 바로 할 수 있기 때문에 '탐진치−삼독'에서 해탈하여, 편하게 일생을 살 수 있다고 가르친 것이 근본불교"이다.

인생은 창살 없는 감옥이다.

오늘 내가 할 일은 내 일이다.

내가 할 일은 내 책임으로 하라.

내가 할 일을 남에게 미루지 말라.

그런 사람은 무능한 사람이다.

무능하면 인생은 괴로워진다.

대학진학과 결혼문제가 생길 때,

집안 조상의 유전자를 생각하라.

어떤 유전자를 이어 받았는지

잘 살펴보고 조언을 받아보면,

인생 진로에 밝은 길이 열린다.

한반도의 조국통일이 가까워온다.

중국과 대만에 통일이 다가온다.

얼마 뒤에 그들이 통일되면,

우리나라의 남북도 통일된다.

이 생각을 1982년에 대만에 가서,

공보처장을 통해 장경국

총통에게 알려준 일이 있다.

남북통일이 이루어지는 날에는

동북아시아 지역의 국제문제는

한반도의 평화유지가 문제다.

나의 생각은 '영구중립국'이다.

유럽의 스위스라는 나라와 같이.

왜냐하면 미국－일본의 해양세력과

중국－러시아의 대륙세력 충돌의

보이지 않는 대치선이 한국이다.

우리의 운명과 직결된 문제이다.

인간의 운명은 '천지인'의 인연이다.

'天(시간)' '地(장소)' '人(사람)'

시간과 장소는 자연현상일 뿐이다.

사람은 무엇인가? 어떤 존재인가?

사람은 존재가 아니라 사는 업행이다.

업행이란 생각하고 움직이는 것이다.

업행이란 오늘 내가 활동하는 것이다.

좋은 일, 나쁜 일, 생각하며 해야한다.

내 운명에서 내가 할 수 있는 부분이다.

운명은 내가 생각하고 만드는 것이다.

자업자득이란 말은 내 업행의 결과가

나에게, 후손에게 나타난다는 것이다.

좋은 일은 좋은 결과를 가져오고,

나쁜 일은 나쁜 결과를 가져온다.

나에게 고통과 고민의 시간이 생기면

남을 탓하지 말고 내 잘못을 챙겨라.

내가 겪는 모든 것은 나의 탓이란다.

인간의 나이가 70을 넘어야 인생문제를 논할 능력과 자격이 주어진다. 남녀를 불문하고 70세를 넘어서야 젊음의 오기와 세상에 대한 탐욕이 줄어들거나 없어져서 인생과 세상을 바로 볼 수 있기 때문이다. 그러나 50~60대에서 인생의 근본문제를 깊이 생각하지 않고 멍청이처럼 살아온 사람에게는 인생의 꽃은 피지 못한 봉오리로 시들고 만다.

80, 90, 100세까지 산 사람들에게 물어보았더니, 그들은 하나같이 "70세라면 하고 싶은 일을 계획해서 내 인생의 꽃을 피우겠지만, 이젠 시간이 없어서……." 하면서 인생의 아쉬움과 불만을 털어놓았다. 그래서 망팔인생(望八人生: 80세를 바라보는 나이)이 인생의 봉오리에서 꽃을 피게 하는 시작이라고 한다. 그 꽃은 어떤 꽃이어야 할까? 각자가 꿈꾸는 자신의 꽃이겠지만, 공통분모를 찾는다면 아마도 후손들과 이웃, 민족, 인류를 위한 좋은 일을 실행하는 것이다.

젊었을 때 혹은 60세나 70세 이전에 자신에게 주어진 세상에서의 사명─운명─직업에서 최선을 다하고, 만족하게 은퇴를 한 사람들은 인생의 꽃을 피우기 위해 무엇을, 어떻게 할 것인지 심사숙고해야 한다. 누구나 은퇴를 어떻게 할 것인가? 은퇴하면 세상일, 집안일을 모두 잊어버리고 부부만이 손잡고 외국여행이나 하면서 건강을 지키고 살면 가장 좋은 노년생활이 될 것이라고 믿는 사람들도 많다.

그러나 이런 보편적이고 상식적인 이론이나 생각은 현실과 잘 맞지 않는 경우가 많다. 잘되지도 않고, 실행해보아도 행복하지 않다. 옛말에 "바람이 불지 않는 곳은 없다." "세상 어디에 가서 살아두 인생은 괴로움을 만나게 된다." 월관은 새마을운동을 알리려고 세계(지구)를

22바퀴, 30여 개 나라를 돌아보면서 가는 곳마다 고통─고생의 인생 현장을 보았다. 모두가 "잘 살아 보세! 잘 살아 보세! 우리도 한 번 잘 살아 보세!" 하는 <새마을 노래>는 검은 손, 흰 손, 노란 손 모두 힘차게 잡고 크게 불렀다.

종교적 입장에서 본 인간의 운명관은 타고난, 보이지 않는 그물에 걸린 어떤 제약(자업자득[自業自得]─업장윤회[業藏輪廻]─조상의 유전자를 물려받은 업장[業藏])이 있기 때문에 지금의 내 생각─판단─선택만으로 쉽게 해결되지 않는다는 것이다.(이 이론은 월관 자증의 불교적 운명론이다.)

모든 사람에게 권하고 싶은 노년의 은퇴생활은 남을 위해, 민족을 위해, 인류를 위해 (자신이 할 수 있는 일을 찾아서) 봉사─헌신하는 나날을 열심히 사는 것이다. 이 길만이 건강을 지켜주고, 노년의 시간을 허황하지 않게 느끼게 하고, 정신을 집중하여 바르게 살 수 있는 최선의 길이라는 말이다.

그런 길을 찾기가 쉽지 않을 수도 있다. 보통 사람들은 자신의 특성(과거의 직업, 인정받은 업적)을 살려 같거나 비슷한 일을 계속함으로서 과거에 받았던 인정과 인기, 영광, 박수를 다시 또는 계속 받고 싶어 하기 때문이다. 그러나 새로운 인생의 꽃을 피우기 위해서는 새로운 것, 즉 일생 동안 하고 싶었던, 마음속에 담고 있었던 일을 찾아서 그 일을 '지금' 시작해보는 것이다. 그런 것이 없을 경우에는 인류의 가장 숭고한 사상이며, 인류에게 공통된 최후─최고의 가르침, 즉 종교에서 내가 할 수 있는 일을 생각해보고, 시작해보는 것이 좋다.

종교는 인간의 의식을 깨뜨리고, 창생적(創生的) 발상으로 인간을 위한 진리를 깨치거나 인간을 위한 자신의 가르침(교설)을 세우는 것이다. 종교의 가르침은 '무(無=없음)'에서 창생(創生)하기 때문에 '지금 세상'에 있는 것에 집착해서는 얻기가 어렵다. 과학은 우주만물 속에 있는 것(有=있음)을 찾아서 이용하는 지식과 기술일 뿐이다.

기독교에서는 모든 인간은 원죄가 있으므로 인간을 죄에서 구제하는 것은 하나님의 몫이라고 한다. 그러나 불교에서는 모든 인간은 부처와 똑같은 성품[本性]을 가지고 있으므로 수행만 하면 누구나 부처가 될 수 있다고 가르친다.

부처가 되면 일생을 고통에서 벗어난 열반의 경지에서 살 수 있다는 가르침이다. 모든 인간은 일생 동안 선택의 연속된 삶을 살아간다. 종교의 가르침을 어떻게 해석하고, 어떤 교리-교설을 선택해서 믿느냐 하는 것도 역시 지금의 내가 선택할 몫이다. 기독교에서는 사람이 죽으면 그 영혼은 천당과 지옥으로 간다고 한다.

누가 내 영혼을 지옥과 천당으로 가게 할 것인가? 누구든지 이 가르침에 집착하면 그 길만을 믿고, 그 길로 살아갈 수밖에 없다. 붓다의 가르침은 "인간의 운명(지옥과 천당에 가는 길)도 자업자득이니, 스스로 노력하는 사람에게 길이 열려 있다."고 해석할 수 있다.(천당-지옥이 실제로 있다는 말이 아니다.)

나는 늙었으니까, 나는 종교지식이 없으니까, 나의 환경은 새로운 도전을 할 수 없으니까…… 등등의 부정적인 이유를 걱정하면 아무것도 할 것이 없다. 그런 이유는 젊었을 때도 있었고, 늙어서도 있다. "두들기라! 문은 열릴 것이다." "도전하라! 할 수 있다. 하면 된다." 지금, 여기에서 내가 하면 그 결과는 내가 바로 얻을 수도 있고, 아니면 후손들이나 주변에서 함께하는 이들에게 확실히 돌아간다.

어차피 앞으로 50년을 더 살 수 없고, 현생을 마칠 날이 훤히 보인다면 무엇이 두려워서, 누구의 눈치가 보여서, 내 몸이 따라주지 않아서? 부정적인 생각으로 세상일을 생각하면 될 것도, 할 것도 아무것도 없다. 인생은 일기인생(一期人生)이니 두려움도 묻어 놓고, 좋고 당당한 생각이라면 일단 실행해보는 것이 좋다.

인간이 죽으면 영혼이 어디에 간다는 말은 많이 들었지만, 내가 증명(自證)할 수 없는 것이다. 인간은 죽으면, 내 영혼이 다시 태어난다는 말도 들었지만, 나는 다시 태어난 사람을 만난 적도 들은 적도 없다.

부처님은 죽을 때, "네 자신만 믿어라. 그렇지 못할 때는 내가 가르친 법(진리)만 믿으라."고 말했다. 진리라는 말을 자세히 알기는 어렵다. 진리는 '자연의 이치'라고 나는 믿고 있다. 겨울이 지나면 봄이 오듯이, 구름이 무거워지면 비가 내리듯이 자연의 이치는 그런 대로 스스로 만들고, 움직이고, 사라지면서 인간이 보고 있는 동안 그런 대로 별 탈 없이 잘 진행되고 있다. 지금우주의 진리가 계속 움직이고 있는 한 지금우주가 없어지고 다음우주가 생겨나는 우주윤회는 이어질 것이고, 생명들은 여전히 우리와 같은 삶의 생명윤회를 이어가게 될 것이다.

습성은 3세까지 자리 잡고

인성은 6세까지 마련되고

두뇌는 10세까지 발육되고

언어는 12세까지 결정되고

지능은 16세까지 발달한다.

신체는 20세까지 성장하고

학업은 30세까지 달성하며

처세는 40세까지 형성되고

재물은 50세까지 쟁취한다.

건강은 노병 후에 확인되고

명예는 죽음 뒤에 인정되고

희망은 도전 후에 나타나고

행복은 고생 끝에 느껴진다.

생명은 조상의 업에 따라 생겨난 것이다.

모든 조상들의 업장이 내 몸에 전해졌다.

나는 내 뜻대로 업장을 지어가고 있으니,

후손은 조상+나의 업에 따라 살아가리라.

내가 지은 업도 반드시 받는 사람이 있다.

생명은 조상과 연결되어 있다.

일생은 남들과 연결되어 산다.

그러나 모든 인간은 그아다

그러나 모두는 함께 살고 있다.

삶은 함께 공업을 짓는 것이다.

남들이 걸어온 길은 걷지 말자.

나만의 길을 새로 찾아서 살자.

나의 길은 바른 길이어야 한다.

나의 행복은 내가 정법을 따라 살면

나의 몸에 맞는 복덕을 평생 누린다.

내 몸에 맞는 옷을 맞추는 것과 같다.

내 발에 맞는 신을 만드는 것과 같다.

옛 사람들은 말했다.

"화이부동(和而不同)"이다.

남들과 화해할 수는 있어도

남과 내가 하나가 될 수는 없다.

"인화부동(人和不同)"이다.

사람 사이는 친하게 지낼 수는 있어도

언제나 남이지, 나와 하나가 되지 못한다.

'나는 내 인생, 너는 네 인생'이다.

이런 생각은 사바세계의 사상이다.

그러나

불교의 진제에서 다시 살펴보면

우주 만물은 하나요, 동등(同等)하다.

우주의 모든 것, 유정과 무정도 하나다.

우주의 많은 은하수 중심에 돌고 있는 물질과

내 몸에 있는 근본 요소인 물질들은 동등하다.

인간의 몸을 봐도 지수화풍으로 구성되어 있다.

살아 있을 때는 사대화합이요, 죽으면 되돌아간다.

살아 있으면 의식이 생겨서 자유로 업행을 짓는다.

죽고 나면 물질로 돌아가니, 다시 물질일 뿐이다.

살아 있을 때 좋은 업을 지어서 업장을 물려주면

이 한 생을 살았다는 인생의 의미를 남길 수 있다.

'동체대비' 사상은 불교 수행의 근본 교설이다.

마음의 바탕은 순수한 백지와 같다.

마음의 본성은 이기적-탐진치.

행위의 시작은 유전자-육식 움직임.

생각의 근원은 유전자-육식이다.

유전자는 수억 년 동안 전해 내려온 유산이다.

유전자 고리가 내 생명의 핵이다.

유전자는 부모를 통해 받는 것.

유전자는 내가 다시 고치는 것.

받은 유전자가 나쁘다 생각하면

나 스스로 고쳐서 좋게 만들어

내 자손에게 물려주어야 한다.

유전자는 내 인생의 주인역이다.

세포는 유전자의 감독을 받는다.

유전자는 본능의식의 주인이다.

태양과 지구는 앞으로 50억년.

우주에는 생명이 많이 살고 있다.

종교는 진리를 깨쳐 지혜를 진화한다.

과학은 깨친 지혜를 실증해 보인다.

과학적 실증을 거치면 인생을 돕는다.

종교도 과학도 둘이 아닌 하나일 뿐이다.

우주와 생명은 '무한 윤회'를 통해
오래오래 계속될 것이다.

21. 지금은 고요한 느낌만 있다

몸에서 느끼는 아픔도 없다

마음에 걸리는 걱정도 없다

어제의 못 다한 아쉬움도 없다

내일 해야 할 욕망도 없다

무엇에 끌려갈 가능도 없다

아무도 나에게 바람이 없다

식사를 했더니 허기도 없다

눈감고 앉으니 세상도 없다

마음귀 닫으니 소리도 없다

자아(自我)도 세상도 우주도 없다

줄탁동시수행하는 도반에게

지금, 여기가 무여열반(無餘涅槃)인가?

－2009.1.19. 월관－

＊무여열반－유여열반＊

불교의 진리를 깨치고자 하는 수행자는
우주과학－천문학－물리학－생물학－유전학－
철학사상의 기초적이고 개념적인 지식을
공부하고 나면 큰 도움을 받고, '자각'을
확신하는 뒷받침이 됩니다. －월관 자증－

22. 깨침과 정념수행 – 알아 챙김 수행

* 삼법인을 연기법으로 깨쳐야 열반에 이른다.
* 'Sati'는 날숨 – 들숨으로 깨어 있음을 본다.
* '관법수행'으로 신수심법을 보는 수행이다.
* '알아 챙김'으로써 괴로움을 여읠 수 있다.
* 알아 챙김 수행은 일념무상에서 가능해진다.
* 'Samatha'는 느낌이 멈춘 삼매를 말한다.
* 정정수행도 일행삼매 경지에서 깨치게 된다.

'정념수행'은 육식과 호흡을 관하는 수행이다.
서거나, 걷거나, 누워도 정념수행은 할 수 있다.
수행 자세는 머리와 허리를 곧게 하는 것이다.
다리의 자세와 손 모양은 깨침과는 무관하다.
시선 방향은 5미터 앞을 향하고, 눈은 감으면 좋다.
깨침 수행자는 오계를 지키는 게 좋다

생명을 해치지 않는 게 좋다 – 不殺生
도둑질은 하지 않는 게 좋다 – 不偸盜
사음행은 하지 않는 게 좋다 – 不淫行
거짓말은 하지 않는 게 좋다 – 不妄言
술과 마약은 먹지 않는 게 좋다 – 不飮酒

깨침 수행자는 이렇게 사는 게 좋다
운동 – 음악 – 춤 – 예술 감상은 깨침에 좋다.
음식은 보통 때의 70%만 먹는 게 좋다.

월관 법당 수행-5단계를 따르면 좋다.

잡담-상담-말다툼-강연은 삼가야 좋다.

직장-생업 이외의 일들은 삼가야 좋다.

23. 마음수행: 자비수행 - (요점 해설)

마음수행은 자리이타(自利利他)의 자비수행이다.

자리(自利) 수행자는 자기 마음을 자제(自制)하는 수행을 해야 깨침을 얻고, 일상적인 수행생활을 잘할 수 있다.

이타(利他) 수행자는 매일 새벽 참선에서 '자비수행'을 해야 불타제자(佛陀弟子)라 할 수 있고, 보살이라 할 수 있다.

좋은 시간은 쾌락의 시간, 놀이 시간, 휴식 시간 등이다.

쾌락 중에서도 남녀의 육체적 만남이 가장 좋다.

나쁜 시간은 공부하는 시간, 일하는 시간, 수행하는 시간이다.

고행(苦行) 중에서도 '깨침의 정진'이 가장 어렵다.

시간의 소득 - 좋은 시간을 보내면 아픔과 고난이 찾아온다.

병을 얻거나 건강이 나빠지는 결과를 보게 된다.

나쁜 시간을 지나면 얻음과 해탈을 만날 수 있다.

지혜를 얻을 수 있고, 진리를 깨쳐서 마음이 즐겁다.

매일 108배를 실행하면 건강과 마음의 편안을 누린다.

108배는 자신을 낮추고 남을 존중하는 수행의 기초다.

고통의 원인 - 마음의 집착 - 애착은 모든 고통의 원인이고 시작이다.

고통과 쾌락(고락[苦樂])은 본성이 있는 게 아니다.

인간이 스스로 만들어서 생긴 것이니 마음이 원인이다.

마음의 정의 - 생각 - 정신 - 영감은 찰나 생멸하는 '감수의식'

'욕망'은 생존의 본성이니 본래 좋고 나쁨이 아니다.

인간의 과욕이 생활과 사회를 괴롭게 만든 것이다.

고통의 발생 - 욕망과 집착이 결합할 때, 고통을 일으키게 된다.

'욕망'은 끝이 없다. 무명(진리를 모름)이 원인이다.

제상이 무아임을 알면 아상에 집착하지 않을 것이다.

죽음이 숙명임을 알면 생명에 애착하지 않을 것이다.

내세가 망상임을 알면 허망한 업행을 하지 않을 것이다.

만해 한용운(卍海韓龍雲) 스님은 <조선불교 유신론(朝鮮佛敎維新論)>을 발표하였다. 그는 조선불교 개혁을 위해 12항을 지적하였다.

(1) 승려에게 현대 교육을 시킬 것

(2) 참선을 올바르게 지도할 것

(3) 염불당을 폐지할 것

(4) 포교를 현대화할 것

(5) 사원을 도시로 옮길 것

(6) 무속적인 산신, 칠성 등을 제거하고 석가모니불만을 봉안할 것

(7) 의식을 간소화할 것

(8) 승가의 경제적 자립을 이룰 것

(9) 승려의 결혼을 허용할 것

(10) 주지의 결정은 선거에 의할 것

(11) 승가의 화합을 꾀할 것

(12) 사원을 통할(統轄)할 것

한국 불교는 대중을 위한 개방된 종교로서의 역할이 강조된다. 한국불교의 선교쌍수(禪敎双修)는 많은 검토가 필요한 실정이다. 선종에서는 교학은 장려하지 않고 교외별전을 내세우면서도, 조사어록은 교본처럼 읽고 따르고 설한다. 1,500년의 역사를 가진 간화선(화두선)의 공안집(1700공안)은 모순이 있음에도 현대화를 꾀하지 못하고 옛 수행방법에만 집착하고 있는 점은 많은 검토가 필요한 부분이다. 대중포교의 교학 역시 단순화, 체계화, 대중화로 개선할 여지가 많다. – 月觀合掌 –

25. 붓다가 깨치기 전에 만난 사람들

싯다르타 태자는 누구를 만나서 무엇을 배웠나? 붓다는 단순한 苦行만으로 깨치지 않았다. 붓다는 태어나면서 어머님의 난산으로 고통을 체득했고, 사문유관에서 연기법까지 자각했다.

13세에 중생제도를 발심 발원했고, 35세에 진각성불(眞覺成佛)하였다. 45년 동안 쉬지 않고 무량무수한 무명 중생을 제도하였다.

(1) 사문유관(四門遊觀)에서 만난 보통사람들

태자는 열세 살 때, 궁궐의 사대문(동남서북의 성문)을 나와서 중생들의 삶을 직접 보았다. 동문을 나와서는 나이 많은 늙은이가 걸음을 잘 걷지 못하는 것을 보았고, 남문을 나와서는 중병에 걸린 환자가 고통스러워하는 것을 보았고, 서문을 나와서는 죽은 이의 장례 행렬과 가족의 슬픔을 보았고, 북문을 나와서는 수행자의 편안한 (마음의) 생활을 보았다. 이를 '사문유관'이라 한다. "사문유관에서 중생개고를 없애 주겠다."고 발심 발원했다. 그 해결방법을 찾기 위해 여러 가지 공부도 하고 많은 스승들도 만나 대화도 나누었지만, 끝내 '정법－해결방법'을 찾지 못해서 5년 동안 아란야 수행을 통해 깨쳤다.

(2) 바라문 사상가들

태자가 태어난 시대(기원전 6세기)의 인도 사상계는 매우 복잡했다. 정통 바라문(brahmana) 사상에 대항하는 '사문(sramana)'이라 불리는 새로운 사상가들이 나와 정통사상을 비판하면서, 우주관과 인생관을 외쳤다. 이런 혼란의 사상계에서 태자는 스스로 깨침을 얻어 인류를 제도하는 불교를 창시하게 되었다. 아리안 민족이 기원전 1500년경

인도를 점령한 이후, 정통 바라문 사상을 중심으로 브라흐만교를 통해 그들 민족을 제1등 계급으로 한 소위 카스트 제도[四姓制度]를 펼쳤다. 종교적 근거인 교서들을 살펴보면 ≪베타(Veda)≫, ≪브라흐마나(梵書)≫, ≪아라냐카(森林書)≫, ≪우파니샤드(Upanishad−奧義書)≫ 라는 종교사상 서적들이 있었다.

(3) 혁신 사상가들

('외도'란 불교신도가 아닌 사상가들)

'육사외도(六師外道)'라고 전하는 당시의 최고 사상가들의 사상적 이론

첫째, 푸라나 카삿파(Purana Kassapa)의 도덕부정론(道德否定論),

둘째, 파쿠다 캇차야나(Pakudha Kaccayana)의 칠요소설(七要素說),

셋째, 막칼리 고살라(Makkhali Gosala)의 숙명론(宿命論),

넷째, −아타 케사캄발린(Ajita Kesakambalin)의 유물론(唯物論),

다섯째, 산자야 벨라티풋타(Sanjaya Belatthiputta)의 회의론(懷疑論),

여섯째, 니간타 나타풋다(Nigantha Nataputta)의 자이나(Jaina)교다.

자이나교의 창시자 마하비라(Mahavira−大雄)는 붓다와 나이도 비슷하고, 종교적 사상(연기설)도 유사하여 주목할 필요가 있다. 다만, 브라흐만교와 같이 '영혼불멸설'을 믿었기 때문에 인도에 남아 있게 되었다. 그들의 수행자는 완전 나체로 생활하는 무소유 실천이 특징이다. * 육사외도 이외에도 96명의 사상연구가들이 있었다.

태자가 중생제도의 지혜를 얻기 위해 만난 사람들
태자가 고행에서 '자각'을 얻기 전에 만난 사람들

첫 번째 만난 사람은 박가와 선인

(가) 박가와 선인은 수행의 목표를 "고행으로 안락을 얻는 것과 고
행의 과보로 죽어서 천상(天上)에 다시 태어나는 것"이라고 가
르쳐주었다. 며칠을 함께하며 수행했으나 구하던 길은 얻지 못
했고, "알라라 깔라마 선인을 찾아보라."는 소개를 받고 그를
떠났다.

두 번째 만난 사람은 마가다국 빔비사라 왕

(나) 스승이 아닌 강대국의 왕은 태자의 수행처 마을을 살펴보다가
"동굴에서 수행하는 이가 범상한 모습이 아니다."라는 신하들
의 말을 들었다. 왕은 수행자 고타마를 찾아서, "그대는 훌륭한
가문의 왕자인 것 같은데, 나이로 보아 수행을 끝내고 돌아가
기를 권유한다."고 말했다. 태자는 이렇게 대답했다. "대왕님,
꼬살라 나라의 태양족의 후예인 석가족이 있습니다. 이 가문에
서 태어나고 자랐지만, 쾌락의 무상함을 보았습니다. 출가하여
자유와 평화를 맛보았습니다. 나는 계속 정진하여 중생을 제도
할 수 있는 진리를 깨치려고 합니다."

세 번째 만난 사람은 알라라 깔라마 선인

(다) 태자는 "생로병사의 괴로움을 여의는 길을 가르쳐달라."고 청
했다. 선인은 윤회를 벗어나는 네 가지 길을 알려주었다. 네 가
지란 깨치는 것과 깨치지 못하는 것, 드러난 것과 드러나지 않
은 것을 분별할 줄 알아야 한다. 두 번째 질문은 '깨침의 궁극
에 이르는 길'을 물었다. 선인은 "생활을 바르게 하고, 모든 것
에 만족하고, 좋고 나쁨을 분별하지 말고, 베다 경전을 공부하
고, 고요한 곳에서 참선수행을 하라."고 가르쳐주었다. 이렇게

수행을 닦으면 브라흐만에 도달한다는 제1선정에 든다고 했다. 그리고 '사유'를 멈추면 제2선정에 들고, 즐거움과 행복을 떠나면 제3선정에 들며, 어떤 것에도 집착하지 않는 마음을 가지면 제4선정에 들 수 있다고 했다. 이와 같은 제4선정의 단계를 넘어서면 아트만(Atman-眞我)이 영원함을 볼 수 있다고 했다.(범아일여[梵我一如]: 인간이 (창조신 범)에서 진화하였다는 사상) 수행자가 찾는 것은 영혼해탈이니, 불생불멸하는 존재가 되어 완전함에 이른다고 했다. 그러나 싯다르타 태자는 이미 이때에 우주에는 아무것도 영원한 것은 없다는 것을 알고 있었기 때문에 그에게 더 배울 것이 없다고 생각하고 그를 떠났다.

네 번째 만난 사람은 웃다까 라마뿟따 선인

(라) 당시 인도에서 가장 높은 선인 역시 "아뜨만은 영원하다."고 가르쳤고, "의식은 있는 것도 아니고, 없는 것도 아니다."라고 했다. 그래서 이런 믿음이라면 중생의 고통을 벗어나는 길을 찾을 수 없다고 단정하고 그를 떠나게 되었다.

마지막으로 만난 수자타 소녀로부터
우유죽을 얻어먹고 기운을 차렸다.

수행자 싯다르타는 만난 모든 사람이 아직 중생을 제도하는 길을 모르고 있다는 것을 확인하였고, 숲속에서 고행만을 깨침 수행으로 믿을 수 없다고 판단하여 마을로 내려가 수자타 소녀가 준 우유죽을 얻어먹고 기운을 차려 강에서 목욕을 한 뒤, 다시 아란야 수행처에서 깨침의 마지막 수행을 하게 되었다.

붓다는 일체무아-연기생멸 법을 깨쳤다. 또 삼법인을 연기법으로 풀이했다. 그래서 십이연기설을 '유전문(流轉門)', '환멸문(還滅門)'으로 풀이를 해보니, 인생과 생명의 흐름을 밝게 확인할 수 있었다. 그리고 함께 수행하던 다섯 수행자들을 찾아 오온무아(五蘊無我－人間＝色受想行識)와 사성제[苦集滅道]를 가르쳤고, 그들은 삼법인(三法印)과 연기법을 깨치게 되어 모두 아라한이 됐다.

26. 붓다의 근본사상

불교 창시 초기에 붓다가 깨친 진리성을 언설로 표현하여 중생들에게 '불교의 교리'라고 알리는 것은 너무나 어려웠다. 대중의 지식수준도 낮았지만, 종교적·사상적 표현을 대중적인 언어로 표현하는 자체가 어려운 일이고, 일반 대중이 스스로 체험하지 못한 것을 붓다와 같은 수행자가 스스로 체험을 통해 얻은 깊은 뜻을 대중에게 전달한다는 것이 얼마나 어려운 일이었을까! 상상으로도 짐작이 된다. −월관 자증−

이러한 중생제도의 큰 진리를 널리 포교하기 위해 가능한 모든 방편설(方便說)을 활용하려고 노력했을 것이다. 그러나 2,500년이 지난 지금에 이르러 "붓다가 최초에 깨친 사상적 교리의 핵심과 가르침이 무엇이냐?" 하는 질문 앞에 월관은 제법무아(諸法無我), 제행무상(諸行無常), 일체개고(一切皆苦), 해탈열반(解脫涅槃), 연기법리(緣起法理), 십이연기(十二緣起), 오온무아(五蘊無我), 사성제(四聖諦), 사념처(四念處), 인과응보(因果應報), 자비수행(慈悲修行), 자업자득(自業自得), 업장윤회(業藏輪廻) 등을 '붓다의 근본교리 핵심'이라고 본다.

우선 붓다의 재세(在世) 불교에서 두 가지 예를 들어 살펴보고자 한다. 첫째, 붓다가 6년의 Aranya(野山)수행의 끝자리에서 샛별을 보면서 깨쳤다는 그것이 무엇인가 하는 것이다. 이러한 붓다의 깨침을 불자라면 누구나 분명히 말할 수 있어야 한다. 불교는 우주 존재론을 현상적으로 인식하고[正見], 자연과학적으로 해설[연기법리]하고 있다. 즉, 우주 만물의 존재성은 연기적 생멸을 반복하는 무자성(無自性)의 무아론(無我論)이 삼법인(三法印) 중의 핵심이다. 만물의 자성이 무아이기 때문에 우주의 일체(만물)는 한 세월 후에는 없어지고, 또 다른 세월에는 새롭게 다시 생겨날 수 있다고 본다. 붓다가 대각을 이룬 이후 45년 동안 많은 설법을 했던 것은 역사적 사실이다. 설법 현장은 언제나 그러했듯이 근본사상과 교리가 있었고, 참석자들을 설득시키려는 교화적 표현, 즉 방편설이 있기 마련이었다.

21세기를 살아가는 우리는 여기서 붓다가 재세 시(在世時)에 남긴 언설의 흔적을 살피며, 그가 가졌던 근본사상과 교리의 핵심(가르침의 요체)은 무엇이고, 방편설로 활용한 것은 무엇인가를 찾으려고 한다. 월관 법당에서는, 붓다가 깨친 교리의 핵심 중의 핵심은 '무아(無我) ─연기(緣起)'라고 본다. 업사상과 윤회사상은 불교를 포교하는 데 도움이 된 '방편설'이었다. 부처님은 여러 차례 윤회에 대한 사문(沙門)들의 질문을 받고 곤혹스러운 느낌으로 답변하는 것을 엿볼 수 있다. 윤회사상은 브라흐만교에 있었던 교리이므로 직언으로 윤회설을 부정하기에는 부담스러운 과제였고, 당시의 주민들을 선도(善導)하는 방편설로서 업장과 윤회사상은 모든 종교가들도 인용했을 것으로 추측된다.(브라흐만교의 윤회는 육도윤회가 아닌 사종성 계급의 윤회, 즉 사제계급의 자손은 사제로 태어나고, 왕족은 왕족으로, 평민은 평민으로, 노예는 노예로 다시 태어난다는 사종성윤회설[CAST]이다.) 불교는 자업자득(自業自得), 자리이타(自利利他), 자각덕행(自覺德行)의 종교다. 즉, 불교는 수행자가 스스로 진리를 깨치고(진제불교─자연중심 종교), 중생을 고생에서 떠나게 하는 생활로 인도하는 속제불교─인간 중심 종교다. 근본불교의 흔적을 살펴보면, 불자가 수행해야 할 것으로 첫째는 남을 돕자는 보시활동(布施論)이고, 둘째는 계율에 따라 착한 일을 하고, 악행을 피하는 자기수행(持戒論)을 들 수 있다. 셋째는 현실적 고난을 참고, 죽은 뒤의 명복까지 바라는 운명개척에 최선을 다하는 '생천론(生天論)'도 있었다. 이러한 초기불교의 모습을 살펴보면, 브라흐만교를 바탕으로 하여 새로운 종교운동으로 불교가 씨를 뿌리고 성장 발전했음을 알게 한다.(붓다의 깨침에 대한 살핌은 모든 불자들이 진지하게 탐구해야 하는 과제이다.) -月觀 自證-

불교는 깨침의 종교라고 한다. 불교에서 깨침의 대상은 '진리'다. 그러면 어떤 진리에 대한 깨침인가? 여기에는 여러 가지 견해가 있기 때문에 부처님이 무엇을 깨쳐서 부처가 되었는지를 확실히 알아야 한다. 그러나 붓다가 깨친 진리를 모르면 수행자는 '진짜 깨침'을 얻을 길이 없어진다. 붓다는 '무아무상－연기법리' 그리고 고집멸도의 사성제를 깨쳤다.

붓다는 인간의 일생이 고생으로 시작되고 고생으로 끝나는 것을 해탈코자 온갖 노력을 다하였다. 십이연기설을 유전문과 환멸문으로 풀이해보니, '무명'이 고생의 근원이었다. 자연(우주 만물의 존재현상)의 생멸근거가 되는 진리가 '인연법'이다.

붓다는 인간을 고생에서 구제－제도하는 길을 찾고자 발심 발원하였다. 즉, '사성제＝고집멸도'－'사념처수행'을 통해 '해탈열반－열반적정'에 이르는 수행법을 깨쳐 중생을 가르쳤다.

대승불교(개조[開祖]: 용수보살)에서는 '중도(中道)'를 붓다(용수보살은 제2의 부처)의 깨침이라고 주장하지만, 월관은 대승불교의 교리이론을 체계화한 용수보살의 핵심사상은 '중도－공관'이라고 본다.

붓다(세존)는 깨침을 얻고 나서 다섯 비구들에게 '고락중도(苦樂中道: 고통과 쾌락은 깨침에 도움이 되지 않는다)를 말했을 뿐, 불교의 근본 핵심진리가 중도라고는 말하지 않았다. 독자들은 이 점을 자세히 살펴야 혼돈을 피할 수 있다. －월관 자증－

자각불교는 부처님의 첫 깨침을 인생고해(일체개고)에서 무명 중생을 제도하는 발원이었다고 본다. 어릴 때 깨친 '사문유관(四門遊觀)'

에서 얻은 지혜(깨침), 6년 동안 아란야 수행에서 우주자연의 존재(有無 사상)와 인간만사가 생기고 없어지는 근본진리인 '인연법－연기법'의 깨침, '십이연기(十二緣起)'를 유전문과 환멸문으로 풀이하여 인생의 근본고(根本苦)가 왜, 어디에서 일어났다는 것을 확실히 자증한 깨침들이다.

우주 자연의 본성은 '무아무상'임을 깨치고, 인간의 심신(心身)도 '오온무아(五蘊無我)'라고 가르쳤다. '중생개고(衆生皆苦)'에서 해탈열반을 얻는 길(사성제 이론과 사념처 수행법)을 가르쳤다.

그러므로 부처님의 가르침[教說]의 핵심은 '사성제＝고집멸도(苦集滅道)'이니, 곧 '중생제도(衆生濟度)－해탈열반(解脫涅槃)'이라고 볼 수 있다. 불교의 '무아론－연기법'은 근본진리이고, 사성제를 비롯한 모든 수행법(가르침)은 교학적 속제설법이라고 본다.

불교교리에서 '일체(一切)'란 우주의 모든 것을 뜻하며, 무아란 우주의 모든 대상[存在]은 무자성이므로 연기적 인연에 의해서만 생겨나고, 있다가 없어진다고 본다. 부처님은 어린 시절에 자연 생물들의 약육강식－먹이사슬, 인간의 병들고, 늙고, 죽는 모습을 보면서 '생명은 괴로움의 총체'라는 깨침을 스스로 얻었다. 본격적으로 출가수행을 하면서 '어떻게 하면 인생의 괴로움을 풀 수 있을까?' 하는 해법을 생각한 결과 연기의 법리를 깨치고 활용해서 해탈열반의 경지에 이르는 길을 찾아 몸소 사념처 수행을 하면서 많은 제자들을 가르쳤던 것이다.

28. 붓다와 농민의 대화

붓다는 포교현장에서 한 농부와 이런 대화를 나누었다.

농부: 우리는 밭을 갈고, 씨를 뿌리는 등 힘들게

　　　곡식을 얻어 사람들을 먹고 살게 돕는데,

　　　붓다와 수행자들은 아무 일도 하지 않고

　　　말만 하고 다니니 그래서야 되겠습니까?

붓다: 나는 여래(진리)의 밭에 진리(보리 - 菩提)의 씨를 뿌리고,

　　　열반(괴로움을 여의는 삶)의 열매를 거둔다.

　　　예수도 성경에서 이렇게 말했다.

　　　"사람은 이웃을 사랑해야 한다."

　　　"사람은 빵으로만 살 수 없다."

붓다는 상근기 제자들과는 '줄탁수생 – 함께 수행'을 통해 이심전심으로 진리에 대한 깊은 뜻을 함께 갖도록 하였다. 그러나 붓다는 수기 제자들과는 진리 토론을 말로만 하지는 않았다.

또한 외도 사문들이 아래와 같은 의미 없는 질문을 하면 '즉석 대답'을 하지 않았고, '무기설법 – 무답'으로 대응하였다. 즉, 붓다는 외도들이 진리 깨침을 물으면 무답으로 대응하면서, 불교의 정법 수행(진리 깨침 수행)을 하도록 지도하였다.

(1) 세계와 나[我]는 항상 존재하는 것인가?

(2) 시간은 유한(有限)한 것인가, 무한(無限)한 것인가?

(3) 항상(恒常)과 무상(無常)은 어떤 것인가?

(4) 항상도 없고, 무상도 없는 것인가?

(5) 공간(허공)은 끝이 있는가?

(6) 공간(허공)은 끝이 없는가?

(7) 공간(허공)은 끝이 있기도 하고, 없기도 하는가?

(8) 공간(허공)은 끝이 있지도 않고, 없지도 않는가?

(9) (여래＋중생)은 죽으면 (무엇이) 있는가?

(10) (여래＋중생)은 죽으면 (무엇이) 없는가?

(11) (여래＋중생)은 죽으면 (무엇이) 있기도 하고, 없기도 하는가?

(12) (여래＋중생)은 죽으면 (무엇이) 있지도 않고, 없지도 않는가?

(13) 생명과 신체는 같은 것인가?

(14) 생명과 신체는 다른 것인가?

자연과학은 생명이 물질에서 진화한 자연현상임을 밝혔다. 즉, 생명은 창조된 것도 아니고, 어느 별에서 '생명의 씨앗'이 지구에 날아 들어온 것도 아니다. 생명은 '연기적 산물'이며, 연기적이기 때문에 '무아 – 무상'이며, 독립된 실체가 있는 것이 아니라 가유적 현상인 것이다. 현대과학과 2,500년 전의 붓다의 생명관이 일치한 것이다.

'생각 – 마음 – 정신 – 영혼'이라고 부르는 것들은 생명체의 의식을 작용에 따라 붙인 이름일 뿐이다. '생각 – 마음 – 정신 – 영혼'이라는 것은 물이 흐르는 강에 떠 있는 배와 같이 '찰나 생, 찰나 멸'의 가유(假有)적 현상이니, 번개와 같이 잠시 있다가 없어지는 것과 같다.

강물에 떠다니는 배는 강물이 말라버리면 더 이상 움직일 수 없는 나ant조각에 불과하다. 생명체가 살아 있을 때 생각과 마음, 의식, 영혼이라는 것이 있을 뿐, 생명체가 죽으면 의식과 영혼은 생기지도 않고 활동하지도 않는다. 인류가 인간 중심의 생명관을 갖고 사는 것은 우주 – 자연의 진리에 대한 독선이며, 진리를 모르는 무명(無明)의 탓이다.

1. 사리불(舍利佛) — 지혜 제일 — 수기제자 — 산자냐 제자 250명 귀의

2. 목건련(目犍連) — 신통 제일 — 수기제자 — 회의론 산자냐 제자

3. 대가섭(大迦葉) — 두타 제일 — 수기제자 — 1,000명 함께 귀의

4. 가전연(迦旃延) — 논의 제일 — 수기제자 — 남인도 지방 포교

5. 수보리(須菩提) — 해공 제일 — 수기제자 — 자이나교 대학자

6. 아나율(阿那律) — 천안 제일

7. 부루나(富樓那) — 설법 제일

8. 우바리(優婆離) — 지계 제일

9. 라후라(羅睺羅) — 밀행 제일

10. 아난다(阿難陀) — 다문 제일

여래 - 如來(tathāgata: 眞如來世) ···· 세상에 진리를 전하려 오신 분

응공 - 應供(aṛhat) ······················ 供養을 받을만한 德이 있는 분

정변지 - 正遍智(samyaksambuddha) ············ 同等正覺을 깨치신 분

명행족 - 明行足(vidyā - caraṇa - saṁpanna) 戒定慧 三學을 얻은 분

선서 - 善逝(sugata) ···························· 因果法에 따라 돌아가신 분

세간해 - 世間解(lokavida) ········· 세상의 온갖 일을 모두 아시는 분

무상사 - 無上士(anuttara) ····················· 가장 높아서 위가 없는 분

조어장부 - 調御丈夫(puruṣa - damya - sārathi) ···· 正道로 인도한 분

천인사 - 天人師(devamanuṣyānām) ······ 天上과 人界의 스승이신 분

불세존 - 佛世尊(buddha - Bhagavan) ··· 세상의 존경을 받은 깨치신 분

붓다는 깨침을 이렇게 노래하네.

열심히 노력하며 수행한 수행자에게,

진실로 법칙이 드러나고 모든 의심이 사라졌다.

그것은 원인이 일어나는 담마[法]를

분명하게 깨쳤기 때문이다.

열심히 노력하며 수행한 수행자에게,

진실로 법칙이 드러나고, 모든 의심이 사라졌다.

하늘에 태양이 떠 있듯이 악마의 무리를 타파했다.

오랜 세월 속에서 얼마나 힘든 삶을 살아왔던가.

이 몸을 만드는 목수를 찾아다녔지만 끝내 찾지 못하고

긴 세월 속에서 고통을 받았다네.

아집[苦痛]을 짓는 자[渴愛]여!

나는 이제 그대를 보았노라.

너는 이제 더 이상 집을 짓지 못하리라.

이제 모든 서까래[煩惱]는 부서졌고,

대들보[無知]는 산산이 조각났으며,

나의 마음은 열반(涅槃)에 이르렀고,

모든 욕망은 파괴되어, 아라한 도과(道果)에 이르렀다네.

아라한: 도를 완성한 수행자로, 붓다도 처음 깨쳤을 때는 '아라한'이라고 불렸다. 최초 법문을 했을 때, 다섯 비구가 깨쳐서 아라한이 되자 세상에는 모두 '여섯 아라한'이 되어 최초의 교단이 성립되었다

고 기뻐했다.

이 게송에서 '집'은 몸, '집짓는 자'는 갈애(渴愛), '서까래'는 모든 번뇌, '대들보'는 무명(無明)을 뜻한다. 무명을 밝히고 번뇌와 갈애를 벗어나, 본성이 무아(無我)임을 깨쳐 열반에 이르면, 이것이 모든 수행자의 목표이다.

"비구들아, 나는 하늘과 인간의 모든 속박을 벗어났다. 그대들도 하늘과 인간의 모든 속박을 벗어났다. 모두 길을 떠나라. 중생들을 동정하고, 그들에게 이로움과 즐거움을 위하여, 인간과 하늘의 이익을 위하여 길을 떠나라. 두 사람이 한 길을 가지 말라. 처음도 좋고, 중간도 좋고, 마지막도 좋은 의미와 문장을 갖춘 수행법을 지도하라. 아주 원만하고 청정한 행동을 드러내 보여라. 이 세상에는 마음에 먼지와 때가 적은 사람도 있다. 그들이 수행법을 지도받지 못한다면 쇠퇴할 것이지만 법문을 듣고 실천한다면 잘 알게 되리라. 나도 수행법을 전하기 위하여 우루벨라와 쎄나니 마을로 가겠다."

**

* (쎄나니 마을은 붓다가 깨치기 직전에 우유죽을 얻어먹은 마을이다.)

(참고: 불교대사전-홍법원)

佛壽 1세(BC. 624년)-붓다의 탄생: 까필라밧두 숫도다나 왕의 태자로 태어남. *(남방불교: BC. 566년, 북방불교: BC. 463년, 공인탄신: BC. 624)

佛壽 6세(B. C. 618년)-마갈타 국의 빈비사라 왕태자 탄생.

佛壽 14세(B. C. 610년)-성 밖을 나와 살핌.(사문유관-四門遊觀)

佛壽 19세(B. C. 605년)-태자가 야수다라 비와 결혼.

佛壽 20세(B. C. 604년)-마갈타 국 빈비사라 왕 즉위.

佛壽 29세(B. C. 595년)-붓다의 아들 라훌라가 태어남.

佛壽 29세(B. C. 595년)-밤에 궁을 나와 아란야(수행처)로 출가.

佛壽 35세(B. C. 589년)-마갈타국 가야산 보리수 밑에서 깨침.

佛壽 35세(B. C. 589년)-바라나시(녹야원)에서 다섯 비구에게 첫 가르침.

佛壽 36세(B. C. 588년)-야소와 54명의 도반을 득도시켜 전도선언.

佛壽 37세(B. C. 587년)-마하가섭(32세)과 1,000명이 붓다에 귀의.

佛壽 39세(B. C. 585년)-사리불-목건련-250명 제자가 붓다에 귀의.

佛壽 49세(B. C. 575년)-붓다의 아들 라훌라가 20세에 구족계를 받음.

佛壽 55세(B. C. 569년)-빈비사라 왕이 붓다를 만남. 큰 후원자가 됨.
　　　　　　　　　　-아난이 붓다의 상시(常侍)가 됨.

佛壽 57세(B. C. 567년)-빈비사라 왕의 태자가 될 아사세가 태어남

佛壽 73세(B. C. 551년)-아사세가 부왕을 살해, 마갈타국의 왕위

에 오름.

佛壽 79세(B. C. 545년)-사리불과 목건련이 붓다의 죽음 예고, 입적!

佛壽 80세(B. C. 544년)-고향으로 가던 중 구시나가라에서 열반

불기 1년(B. C. 543년)-가섭존자가 불멸1년을 불교기원(佛紀)으로
정함.

부처님 탄생일: 북방불교(음력 4월 8일), 남방불교(음력 4월 15일)

태어난 곳: 룸비니 동산(무우수)

부처님 출가일: 북방불교(음력 2월 8일), 남방불교(없음)

부처님 성도일: 북방불교(음력 12월 8일), 남방불교(음력 4월 15일)

진리를 깨친 곳: 붓다가야(보리수 아래에서)

부처님 열반일: 북방불교(음력 2월 15일), 남방불교(음력 4월 15일)

승가의 안거

북방불교: 여름 안거(음력 4월 15일~7월 15일)

　　　　　겨울 안거(음력 10월 15일~1월 15일)

남방불교: 여름 안거(음력 6월 15일~9월 15일)

붓다는 아란야 수행에서 진리를 깨치고 나서 다섯 비구들을 찾아가, 깨친 진리를 바탕으로 설법하였다. 그 첫 법문이 '사성제 – 苦集滅道'와 '오온무아(五蘊無我)'다.

오온(五蘊)이란 '색수상행식(色受想行識)'이니 색은 몸이요, 수상행식은 감각과 의식이다. 즉, 사람이란 몸과 마음으로 구성된 연기적(가유적) 존재로서 살고 있는 자연의 일부인 것이다. 연기생멸을 설명하기 위해서는 오온이 모두 '무아 – 무상'이라는 것을 알려야 했고, '무아 – 연기'를 깨치게 하는 방편으로 오온을 해체해서 설명하였다. 인간을 해체하면 '자아 – 진아'라는 독립된 존재 개념이 없어진다. 현대과학으로 설명하면 인간은 100조 개의 세포들이 모여 살고 있는 생명체의 뭉치다.

사성제는 중생의 운명이 '일체개고'에서 살아야 하는 현실을 직시하고, 해탈열반을 얻기 위한 수행을 설명한 교설이었다. 사성제는 이론적인 교리였으며, 이를 수행하는 길은 사념처 '身受心法' 수행이었다. 고온(苦蘊)이란 일체가 무아무상(無我無常)이므로 자아(自我)는 영원한 것이 아니니, 걱정과 근심과 고통이 사라질 날이 없다. 그래서 불교의 삼법인(諸法無我, 諸行無常, 一切皆苦)은 중생제도의 첫머리에 나오는 핵심교리다.

불교의 삼법인은 자연의 존재론인 연기법과 중생의 삶은 모두 괴로움이라는 것을 아울러 설한 '진속(眞俗) 중도적 핵심교설'이다.

사성제[苦集滅道]는 속제의 인간에게 윤리적으로 가르친 교설이며, 자연의 존재론적 진리(이연이과법)를 바탕으로 한 가르침[敎說]이다.

고집(苦集)이 생기면 고온(苦蘊)이 느껴지다가, 수행을 닦으면 멸도

(滅道)가 이루어져 고온은 사라진다는 가르침이 사성제(四聖諦)다.

즉, 붓다가 중생을 고생에서 구제한 성스러운 가르침의 이론이다. (실제로 열반을 얻기 위한 수행은 사념처 수행(신수심법 알아 챙김 수행)이다.

붓다는 중생이 고생 속에 사는 운명을 타고난 것을 어릴 때 사문유관에서 깨쳤고, '내가 깨쳐서 중생을 고생에서 해탈시키겠다는 발심 – 발원'을 했었는데, 사성제를 가르치고 사념처 수행을 함께 함으로써 고생에서 해탈한 열반을 얻도록 삶의 길을 밝혔다.

고집(苦集)이란 고온의 현상들이 실제로 살면서 마음속에 쌓이는 것이다. 고통, 고민, 외로움, 슬픔, 위태로움, 두려움 등 생활 속에서 원치 않는 것들이 나날이 쌓이게 된다.

멸제(滅諦)란 중생이 일체가 무아 – 무자성임을 알면 고온 – 고집도 생긴 것이니 없어진다는 진리(연기생멸법)다.(생멸사제[生滅四諦]다.) 몸과 마음속에 쌓여 있는 고민 – 고통을 없애는 절차 – 과정을 다섯 비구들에게 최초로 설하였다. 이 멸제를 가르치기 전에 '붓다는 나의 깨침(무아 – 연기)을 말로 듣고 알아 챙길 수 있을까?' 하고 걱정했다.

그러나 고진여가 먼저 '멸제의 진리'를 깨쳤다. 그러나 나머지 네 명은 해오하지 못했다. 붓다는 같은 설법을 열두 번 돌아가면서 각자에게 되풀이했다. 그래서 불경에는 "삼전12행상(三轉十二行相)"이라고 전하고 있다. 즉, 같은 설법을 한 제자에게 세 번씩 되풀이했으니, 네 비구들에게 모두 열두 번 같은 설법을 했다는 기록이다.

도제(道諦)란 불교의 진리를 바로 보고[正見], 알아 챙기는[正念] 수행을 열심히 해야 한다는 '수행도'를 이름이다. 대승불교에서는 사성제의 도제를 '팔정도'라고 가르치고 있다.(팔정도 해설 참조. 월관의 견해는 다르다.)

사성제는 불교의 근본진리인 '인연인과법'을 활용한 교설이지만, 사성제를 바로 이해하려면 '이제불교(二諦佛敎), 즉 '진제'와 '속제'의 참뜻을 바로 알아야 한다. 사성제 자체는 속제불교의 진리(도리-이치-교설이론)다. 즉, 인간에게 적용하여 생활 속에서 고생을 극복하기 위한 붓다의 가르침이지, 우주 전체-일체 만사에 적용되는 진제의 핵심 진리는 아니라는 말이다. 따라서 사성제를 인연인과법과 동등한 진리로 해석하는 것은 잘못이다. -월관 자증-

남방불교에서는 사성제를 '생멸사제(生滅四諦: 생긴 고통은 없어진다는 진리)'라 했고, 대승불교는 '무생사제(無生四諦: 고통은 원래 생긴 것도 없다[無自性]는 진리)'라고 한다. 남방불교와 북방불교가 사성제를 불교교학의 교설로 보지 않고, '인연인과법'과 같은 '진제진리'로 본 것은 잘못이다. -月觀自證-

붓다는 자각성불(自覺成佛)하여 1년 동안 포교 제자 60명을 교육시켰다. 그리고 "불교를 세상에 포교하라."는 전도선언을 했다. 기원전 531년에 붓다는 6년 고행 끝에 보리수 밑에서 자각성불(自覺成佛)했다. 기원전 530년에 붓다는 바라나시(녹야원)에서 다섯 비구에게 '오온무아'와 '사성제-고집멸도'를 가르쳐 아라한을 탄생시켰고, 이어서 야사와 도반들(55명)을 아라한으로 득도시킨 후, '전도선언(傳道宣言)'을 했다. 60명의 각자(覺者)들이 떠나기 전에 붓다는 이렇게 당부했다.

'무소의 뿔처럼 혼자서 가라!' 둘 이상이 함께 가면 서로 다른 가르침(교설)을 할 수 있다. 서로 높은 인격을 유지하기 어렵다. 많은 곳에 전도하지 못하게 된다. 넓은 인도 땅에 60명의 아라한을 보내는 붓다는 전도 법사의 수가 너무 적다는 것을 느꼈을 것이다. 하지만 붓다는 깨친 진리가 확실한 새로운 믿음의 길이라고 확신하면서 제자들을 떠나보냈다.

남방불교에서는 기원전 566년을 부처님의 탄신년으로 보고, 북방불교에서는 인도의 아쇼카(Asoka) 왕의 즉위 연대를 기준으로 하여 기원전 463년을 탄신년으로 산정하고 있다. 그러나 모두 확실하지 않다. 현재 공식적으로는 1956년에 제1차 세계불교대회를 개최하면서 부처님의 탄생년도를 기원전 624년으로 결정하였다. 부처님의 탄생일은 북방불교에서는 음력 4월 8일로, 남방불교에서는 음력 4월 15일로 전하고 있다. 출생지는 룸비니(인도 국경에 가까운 네팔국) 동산이라고 경전은 전하고 있다. 부처님의 아버지는 석가족(Sakya)의 정반왕(Suddhodana)이며, 어머니는 마야(Maya) 왕비인데, 마야 왕비는 산후 7일 만에 세상을 떠나고, 인도의 풍습에 따라 여동생이 왕비의 자리를 잇게 되자 이모이며 양모가 된 셈이다.

부처님은 태어날 때 두 다리가 먼저 나왔다. 이는 난산이다. 어머니의 고통은 7일 후 죽음으로 이어졌고, 아들은 태어나면서 '인생의 고통'을 체득한 결과가 되었다. 난산을 체득한 모든 사람은 조심성이 강한 성격의 소유자가 되어 일생을 살게 된다. 태어난 아기의 유전자 세포에 고통을 겪은 지혜가 저장되어 있기 때문이다. ─월관 자증─

석가족은 Arian 종족이다. 이모이자 양모인 왕비(마하 프라자파티)는 아들(난다)을 하나 얻었으나, 훗날 붓다의 아들 라훌라와 함께 출가승 비구가 되었다. 부처님은 19세에 결혼하고, 29세에 아들 라훌라를 낳았다.(라훌라는 장애라는 말이다.) 출산 소식을 전한 시자에게 고타마 싯다르타는 "오! 라훌라(한탄스럽다는 표현)!"라고 한 데서 아들의 이름이 지어졌다고 전해져 오고 있다.

38. 붓다의 마지막 말씀 – 반열반경

1. 자신을 바로 깨치고, 내 가르침[佛法]을 따라 수행하라.
2. 일체는 멸한다(무자성[無自性]). 부지런히 '정념' 수행하라.

'자등명(自燈明)' '법등명(法燈明)'으로 전해오고 있다.

39. 사념처(四念處) 수행

사념처 수행은 초기법문(初期法門)에 나오는
삼십칠조도품(三十七助道品)의 첫 번째 실천수행법이다.
신수심법(身受心法) 수행이라 해도 좋다.

* 몸은 더럽고 아프며, 내 생각대로 움직이지 않는다.
* 느낌은 항상 괴로운 것이어서 내가 감당할 수 없다.
* 마음은 항상 생기고, 변하고, 자제가 되지 않는다.
* 모든 인식의 대상(법)에는 '독립된 자성'이 없다.
참 나와 영원성, 즐거움, 깨끗함도 없다.
이러한 바른 진리적 인식을 마음에 담고,
홀로 깊게 생각하는 참선수행법이다.
느끼는 대로 알아 챙기면 된다.

붓다의 지혜 제일 제자가 된 사리불(Sariputta)

*(회의론자인 그의 스승 '산자야'를 떠나서 진리를 깨친 붓다에 귀의한 사리불)

그가 붓다를 만난 이야기는 이렇다.

많은 철학자들을 논쟁에서 패배시킨 사리불은

고타마 붓다를 패배시키려고 결심하였다.

붓다는 그 시대에 가장 위대한 사상가였기 때문이다.

사리불과 목건련은

250명의 수행자들과 함께 붓다에게 갔다.

그는 고타마 붓다에게 진리를 토론하자고 제의했다.

붓다는 대답했다.

"진리 토론을 하기 전에 먼저 약속하자."

"진리가 무엇인지 아는가?"

"진리를 토론할 수 있다고 생각하는가?"

사리불은 지식과 사상이 높은 학자였다.

"나는 근본진리는 모릅니다. 아직 구도자입니다."

붓다가 다시 말했다.

"나도 진리를 찾는 수행자였다."

지금은 '나'를 찾을 수 없다.

"오직 진리가 있다고 알 뿐이다."

나의 약속 제안은 이렇다.

"2년만 나와 같이 수행하자."

"나의 실존(實存)을 보고, 느끼면서 있으라."

"2년 뒤에, 그대는 토론을 할 수 있다."

붓다의 무기교설 – 무답법문
무기 – 무답은 진리를 가르친 최고 법문
이런 가르침이 줄탁동시수행의 요체다.
*(옆에서 듣고 있던 가섭존자는 웃고 있었다.)

자아상(自我相)은 '나는 자성이 있다.'고 믿는 생각.

인간상(人間相)은 '나는 인간이다.'라고 믿는 생각.

중생상(衆生相)은 '나는 생명들 중 하나'라는 생각.

수자상(壽者相)은 '나의 영혼은 영생한다.'는 생각.

* 중생은 四相이 있음을 보고, 부처는 四想이 없음을 본다.

* 아상(我想)－인상(人想)－중생상(衆生想)－수자상(壽者想)도 쓴다.

* 약견 제상비상 즉견진각(若見 諸想非想 卽見眞覺): 만약에 이런 생각들이 틀렸다고 깨치면, 바로 진리를 깨쳤다. －월관 합장－

　사념처(身受心法) 수행을 통해 붓다는 항상 '사선정(四禪定)', 즉 법계(외부 세계)를 떠난 고요한 마음에 머물고 나서 중생에게 법문을 설했던 것으로 경전들은 전하고 있다.

　(사선정 수행은 브라흐만교의 마음수행법이었다.)

　　　일선정(一禪定: 신선정[身禪定]–몸속의 움직임을 알아 챙기는 선정)
　　　이선정(二禪定: 수선정[受禪定]–밖에서 드는 것을 알아 챙기는 선정)
　　　삼선정(三禪定: 심선정[心禪定]–마음의 움직임을 알아 챙기는 선정)
　　　사선정(四禪定: 법선정[法禪定]–외부의 움직임을 알아 챙기는 선정)
　　　몸과 느낌, 마음, 경계를 모두 진정시키면 마음은 고요하다.

　진각불교의 수행자는 '자신이 스스로 어떤 수행 수준인가?'를 확인하기 바란다. 즉, '1선정'에 머물고 있는지 '2–3–4선정'에 머무는지를 확인하면 된다. 4–선정에 쉽게 들게 되면 그 상태가 '열반적정'임을 알아 챙겨야 한다. 붓다가 우리와 같은 선정 상태에 있었다는 것과 지금의 내가 선정에 들었음을 스스로 확인하는 길이다. –月觀自證–

　아비달마 불교를 거치면서 '第九禪定'까지 선정의 단계를 넓혔다.

　대승불교도 '보살의 아홉 가지 선정'을 믿고 수행한다.

　(1) 자성선(自性禪) (2) 일체선(一切禪) (3) 난선(難禪) (4) 일체문선(一切門禪) (5) 선인선(善人禪) (6) 일체행선(一切行禪) (7) 제뇌선(除惱禪) (8) 차세타세낙선(此世他世樂禪) (9) 청정정선(淸淨淨禪)

인간이 가진 이기심의 본성은 '탐욕 — 진애 — 우치'다. 수행을 통해 '삼독'에서 벗어나면, 이를 해탈이라 한다. 해탈은 곧바로 '열반'의 경지에 이르니 불교수행의 성도이다.

삼독은 '삼불선근(三不善根)'으로, 중생을 해롭게 하는 악의 근원이다.

불교수행의 일반적인 대상이 '삼독'이니, 여기에 '아만 — 집착'을 합치면 오독(五毒)이 된다. * 월관 법당은 탐진치 삼독과 아만+집착을 합친 오독을 버리는 수행을 강조한다.

일체 중생의 속성을 불교는 삼법인으로 규정했다. 즉, 제법무아(諸法無我), 제행무상(諸行無常), 일체개고(一切皆苦)가 그 내용이다. 제법무아와 제행무상은 우주만물의 존재본성이 영구적이고 독립적으로 존재하지 않는 성질을 말한다. 일체개고는 중생들의 느낌(감수의식)으로는 모든 것이 고통 - 고난 - 고민 - 고생으로 나타난다는 말이다. 이유는 모든 것은 영원하지 않고, 모든 것은 변하는 것이 근본원인이 되기 때문이다. 초심자들은 앞의 두 가지는 잘 알지 못해도 쉽게 인정한다. 그러나 세상의 모든 것이 고통뿐이라는 '일체개고'는 받아들이지 않는 경우도 많다. 왜냐하면 '사랑하는 일은 아름답고, 즐겁고, 기분이 좋은데, 어째서 그런 것까지 고통이라고 하는가?' 이런 의문이 있기 때문이다.

그러나 아무리 즐겁고, 좋다는 것도 그 상태와 조건이 변하지 않고 영원하다면 그대로 좋을 것이다. 하지만 실제로는 그 무엇도 영원히 좋은 상태와 조건을 유지해주지는 않으므로 결과적으로 보면 즐거움과 행복감은 곧 사라지거나, 허탈감으로 변하거나, 고통으로 변해버린다. 인생팔고(人生八苦)에서 애별이고(愛別離苦)가 바로 그런 것이다. 사랑하는 사람이 멀리 떠나거나 영영 죽으면 사랑했기 때문에 그만큼 마음의 고통이 더 큰 것이다. 부모를 잘 만나 어릴 때부터 고생을 하지 않고 한평생을 살았던 사람이라도 막상 자신의 죽음 앞에서는 마음이 괴로워진다. 왜? 지금까지 경험해보지 못한 죽음이라는 것이 자신에게 다가오는 것이 두렵기 때문이다.

결국 평생을 행복하게 살았어도 죽음의 한 순간으로 인해 인생은 고고(苦苦)라는 생각을 하게 된다. 모든 생명(체)은 두려움과 외로움과 아픔의 고민 속에서 일생을 살고 죽는다. 많은 종교에서 "죽으면 영혼은 영원히 살아서 천당에 간다."고 주장한다. 대승불교에서는 "천상(天上)도 육도윤회의 하나이므로 언젠가 다시 다른 다섯 곳으로 태어날 가능성을 가지고 있기 때문에 천상으로 영혼이 간다 해도 외로움과 두려움과 아픔과 고민에서 벗어나지 않는다."고 주장한다.

인생을 고통−고민에서 벗어나게 하는 길은 없을까? 답은 있다. 현생에서 수행을 닦으면 해탈열반(解脫涅槃)에 머물러 살 수 있기 때문이다. 그런 상태(無苦無樂 無念無想)가 인간이 할 수 있는 고통을 벗어나는 길이다.

해탈열반의 길은 붓다가 우주의 근본진리인 '연기생멸법'을 깨쳐서 인생의 고통이 어디에서 왔는지를 찾아본 결과, 무명에서 왔다는 것을 알게 되어, 해탈의 방법(사성제 이론−팔정도교설−사념처수행)을 찾게 된 것이다.

붓다는 6년 고행수행에서 깨침을 얻고 나서 다섯 비구들에게 '고집 멸도(苦集滅道)'와 '오온무아(五蘊無我)'를 설법했다. 고진여 비구는 한 번 듣고 바로 깨쳤다. 그러나 다른 네 비구들은 붓다의 가르침을 이해하지 못했다. 그래서 붓다는 "나머지 네 명에게는 한 사람에게 세 번씩, 각각 같은 설법을 반복했다."고 불경은 전한다. 이와 같이 불법을 가르치는 것이 어렵다는 것을 훗날 불경을 만든 학자들은 '삼전십 이행상(三轉十二行相)'이라고 전하고 있다.

삼전은 세 번씩 반복해서 돌아가며, 십이는 네 명에게 세 번씩 열두 번, 행상은 '실천 행동의 모습'이란 뜻이다.(붓다가 하근기 수행자들을 가르친 것을 표현한 불경의 말이다.)

불경에서는 "간단히 한 사람에게 세 번씩 같은 교설을 가르쳐서 깨치게 했다."고 전하고 있지만, 실제로는 세 번만 가르친 것이 아닐 것으로 보인다. 수도 없이 여러 번 같은 교설을 가르쳐서 깨치게 했다는 뜻으로 받아들인다. 상근기 수행자는 한두 번 법문을 들으면 깨칠 수도 있겠지만, 불교의 '진리 교설'은 기초 지식과 긴 수행이 없는 사람에게는 쉬운 교설이 아니라고 생각한다. –월관 합장–

생명(체)은 자리(自利)를 위한 유기적(有機的) 변화(운동)를 계속하는 존재(물)이다. 따라서 식물(植物)은 생명체이지만, 분리된 '열매'는 생명체가 아니다. 인간을 포함한 동물들과 산하를 가득 채우고 있는 식물들은 모두가 우주 존재 중의 동등한 일부에 지나지 않는다.

인간의 생명을 시험하기 위해 특수 시험관 속에 사람을 급속 냉동시켜 보관하고 있다는 소문이 있다. 언제 다시 그 시험관을 열고 얼어 있는 그 사람을 녹여서 다시 살게 할지는 과학자들의 몫이다.

지금 시험관 속에 있는 그 사람에게 생명이 있다고 해야 할까? 아니면, 생명이 없다(죽었다)고 봐야 할까? 미래에 다시 살아난다고 해도 지금은 분명히 생명이 없다. 시험관 속에서도 그 사람이 숨을 쉬고, 영양을 공급받고, 배설물을 내놓고, 늙고 있으면 생명이 있다고 보아야 한다.

생명의 개념은 현재진행형이기 때문이다.

인간의 생명은 정자와 난자가 한 세포를 만들었을 때, 한 생명은 시작된 것이다. 따라서 생명의 나이는 잉태하는 순간부터 나이를 갖는 것이다. 이렇게 볼 때, 서양식 나이 계산은 틀렸고, 한국식 나이 계산법이 옳다.(한국식은 잉태에서부터 나이를 계산하기 때문이다.)

3천여 년 전 빙하시대에 스위스의 높은 산에서 조난을 당하여 눈얼음 속에서 미라가 된 사람이 가지고 있던 볍씨를 밭에 다시 심었더니, 싹이 나서 자랐다고 한다. 이를 조사한 과학자들은 놀랐다. 어느 불교학자도 놀라서 "볍씨가 3천 년 동안 살아 있었다."고 말했다. 그러나 月觀은 '볍씨가 살아 있었던 것이 아니라 그 볍씨의 조직과 성분이 썩지(변하지) 않고 있었을 뿐이다.'라고 믿었다. 모든 씨앗이 가진 조직과 성분은 생명이 아니다. 생명은 살아서 움직임이 계속되어야 한다. 즉, 생명 활동(영양을 흡수하고, 노폐물을 배설하고, 공기를 흡수하는 것)이 진행돼야 한다. 생명은 움직이는 것이고, 변화하는 것이며, 생명 의식은 자신이 살기 위해 이기적으로 활동해야 한다.(弱肉强食理論)

씨앗은 조직과 성분을 저장하고 있는 생명이 정지된 상태의 물질일 뿐이므로 새싹을 트게 할 조건과 환경(地水火風)을 만나면 그때부터 생명 활동이 시작되는 것이다. 월관(月觀)은 불교TV 방송에서 교수님의 잘못된 말을 듣는 순간, 무아와 연기(緣起)의 법리를 깨쳤다. 깨침은 이렇게 한 순간 어떤 충격적(直觀的)인 감동(感動)으로 받아들일 때 문득 온몸으로 체득(體得)한다는 것을 알았다.

식물의 생명관에 대한 또 다른 실례(實例)가 하나 더 있다. 어느 거사님이 오랜 수행을 하고서 스스로 깨침의 경지에 올라 서울과 부산에 불교대학-수행처를 설립하여 법보시(法布施=布敎)를 하고 있다. 몇 년 전에 거사님의 저서가 불교서적 베스트셀러가 되었는데, 그중 <식물에는 생명이 없다>라는 글이 있었다.

불교의 진리를 남에게 전하는 사람은 누구를 막론하고 진리가 아닌 것을 진리라고 주장하는 것은 대단히 위험한 일이다. 다른 수행자에게 괴로움과 피해를 주기 때문이다. 불교 교리에는 많은 진리의 말씀이 있다. 이런 말씀 속에는 자연과학적 진리인 진제(眞諦)와 인간 사회의 도덕윤리 차원의 진리인 속제(俗諦)가 섞여 있다. 신앙을 유도하기 위한 방편설(方便說: 진리도 아닌 설득과 이해를 돕기 위한 거짓말)과 마음이나 몸의 고통을 받고 있는 환자들을 위로하고 격려하기 위한 위로의 말-제사의식 등이 있다. 그리고 아비달마 불교시대 이후에 제작된 불교 문학과 불경, 논설서적 등은 모두 '방편설'이다.

진리 깨침은 그러한 서적(방편설)을 통해 남의 지식과 경험을 알고 나서 스스로 깨치는 것이다.

불교 공부와 수행을 닦아서 깨친 이들은 이런 것들을 스스로 찾아서 바로 이해하지만, 그렇지 못한 많은 신도들은 문자를 통한 이해로 불교의 교리를 깨친 것으로 착각하는 경우가 많다. 더더욱 위험한 일은 불교를 전문적으로 법보시(法布施)하는 지도자들이 진리 아닌 것을 진리라고 가르치는 것이다. 마치 입학시험장에서, 틀린 답을 옆에 있는 다른 수험생에게 알려 주는 것과 같은 일이다. 자기 혼자만 틀린 답을 쓰면 자기만 불합격할 것인데, 다른 수험생에게 틀린 답을 가르쳐주어 모두 함께 낙방하게 되는 어리석음과 같은 것이다.

불교에서 가르치는 '진리'는 대단히 중요하다. 인류의 자유와 행복을 얻는 길(열반의 길)을 석가모니 부처님이 찾아서 가르쳐준, 보배보다 더 귀한 진리의 말씀을 활활 타는 불덩어리처럼 무섭고 귀한 보배로 믿고 깨침 수행에 정진하면 반드시 진리의 바른 이해를 얻어서 (영혼이 극락에 가도록 기도하는 방편설[方便說]에만 끌리지 말고) 살아 있는 동안 열반의 경지에 이르게 될 것이다. －월관 합장－

　　　약육강식론은 우주학(천문학)에서 규명된다.
　　　천체도 약육강식론을 따라 연기생멸을 한다.
　　　약육강식론은 진제의 진리로 판명된 셈이다.
　　　진제에서는 '선악'도 없고, '正邪'도 없다.
　　　진제에서는 '일법－인연법'만 홀로 작용한다.

47. 생명구조 – 생멸관(生滅觀)

상식으로 본 인체의 구성 요소와 유전자 – 월관 자증 –

깨침 수행자는 우주와 생명의 구조와 기능을 바로 알고 우주존재론의 근본진리를 깨쳐야 불교의 진리를 깨칠 수 있다.

인간게놈프로젝트(Human Genome Project)에서 게놈이란 유전자(gene)와 염색체(chromosome)의 합성어로, 1916년 독일의 식물학자 빙클러(Winkler)가 처음 사용한 말이다.

이 프로젝트의 목표는

(1) 인간의 유전자 10만 개의 동정을 파악하고,

(2) 인간 DNA 30억 개의 화학적 염기배열을 결정하고,

(3) 데이터베이스 정보를 기록하고,

(4) 데이터 분석의 기술상의 문제를 개발 보완하며,

(5) 프로젝트에 관한 도덕적·법률적·사회적 쟁점을 설명하는 것.

인간의 염색체는 모두 24개로 규명이 끝났다.

2006년 5월, 인간 염색체 중 가장 큰 1번을 끝으로 총 24종 염색체의 약 99.9%가 해독되었다. 즉, 인간의 염기서열을 완전히 밝힌 것이다. 그러나 그 기능은 아직까지 완전히 밝혀진 것이 아니다.

포스트 게놈시대의 사명은 유전자의 기능을 밝히는 것이다.

인간의 게놈은 30억 개의 염기조합으로 이루어진 DNA를 갖고 있다.

게놈이란 한 생물체가 지니고 있는 유전정보의 집합체를 말한다.

인간의 경우에는 한쪽의 부모에게 23개씩의 염색체를 물려받게 되며, 이것이 한 개의 세포 내에 모두 들어 있는데, A(Adenine),

C(Cytosine), G(Guanine), T(Thymine)라는 네 개의 염기조합으로 이루어졌다.

지금까지 30억 개의 염기배열이 인체를 구성하고 있다는 정보를 분석했다.

DNA와 유전자의 구별: 유전자(gene)는 DNA 중에서 단백질을 만드는 특정 기능을 의미한다. 세포들은 유전자의 지시를 받아 필요한 단백질을 만들어 내는데 이 단백질에 의해 부모는 자손에게 피부색, 지능, 질병 등을 물려주게 된다.

유전정보를 제공하는 유전자는 1~1,5%(25,000개), 유전자 총수(100조 개 세포 중에서 200~250만 개)에서 단백질도 만들지 않고, 아무 조절기능도 하지 않는 쓸데없는 DNA(유전정보를 갖지 않는 유전자)를 'Junk DNA'라고 한다.

진화를 많이 거친 생명체일수록 Junk DNA가 많다는 말이다.

세균은 Junk DNA가 없다.

(Junk DNA의 기능은 아직 알려지지 않았다.)

인간의 몸에서 활동하는 유전자 수는 25,000개로 (임시) 추정한다.

쥐의 것은 인간의 것보다 약 수백 개가 적을 뿐이다.

유전자의 기능은 너무 다양하다.

한 개의 유전자가 수십 개의 단백질을 만들 수도 있고, 여러 개의 유전자가 힘을 합쳐서 한 개의 단백질을 만들기도 하기 때문이다.

또한 세포 내에서 환경과 상호작용을 통해 수십 가지로 변형되기도 한다.

암 유발 원인은 단백질의 돌발적·변형적 세포분열이다.

인간의 유전자는 다양한 단백질을 만드는데, 이것이 인간의 기능이 다른 동물과는 차별이 되는 것이기도 하다.

인간끼리는 **99.9%**의 동일한 유전자를 가지고 있다(同體大悲).

0.1%라는 미세한 유전자의 차이로 인간은 서로 다른 성질을 나타낸다.

(인간의 경우, 한쪽 부모에게서 **23**개의 염색체를 물려받게 되며, 이것이 한 개의 세포 내에 모두 들어 있다.)

월관이 공부하면서, 여러 책에서 모은 과학 지식이다.

48. 선우들에게 당부하는 글

자각을 얻은 선우는

착한 일도 서둘지 말라
서둘면 몸에 병이 난다
법보시도 신중해야 한다
'아상'에 얽매이기 쉽다
나를 먼저 살피며 살자
無我無常　緣起生滅
宇宙衆生　天地人緣
一切無我　宇宙輪廻
凡所有相　皆是虛妄

수행 목표

선행 일치하는 보살행.
붓다의 삶을 따라 사는 것.
나보다 남을 먼저 생각하는 것.
그러면서 아무것에도 머물지 않는다.

선심조도(禪心鳥道)

수행자의 마음은
새가 하늘을 날 때
자취를 남기지 않듯이
깨친 이는 혼자서 갈 뿐이다.
'향상일로(向上一路)'의 삶이다.
왔다 갔다 하지 말고 한 길로 가라.
－月觀自證－

49. 에히빠씨카(Ehipassika) - 言語道斷 - 言盡無意

에히빠씨카는 깨침 수행자에게는 중요한 한마디, 붓다가 남긴 말이다. 고대 인도의 보통 사람들이 쓰던 문자가 없던 말(Pali어)인데, 말의 의미는 '와서, 들으라'이지만, 숨어 있는 말뜻(말귀)은 '와서 듣고, 보고, 스스로 깨치라'는 것이다. 얼마나 함축된 수행자의 말씀인가! 불교의 가르침은 시작부터 설법자의 말을 그대로 믿으라는 강요나 선동은 아니었다. 모든 생명은 동등하다. 아니 우주에 있는 모든 것(일체존재)은 본질적으로 보면 같은 뿌리(같은 영양분과 같은 진리 - 질량 차이뿐)에서 생긴 것이다. 이런 종교적 가르침이 불교이기 때문에 석가세존은 자신이 진리를 깨쳤지만, 중생들에게 자신의 말을 듣고 무조건 믿으라는 강요는 하지 않았다. 모두가 인생고해를 벗어나서 고통을 여의도록 가르쳤다. 진리 깨침이 열반에 이르는 길이지만, 붓다는 강요하지 않았다.

종교는 만법동근(萬法同根)을 깨치고, 가르치면 된다. 과학자는 종교적 진리를 증명하는 자료를 제시해야 한다. 진각불교의 자각수자는 진리를 바로 깨치면, 못 깨친 이들에게 바른 길을 가르쳐줄 의무가 있다. 하지만 이 글을 바로 읽은 수행자는 남을 설득시키려고 설전(말싸움)을 할 필요는 없다.

(Ehipassika: 수행 중에 붓다가 외친 이 말을 읽는 순간 월관은 부처님의 육성을 듣는 것 같았다. -≪상윳따 니까야 경≫ 참조-月觀自證)

우주의 일체 존재는 여러 조건에 의해 일시적으로 화합하여 생겨난다. 이렇게 생겨난 것은 독립적인 존재성을 갖지 않고[無我[, 모두 끊임없이 변화하고 움직이므로[無常] 이러한 인연에 의해 성립되어 있는 존재를 '연생(緣生)', '연기생(緣起生)', '연기생물(緣起生物)'이라 한다.

모든 현상은 무수한 원인의 인(因)과 연(緣)이 상호 관계하여 성립된다. 즉, 독립적·자존적인 존재는 없으며, 조건과 원인이 없으면 결과도 없다는 설이다. 나아가 일체 현상의 생기(生起)와 소멸(消滅)의 법칙을 연기법리라 한다.

《초기 아함경전》에서는 "이것이 있으면 저것이 있고, 이것이 없으면 저것이 없다. 이것이 생기면 저것이 생기고, 이것이 멸하면 저것이 멸한다."라고 설명하고 있다. 중생이 생사유전의 고통을 받는 경우의 연기는 '유전(流轉)연기'라 하고, 수행해서 해탈로 향하는 연기를 '환멸(還滅)연기'라 한다. 《아함부 경전》에서 "연기를 보는 자는 법을 보고, 법을 보는 자는 연기를 본다고 한다. 그리고 연기를 보는 자는 부처를 본다."고 하는데, 연기를 법이나 부처님과 동일하게 생각하는 이유는 연기법이 곧 진리 그 자체라는 뜻이다.

대승불교는 십이연기를 삼세양중인과(三世兩重因果)로 설명하는데, 이것은 생명의 생사윤회를 조상, 자신, 후손으로 연결한 연기설의 해석이다. 대승불교가 흥기하면서 《반야경》 류는 일체개공(一切皆空)을 주장하였다. 이는 연기를 무자성(無自性), 공성(空性)으로 해석한 것이다. 즉, 일체의 존재는 상호 의존해 있는 상인상대(相因相待)의 관계에 있으므로 각각은 자성이 없다고 표현했다.

유식(唯識)의 '유가사지론', '성유식론' 등에서는 외계의 일체 현상
이 말나식(末那識)과 함께 있는 아뢰야식에 내포되어 있다고 하는데,
이것을 '아뢰야 연기(阿賴耶 緣起)'라 한다. 아뢰야 연기를 쉽게 이해
하려면 '업보윤회-업장윤회'의 설명을 참고하면 될 것이다.

　　오온(五蘊)이란 다섯 가지 근본 요소로 결합하여 인간을 형성했다는 설이다. 불교에서는 초기부터 우주의 생명체를 구성하는 근본요소를 지수화풍(地水火風) 4대(四大)라 하였고, 이 네 가지 구성요소가 결합하여 물질을 형성할 때, 이를 색(色)이라고 표현했다.

　　인간의 구성 역시 물질적 존재이므로 색은 인간 존재의 근저를 이루는 것이다. 부처님은 인간을 단순한 물질로만 보지 않았고, 정신적인 부분에는 다시 네 가지가 있다고 주장하였다. 즉, 부처님은 인간을 정신과 물질의 유기적 존재라고 파악했다. 온(蘊)이란 '쌓임', '덩어리'라는 뜻이다. 다시 말해 인간은 다섯 가지 요소의 덩어리라는 말이다. 오온의 내용을 보면, '색수상행식(色受想行識)'이다. 색은 몸을 이루는 물질의 덩어리, 수는 느낌이나 감각이며, 상은 대상을 인식하고 생각하는 것, 행은 의지적 작용 활동이란 뜻이며, 식은 인간의 생명을 유지 관리하는 종합적 판단과 지시하는 기능이다. 이를 '본능의식(本能意識)'이라 한다.

　　색은 인간의 구체적인 신체활동의 중심기능인 안이비설신의(眼耳鼻舌身意), 즉 육근(六根)을 뜻한다. 눈, 귀, 코, 혀, 몸이 육체적 인간이라면, 이 몸을 움직이는 의사결정의 주역이 바로 의(意－意識)이다. 즉 생각, 마음, 정신활동인 것이다(본능식과 육근의 의식에 대해서는 유식학을 참조할 것).

52. 우보익생만허공(雨寶益生滿虛空)

– 중생수기득이익(衆生隨器得利益)

진각불교는 월관 법당의 주련(柱聯)이다.(주련이란 큰 사찰 건물 기둥에 걸린 글이다.) 신라시대에 의상조사가 중국(당나라)에 가서 ≪화엄경≫을 배우고 돌아와서 ≪화엄경≫ 39품의 긴 법문을 짧은 ≪법성게≫로 지은 글 속에 '우보익생만허공'이 나온다.

월관이 수행 중에 흰 옷을 입은 노인이 나타나 '우보익생만허공－중생수기득이익'을 월관 법당의 주련으로 삼으라고 하면서 멀리 사라지는 광경을 보았다. 월관은 꿈도 아니고 수행 중에 이런 기이한 일이 있구나 하고 몸을 일으켜, 펜을 잡고 위의 글을 썼다. '우보익생만허공－중생수기득이익'이란 말의 뜻은, "중생에게 유익한 부처님의 가르침이 온 세상에 널리 알려져 있는데, 중생은 각자가 가진 그릇 크기만큼만 가져가는구나!"이다.

부처님 시대에도 '上根機－中根機－下根機'로 나누어 대중들을 구분해서 보았다. 상근기는 지능과 지혜가 가장 높은 사람이고, 다음은 중근기이며, 하근기는 가장 낮은 수준에 머물고 있는 사람이다. 또한 인도에서는 일천제(一闡提－Itchantika) 또는 천제(闡提)라고 하는 사람들이 있었는데, '너무나 지능이 부족해서 성불할 수 없는 사람'이라고 분류하기도 했다. 대승불교에서는 대중이 배우고, 깨치기가 쉽지 않다는 말도 된다. 교리를 가르쳐도 대중에게 확실하게 뜻을 전하기는 예나 지금이나 쉬운 일은 아니다. 불교의 진리를 깨치게 하는 것은 더 어려운 일이다. '정견－정념－열반'은 수행과정이며, 깨침을 완성하는 목표인데, 말로 가르치고 배우는 것이 아니기 때문에 사회생활을 하는 대중에게는 어려운 일이다. - 月觀自證 -

하늘에서 내리는 비는 넓은 지역의 산이나 들, 강에 골고루 내린다. 가뭄이 길어 하늘에서 내리는 빗물을 받아서 식수로 쓰던 시대에는 천금 같은 비가 내리면 온 동네 사람들이 집안에 있는 모든 그릇을 마당에 내놓고 빗물을 받았다. 가난한 집은 그릇이 많지 않아 밥그릇을 모두 마당에 내놓았고, 좀 잘사는 집은 큰 그릇과 작은 단지, 옹기 등을 마당에 내놓았다. 큰 부잣집은 커다란 옹기나 단지들의 뚜껑을 열어놓고 많은 빗물을 받았다. 3일 동안 내린 비는 그쳤다. 온 마을에 활기가 돌고, 물 걱정은 사라졌다. 모든 집에는 있는 그릇대로 물을 받았다. 그 결과를 보면, 집집마다 자기가 가진 그릇만큼만 하늘의 빗물을 받은 것이다. 가난한 집은 하루 먹을 물만 받았고, 좀 잘사는 집은 일주일 먹을 물을, 큰 부잣집은 한 달 먹을 물을 받았다.

이와 같이 부처님도 인류를 위해 널리 가르쳤지만, 부처님의 가르침을 듣고 알아 챙기는 각자의 능력(그릇)에 따라 천차만별이라는 글이 바로 '우보익생만허공 - 중생수기득이익'이다.

어떤 사람은 몇 년 만에 진리를 깨쳐서 평생을 걱정근심 없이 잘살고, 어떤 사람은 평생 배우고 수행해도 쥐꼬리만큼만 알고, 거기서 고해일생을 헤매다가 인생을 끝내야 한다.

우주의 나이: 137억 년 – Big Bang으로 우주 탄생

*우주의 종말: 220억 년 뒤 – Big Rip으로 우주 종말

태양의 나이: 46억 년 – 앞으로 약 50억 년 후에 사라짐

지구의 나이: 46억 년 – 지구는 태양보다 먼저 사라짐.

태양에서 지구를 향해 날아온 '빛'은 8분 30초 걸린다.

지구는 태양의 주위를 한 바퀴 도는 데 365일 걸린다.

지구는 태양 주위를 1초에 30㎞ 이상의 속도로 돈다.

적도중심의 자전 속도는 초속 365m, 시속 1,300㎞이다.

지구가 얼마나 둥글까? 지평선 – 수평선의 끝은 30㎞

생명의 나이: 37억 년 – 바다 속 미생물시대가 시작

식물의 나이: 30억 년 – 해저에서는 더 일찍이 시작

동물의 나이: 5억 년 – 바다에서 육지로 올라온 동물

인간 – 유인원: 4,700만 년 된 'Ida' 화석(뉴욕자연사박물관)

인간의 나이: 800만 년 – 원인이 걷고, 도구 사용(?)

호모사피엔스: 5만 년설 – 25만 년설(생각하는 인간문화)

인간의 주인은 유전자(무의식 – 업식)와 마음(생각)이다.

인간의 몸에는 100조 개의 세포가 살고, 유전자가 관리한다.

인간은 하나의 세포에서 분열해서 100조 개의 세포가 됐다.

인간의 100조 개 세포의 분열: 성장과 노화를 진행시킨다.

*생후~20세: 1세포가 분열하면, 2~3세포가 생긴다.

*20~40세: 1세포가 분열하면, 1세포가 생긴다.

*40~60세: 2세포가 분열하면, 1세포가 생긴다.

*60~70세: 3세포가 분열하면, 1세포가 생긴다.

*70~80세: 4세포가 분열하면, 1세포가 생긴다.

*80세 이후: 5~6세포가 분열하면, 1세포가 생긴다.

과학 데이터는 태양과 지구의 상대적 기준이다.

태양빛이 1년 동안 달리는 거리는 9조 4,600억 ㎞

과학자는 우주 진리를 관찰하여 진리를 확인한다.

수행자는 우주 진리를 자각하여, 진리적으로 수행한다.

유전자는 220종류이고, 수는 25,000개가 흩어져 있다.

우주 물질의 최소물질을 '원자(양성자와 전자)'라고 한다.

양성자는 원자의 핵이고 전자는 핵 주위를 돌고 있다.

원자의 질량은 많은 양성자와 적은 전자로 구성돼 있다.

양성자의 크기는 전자의 약 5만 분의 1에 해당한다.

태양계가 속한 우리은하계에서 신물질이 공급 중이다.

우주의 4%는 빛이 있고, 96%는 암흑(76%는 에너지 물질.

23%는 암흑물질) 光物質의 증가로 우주는 계속 팽창 중.

4%만 광선이 있어서 '지금 인간'은 우주별을 볼 수 있다.

진각수자는 과학지식을 가지고 있어야 깨침에 도움이 된다.

우주공학-천문학-물리학-생물학 분야의 지식이 도움이 된다.

내 마음의 눈을 달 위에 옮겨놓고

지구별을 바라보니

지구별과 세상에는 아무것도 안 보였다.

월관은 세상에 아무것도 없다는 것을 깨치고

스스로 붓다의 제자가 되어 법명을 月觀이라 지었다.

(월관 자작-1996년 8월 15일-리비아 사막 속에서)

55. 월관 자증(月觀自證)〈總觀-體化〉

이 책 속에 있는 글 가운데 여러 글의 끝에 있는 월관 자증(月觀自證)은 월관이 스스로 깨친 글이거나 마음속으로 붓다로부터 직접 들었던 것으로 믿는 글 혹은 꿈에서 어떤 조사(?)로부터 받은 말이나 글을 표시하기 위해서 쓴 것입니다.

독서 중에 참고하기 바랍니다. 월관 자증은 월관이 확인, 증명했다는 말이니, 이 책을 읽는 동안 유심히 살피면서 독자 스스로 무엇을 얻거나 자신의 것으로 체득하기 바랍니다.

깨침이 목적인 이 책의 공부에서는 '직관(直觀)', '총관(總觀)'의 의미를 알면 도움이 될 것입니다. 직관은 생각의 대상을 볼 때 눈과 귀로 듣는 것과 느낌으로 받아들이는 것을 본성-자성 그대로 나의 감정과 일치시키는 것을 의미합니다. 직관은 내가 거울 속에서 나를 보는 것(겉모양)같이 생각하고, 총관은 겉모양만 보지 말고 사람이나 사물을 볼 때 해부학적으로 분해-분석해서 전체(안팎 총체)를 한 번에 보고 느끼라는 말입니다.

예를 들어 어떤 사람을 만나서 본다면, 그 사람의 외형만 보지 말고 그 사람을 해부하듯이 안과 밖을 함께, 인성을 포함한 전체를 본다는 뜻입니다. 사람의 경우는 인간해부학-심리학에 관한 지식을 사전에 가지고 있어야 가능합니다. 머리를 본다면, 뇌의 구조와 기능을 알고 있어야 합니다. 몸을 본다면, 몸의 구조-내장들의 모양과 기능을 알고 있어야 총관할 수 있습니다.

직관-총관이 쉽게 되면, 그 결과 수행자의 유전자 세포에 체득(體得)-체화(體化)-훈습(薰習)이 잘되어 평생 자신의 지혜-기능이 됨으로써 어떤 일을 할 때 무심코 해도 생각보다 빠르고 바르게 행동할 수 있게 됩니다. 또한 일상생활에서도 많은 도움을 줍니다.

예를 들면 주식을 살 때와 팔 때를 고민하지 않고 쉽게 결정한다든지, 중병 노인 환자를 방문할 경우를 보면 '무심코' 예방을 실행했는데 그분이 곧바로 돌아가는 경우가 생기기도 합니다.(예술가, 미술가, 성악가, 기악연주자, 오케스트라 지휘자, 마술사, 운동선수들이 행동하는 순간적 반응이 바로 이런 내용과 일치한다고 봅니다.)

(직관－총관－체득－체화로 느낌을 얻는 것은 심장과 우뇌를 통해 충격과 감동으로 느끼는 것입니다. 평범한 느낌이 아니라 흥분과 자극으로 받아들여집니다.(이해[理解]와 해득[解得]은 좌뇌를 통해 지식을 얻어 저장[기억]하는 것을 의미합니다.)

이러한 충격과 감동에는 몸에 많은 산소가 필요하니, 경우에 따라서는 큰 호흡을 해주는 것이 좋습니다. 그리고 마음과 가슴을 진정하기 위한 몸의 안정과 마음 비우기 수행을 하는 것도 도움이 됩니다. (예술 공연장과 운동경기장에서는 홀로 그런 행동을 하기가 어렵겠지만, 홀로 있을 경우를 대비한 조언입니다.) －月觀自證－

56. 위빠사나(Vipassana) 수행법 – 관법수행*(남방불교)

　현대불교의 2대 수행법인 '지(止)', '관(觀)'으로, 지묵(止黙) 수행은 마음을 멈추고, 말을 하지 않는 수행법이다. 대승선종의 간화선－묵조선이다.

　관법(觀法) 수행은 남방불교의 '사념처 수행[身受心法]'으로, 수행자의 몸과 느낌, 마음, 생각의 대상(외부경계)을 마음으로 보는 수행법이다. 근본불교의 수행은 사념처 수행이다. 붓다와 상근기 제자들이 '줄탁수행'을 한 것도 사념처 수행과 연관이 있는 것으로 보인다(月觀自證). 위빠사나 수행이 대승불교 간화선 수행법(Samathi－지묵수행)보다 간결하고 쉽게 선정에 들 수 있다고 본다(月觀自證). (현대불교의 깨침 수행법은 위빠사나 수행과 대승의 삼마디(간화선) 수행으로 나누어졌다.)

우주 존재론의 근거가 되는 것은 우주의 본성에 '있음＝존재＝물질'이 있기 때문이다. 창조신을 믿는 종교에서는 우주 최초의 물질이 생긴 동기를 '창조신의 뜻'이 있어 우주가 창조되었다고 말한다. 그러나 불교에서는 우주 창조론을 연기법리에 따라 "여러 가지 원소들의 조건과 환경이 조화를 이루어서 최초 물질로 창조가 시작되어 지금처럼 우주 허공에 많은 별들이 생겨났고(진화론), 지금도 계속 우주는 팽창 중에 있다."고 주장한다. 그러나 또 다른 이론은 생즉시멸(生卽是滅)이니 "생긴 것은 모두 없어진다."는 진리(연기생멸법)가 있으므로 현 우주도 결국에는 또 없어진다는 말이다.

결론적으로 보면, 불교의 우주관은 '무시무종(無始無終)'이다. 불교의 자각수행은 원형(圓形)을 끝없이 도는 수행(생활습관)을 의미한다. 모든 자각수행은 '지금－여기－자기'가 있을 뿐이다.

(이 글은 월관이 수행하면서 '우주가 왜 생겼을까?'를 생각하던 끝에 유성윤회가 우주의 본성이라고 자증(自證)한 것이니, 독자의 이해를 바랍니다. －월관 합장)

유전자는 깨침-사랑-자비-감동을 우뇌의 분석으로 저장한다.
유전자-DNA 세포에 저장된 것은 삶의 주인 역할을 하는 것이다.
삶의 주인 역할은 우뇌(감성)-좌뇌(지식)의 협동하는 현상이다.
나의 삶과 행위는 인격과 품위, 건강의 모습으로 나타난다.
내 인격을 수행하는 첫걸음은 참회하고, 남을 먼저 생각한다.

인간의 유전자 연구는 앞으로 수십 년을 두고 조사해야 완전한 결론을 얻을 것으로 전망한다. 현재까지 밝혀진 것은 성인의 경우 25,000~40,000개 유전자를 가지고 있고, 한 세포에서 100조 개의 세포로 분열하면서 각 세포가 기능에 따라 유전자를 가지고 세포의 기능을 주관하며, 필요 없는 기능의 유전자는 기능을 정지했거나 완전히 없애버리고 필요한 기능의 유전자만 가지고 있는 것이라고 알려지고 있다. 과학자들이 유전자의 정확한 수치와 위치를 연구하고 있으니, 미래에는 인간의 생명이나 질병 관리가 더 쉬워질 것이다.

태어날 때 몸속에 부모로부터 받은 유전자는 생명유지를 위한 본능의 성격과 능력(지혜)을 뜻하는 의식(意識: 사람의 주인)이다. 유전자는 DNA(핵산: 모든 세포의 핵) 속에 있다. 인체는 100조 개의 세포가 있지만, 유전자-DNA는 25,000개밖에 되지 않는다. 인간은 99.99%가 서로 같은 세포를 가지고 있지만, 유전자(DNA, 핵산)만은 다르다. 그래서 66억 세계인이 겉모습도 다르고, 성격도 다르고, 지혜와 기능도 다르다.(DNA의 염기 서열 네 가지가 만들어 내는 성격-기능은 대략 30억 개 정도이다.)

DNA는 이중 나선(螺旋) 모양으로 자란다. 새 지혜가 생기면 DNA

세포의 모양이 더 자란다. 그러므로 수행에서 진리를 깨치면, 우뇌에서 받은 감동으로 인해서 어떤 세포의 DNA 모양이 더 자라게 된다. 우뇌는 스스로 체험하고 체득(體得-自證)하는 지혜와 능력을 어떤 세포에 저장하게 하여 일생 동안 유지한다.

주로 우뇌(右腦)의 통제를 받는 체험-자증으로 체화(體化-습관화)하기 때문에 좌뇌에 저장된 지식과는 달리 쉽게 잊어버리지 않는다.

인간의 세포는 100조 개인데, 유전자는 25,000개밖에 되지 않는다. 인간의 생명은 태중에서 하나의 세포가 생겼을 때부터 시작된다. 하나의 세포가 인간 최초의 모양이고, 최초의 생명활동을 하는 존재이다. 한 개의 세포는 계속 분열하여 태아로 자란다. 그리고 출산 후에도 대략 20세까지 신체적 성장을 하게 된다. 세포분열 기간으로 본 인간의 생명은 6배 정도, 즉 120세까지는 살 수 있다는 설이 있다. 하나의 세포에 있던 유전자는 세포분열을 할 때마다 모든 세포에 동일한 유전자를 분열시켜 전한다. 그러나 20세 이후 몸이 성장을 마치게 되면, 100조 개의 세포 속에는 똑같은 유전자가 존재하는 게 아니라 각 세포가 맡은 임무에 따라 필요 없는 유전자는 자연히 기능이 정지되거나 사라지고 만다. 세포의 자연적 윤회활동은 너무나 과학적이고, 경제적이고, 자율적으로 이루어진다. -月觀自證-

성인의 경우, 유전자는 각 세포가 맡은 기능에 따라 다른 유전자를 가지면서 몸 전체의 유지와 기능을 원만히 하게 된다.(과학자들은 어느 유전자가 어느 세포에 분포되어 있는지 계속 연구하고 있다.)

유전자(無意識-業識-業藏-제8識-아뢰야식)는 인간의 마음(六識-感受意識-體感意識)과 더불어 인간의 주인 역할을 하고 있다. 즉, 유전자는 몸을 관리하는 주인이고, 마음은 생각-의도-행위를 관리하는 주인이다.

진각불교-월관 법당에서는 '일인이식(一人二識)'을 깨침 수행의 주요한 요체로 가르치고 있다(月觀自證).

업식-업장은 불교 수행의 중요한 요소이다. 좋은 업식-업행-업장을 만들기 위하여 모든 불자들은 고행수행과 자각수행, 공덕수행에 정진하고 있다.

진각불교의 깨침 수행은 자각한 지혜를 自證-體得-體化하는 과정을 의미한다. 예술이나 체육경기에서 얻는 예술적 몸동작, 운동선수의 예감과 기술-재치-움직임과 같은 소위 몸놀림-기술-재주들은 모두 자신의 반복된 훈련으로 인한 '자증-자득=체득-체화'이고, 이를 자기 몸에 '체득-체화-습관화'하여 거의 일생 동안 간직하고 활용한다.

깨침의 지혜도 이와 같이 한 번 진리를 깨치면 평생 동안 그 지혜가 없어지지 않고 유지되고, 활용한다.(이것이 돈오돈수[頓悟頓修]의 개념이다. -月觀自證)

유전자는 타고난 유전자가 자라면서 생활을 통해서 얻는 모든 지혜-기능들이 저장되어 유전자 세포를 키워가기 때문에 붓다는 일찍이 "인생의 삶을 자업자득"이라고 풀이하였다. 즉, 부모로부터 받은 '유전자'도 중요하지만, 태어난 후에 스스로 만든 유전자가 더 많기 때문에 그 업행(業行)의 결과로 남은 일생을 잘살 수 있고, 자식을 낳으면 부모의 유전자가 다시 아들딸에게 전해져 '삼세인과설(三世因果說)'이 되는 것이다. 삼세인과설이란 부모로부터 받은 유전자가 '나'를 살게 한 지혜-재주-기능의 바탕이고, 내가 더 보탠 유전자를 합하여 나의 자식들에게 넘겨준다는 뜻(업장윤회-業藏輪廻)이다.

자업자득설과 삼세인과설, 업장윤회설이 모두 종교적으로 강조되어 '선인선과(善因善果)', '악인악과(惡因惡果)'의 설법(說法)이 생겨난 것이다. 좋은 일을 많이 하면 당사자는 물론 후손까지 그 결과로 좋은 삶을 살 수 있다는 말이다(月觀自證).

인간 생명의 탄생은 부모가 합궁을 하여 아버지의 정자와 어머니의 난자가 한 개의 세포를 만들면 새 생명이 생기는 것이다. 어머니의 태 속에 새로 생긴 그 세포에는 부모의 유전자가 각각 50%씩 합친 것이 지만, 태어난 자식의 유전자가 작용(표출-나타남)하는 것은 아버지를 더 많이 닮을 수도 있고, 어머니를 더 많이 닮을 수도 있다.

그렇게 부모의 유전자를 받아서 태어난 자식의 유전자는 살면서 새 로운 지혜가 생기면 세포분열을 통해 자기가 만든 유전자(DNA)를 키 우게 된다.

사람의 첫 세포는 단 하나였지만, 아기에서 어른이 될 때까지 계속 세포분열을 해서 100조 개의 세포로 몸(신체)이 완성되니, 이때는 25,000개의 유전자(220종)가 모든 세포에 잘 분산되어 있으면서, 각 세포들은 맡은 특수한 임무를 수행하는 지혜와 기능-재주를 발휘하 게 된다. 이런 연결된 망의 조직적 활동이 곧 우리의 생활-업행이다.

하나의 세포에서 100조 개로까지 세포분열을 하는 동안 유전자는 근본지혜를 그대로 유지하면서 필요한 새 유전자를 계속 만든다.

즉, 뇌 세포는 뇌 기능에 필요한 유전자를 보태고, 피부 세포는 피 부 기능에 필요한 유전자를 보태고, 눈 세포는 보는 기능에 필요한 유 전자를 보탠다. 이와 같이 모든 세포는 인간 본성의 유전자를 기본으 로 보유하면서 각각 다른 기능(220종의 기능)의 유전자를 보탠 특수 유전자를 가짐으로써, 100조 개의 세포들은 인간의 다양한 필요에 충 족하게 된다.(불교의 진리 깨침의 유전자를 얻기 위해 참선수행을 열 심히 하는 것이다. -月觀自證)

결론: 유전자의 생성과 보존은 첫째, 부모로부터 각각 50%의 유전

자를 받아서 한 세포를 만든다. 이 세포가 한 인간의 최초의 주인격(主人格)이다. 둘째, 태아가 태중에서 자라면서 그리고 태어난 후에 성장하면서 계속해서 세포분열을 할 때, 유전자는 새로운 세포에 복제되고 일상생활 속에서 얻은 지혜가 유전자 세포에 저장된다. 셋째, 유전자의 복제로 인한 '업장윤회'는 두 가지가 있다. 하나는 자신이 가지고 있던 유전자(나무 형태처럼, 큰 줄기에서 작은 줄기로 뻗어가는 유전자 세포의 분열 형태)로서 '개업장(個業藏) 유전자'이고, 둘째는 여러 사람들과 함께 일하고 생활함으로써 얻어진 유전자(團體遺傳進化－공동 업장 진화－共業 유전자)들이다. 공동 유전자 업장은 한 지역 사람들의 생활문화－관습이라든가, 같은 종씨의 전통예법－정신문화－성격(성질) 그리고 한 민족의 공통 관습－문화 동질성－사상의 공통점 등등으로 나타난다. 이상은 인간을 중심으로 한 유전자 설명이지만, 모든 동물과 식물의 유전자 생성과 활동도 같은 이치이다.(月觀自證－수자는 과학적 유전자 이론을 공부해주기 바란다. 월관의 자증은 여기저기서 얻어 들은 상식적 자증일 뿐이다.)

부처님의 재세 시(在世時)에는 이미 상공업이 흥행하여 최고 계급인 사제들이 제2계급인 왕족과 제3계급인 상인들로부터 권위의 도전을 받기 시작하였고, 이러한 사회 분위기는 사제들이 주장한 대로 획일적인 브라흐만교의 교리에 대해서도 도전을 하기 시작했던 것이다. 즉, 부의 축적이 서민과 정치권으로 기울어지기 시작함에 따라 사상과 종교 역시 자유로워지고 사문(沙: 자유 수행자)들은 여러 종파나 학파에 따라 파벌이 생기게 되었다.

문헌에 따르면 96학파설, 62학파설 혹은 수백 종의 이설(異說)을 주장하는 어수선한 사회상을 엿볼 수 있게 한다. 이러한 가운데 가장 대표적인 학자를 중심으로 한 여섯 개의 학파가 있었으니, 불교는 이들을 '육사외도(六師外道)'라 한다(장아함의 沙門果經).

육사는 여섯 명의 대스승이란 뜻이고, 외도라는 것은 불교의 교리와 거리가 있는 다른 주장을 하는 종교사상이란 뜻이다.

첫째, 도덕 부정론을 주장한 푸라나 카사파(Purana Kassapa)는 인과응보를 부정함으로써 윤리에 대한 독단적인 회의를 표명하였다.

둘째, 숙명론을 주장한 마칼리 고살라(Makkhali Gosala)는 극단적인 필연론을 주장하여 흔히 '사명(邪命) 외도'라고 불린다. 그는 인간을 포함한 모든 생명체의 운명은 인(因)이나 연(緣)의 작용 없이 결정된다고 주장하였다.

셋째, 유물론을 주장한 아지타 케사캄발라(Ajita Kesakambalin)는 지수화풍(地水火風)으로 이루어지는 물질만이 존재한다고 주장하였다. 그는 도덕을 부정하고 현실적 쾌락이 인생의 목적임을 주장하여

'순세파(順世派)'라고도 불렸다.

넷째, 회의론을 주장한 산자야 벨라지푸타(Sanjaya Belattiputta)는 진리를 있는 그대로 인식하고 서술하는 것이 불가능하다는 '불가지론(不可知論)'을 주장하였다. 형이상학적인 문제에 대하여 판단 중지를 요구하는 형이상학적 회의론이다. 부처님의 제자 중에서 사리불과 목건련도 처음에는 이 파에 속해 있었다.

다섯째, 불멸론을 주장한 파구타 카자야나(Pakudha Kaccayana)는 생명의 불생불멸(不生不滅)을 주장하였다. 숙명론의 변종으로 간주되지만 선악의 인과를 부정한다는 점에서는 도덕 부정론과 유물론에 가까웠다.

여섯째, 자이나교를 세운 니간타 나타푸타(Nigantha Nataputta)는 현재에도 인도에 존속하는 자이나교의 교주다. 그의 신분과 성장과정 등은 세존과 너무도 흡사하다. 자이나교의 수행자들은 나체로 생활한다. 고행이 수행이라는 극단적인 무소유를 주장하는 고행주의자들이다. 그들의 사상은 모든 것의 존재 양태를 영혼의 질과 등급으로 설명한다. 불교가 인도에서 추방당할 때, 자이나교가 남아 있을 수 있었던 이유는 힌두교와 같이 '영혼불멸설'을 믿었다는 점이다. 자이나교는 업의 유입을 막기 위한 극단적인 고행주의자들이다. 자이나교도 연기의 법리를 주장하였다.

불교는 육사외도들의 사상을 모두 부정하였다. 그러나 불교의 교리와 사상에서 육사들의 사상이 영향을 미친 것을 볼 수 있다는 점에서 육사외도들의 주의주장에 대한 공부는 깨침 수행자들이 해야 할 필요가 있다.

의(意)에 의지하는 식(識)이란 뜻이다. 인간의 감각능력은 안이비설신의(眼耳鼻舌身意)를 통해서 얻어지는 느낌을 정리, 저장, 활용하는 것인데, 여기에서 의(意)는 의식, 즉 생각작용인 것이다.

인간의 생각작용은 본성과는 직접 관계하지 않고, 6감(感)으로 얻어지는 것을 육식(六識)으로 만들어 내는 것이다. 이때 당연히 의식이 중심 역할을 하게 되는 것이다. 제6의식은 현상계의 각종 사물을 인식하는 작용이기 때문에 '분별사식(分別事識)'이라고 한다. 오온(五蘊)의 색수상행식(色受想行識)을 설할 때, 識에서 '안이비설신의(眼耳鼻舌身意)'의 여섯 가지 의식을 말한다. 유전자의식과 육식은 인간의 정신−영성−영혼이라는 깊은 의식을 만드는 주체를 의미한다. −월관 자증−

자각불교에서는 육식을 '체감의식(體感意識)', '감수의시(感受意識)'라고 한다. '본능의식(本能意識)', '생명의식(生命意識)'에 대칭으로 쓰인 말이다. 자각불교에서는 감수의식은 속제적 의식, 본능의식은 진제적 의식으로 구분하고 있다.(月觀自證)

인간은 두 가지 '의식'을 가지고 살고 있다. 唯識說에서는 六識을 前意識이라 하고, 七識(manas)을 '자아식(自我識)', 八識을 아뢰야식(藏識), 九識을 무구식−청정의식−本識이라 한다.

영혼윤회 – 생명윤회

윤회는 자연 진리에 따라 돌고 돈다는 말이다.

진각불교에서 보는 윤회관은

생멸윤회 – (우주윤회 – 업장윤회 – 생명윤회)가 있다.

자연만물의 생멸윤회는

우주 – 지구 – 인간의 질량불변의 원칙으로 본 진리적 현상이다.

유정과 무정의 모든 존재 – 현상들이

똑같은 생멸윤회를 자연스럽게 하고 있다.

생멸윤회에는 윤회의 주체는 없고, 오직 한 진리를 따른다.

우주본성 – 존재본성 그대로 자연적 윤회를 계속한다.

우주 일체가 자연히 윤회하므로 시작도 끝도 없다.

영혼윤회 – 육도윤회 – 영혼구제 – 영혼부활을 종교적으로 믿는

사람들은 '영혼 – 영성'이란 단어를 만들어서,

영혼은 육체가 죽은 뒤 영생하는 영혼만 윤회한다고 믿는다.

믿고 싶은 사람들에게 믿지 말라고 하지는 않는다.

붓다의 근본불교와 진각불교는 영혼을 존재로 인정하지 않으니,

영생하는 영혼윤회도 인정하지 않는다.

우주의 하나뿐인 진리는 고정된 자성을 가진 것은 아무것도 없다.

식물의 씨앗이 촉이 나서 싹이 트고,

자라서 큰 나무가 되고, 늙으면 말라 죽는다.

죽기 전에 새 생명을 낳게 될 씨앗을 남기면

다시 한 바퀴 도는 생명윤회가 된다.

동물도 인간이나 식물과 똑같다.

인간의 윤회는

삶 속에서 지은 업장이 유전자 세포에 있다가

자식에게 전해져서 생명윤회가 이루어진다.

영혼은 없다. 따라서 영혼윤회는 없다.

우주에는 영원히 존재하는 것은 아무것도 없기 때문이다.

윤회는 범어(梵語) 'Samsara'의 번역이다. 생사(生死)라고도 번역한다. 생사윤회, 윤회전생(輪廻轉生), 유전(流轉), 윤전(輪轉)이라고도 한다.(서양인들의 번역: Incarnation＝재생 또는 부활) (동양인들의 번역: Transmigration＝새로(다시) 태어남, 윤회, 생명윤회)

윤회사상은 인도의 브라흐만교의 종교 사상이었으며, 결과적으로 지배종족인 아리안족이 토착 종족들을 노예화하여 이용하기 위한 정치적 종족계급제도를 만들고 말았다. 수레바퀴가 끝없이 굴러가듯이 중생은 번뇌와 업행(삶의 내용)에 의해 삼계육도(三界六度)의 미혹한 생사의 세계를 계속하여 돌고 돌아 그침이 없는 것이라고 주장하는 것이 힌두교적 윤회설이다. 육체가 죽은 뒤에 영혼이 분리되어 풀, 나무, 새, 짐승 등에 깃들인다는 전주설(轉住說)에서 발달한 것이다. 이 사상은 업설(삶의 내용에 따른다는 학설)과 결합하여 고대의 우파니샤드 시대(기원전 10~5세기)부터 베단타철학에 이르기까지 계승되었다. 그 후, 힌두교(브라흐만교의 계승)와 불교가 혼합될 때(아비달마 불교시대) 불교의 주요 사상이 되고 말았다. 브라흐만교가 윤회설을 채택한 것은 '우파니샤드' 시대부터이며, 기원전 5세기경에 배출된 육사외도(六師外道)들도 대부분 윤회설을 수용했다. 윤회는 고대에서 현대에 이르기까지 인도 사상의 보편적이고도 뚜렷한 특색을 드러내는 사상이다.

석가모니 부처는 "누구나 지은 업은 없어지지 않으니, 업인업과(業因業果－因果說－自業自得)로서 자신이 지은 업을 자신이 받지 않으면, 후손들이 받게 된다"는 '업보 윤회설'을 주장하였다. 그러나 영혼의 존재를 영생하는 불멸의 존재로 인정할 수 없는 불교의 입장에서는 육도윤회사상을 받아들일 수 없었다.

　대승불교(유식불교-4세기)에서는 힌두교의 윤회사상을 받아들여 윤회하는 세계에 지옥, 아귀, 축생, 아수라, 인간, 천상의 육도(六度)가 있다고 설한다. 생명체의 영혼이 살아 있는 동안에 이룬 업력(業力: 삶의 내용)에 의해 그 영혼이 이 여섯 경계에 영원히 돌고 돈다는 교설이다.(진각불교는 대승불교의 육도윤회설을 중생교화의 방편교설로만 인정하고, '업장(業藏)윤회설=유전자윤회설'만을 믿고 가르친다.)

붓다의 인생관은 '일기인생관'이다. 붓다는 그의 마지막 법문에서, "나는 죽으면, 다시 돌아오지 않는다."라고 선언했다.

진각불교의 인생관도 같다. 진실과 사실에 의거한 인생관을 가짐으로써, 인연법리인 생멸의 진리를 믿고 살 수 있는 것이다. 태어난 생명은 반드시 죽어 없어진다(生者必滅). 진리 자체를 깨치는 것을 목표로 하는 진각불교에서 군더더기를 붙여 생명의 삼세론(三世論: 전생-현생-내생)으로 영혼윤회와 같은 자증불가(自證不可)한 이론을 설명하는 것은 중생을 괴롭히는 교설이 되고 만다.

자각을 이룬 수행자들은 '영혼윤회-육도윤회'가 교설을 위한 '방편설'임을 알고 설하지만, 무명(아직 깨치지 못한) 중생들은 육도윤회에서 좋은 것을 다음 생이란 것이 분명히 있다고 믿고, 내 영혼이 재생한다는 희망하는 쪽으로 더 관심을 갖게 된다.(방편설로 가르칠 때는 진리가 아닌 방편설임을 분명히 밝히는 것이 좋다.)

경전에 자주 나오는 붓다의 '삼세론(三世論)', 즉 붓다의 전생자각 수행은 태어난 이후 어리고 젊은 시대인 13~29세 사이에 얻은 지식과 지혜의 수행이며, 현생덕행은 35~80세까지 얻은 진리 깨침을 바탕으로 해서 중생제도를 실행한 보살행이고, 내생복덕은 열반하신 이후 지금까지 많은 인간들로부터 붓다가 존경받은 것을 의미한다. 즉, 그의 마지막 교훈(자등명-법등명-정진하라)의 공덕이다.

붓다가 예상했던 대로 그의 내세관은 지금(21세기)도 살아 있으면서, 현실을 비판하고, 만인에게 진리-진실을 바르게 가르쳐주고 있다. 보통 인간도 인생에서 얻은 지혜를 유전자(업장윤회) 전이(轉移)

로서 자식을 생산할 때, 부모의 정신－재능－인생관(본성－성격)을 물려주어 자식의 일생에 영향을 준다. 부모가 자식을 자기 생명의 다음 고리(chain)로 생각하면 자식의 인생교육은 아주 중요하다. 자식은 조상들과 부모에 효도를 다하는 것이 큰 공덕을 쌓는 것이고 중요하다. 인간의 생명윤회는 업장윤회로 전해지면서 연결고리(chain)로 계속 이어져 가는 것이다. 죽은 조상들의 영혼이 다시 인간으로 되살아나는 그런 '영혼윤회'는 고대종교의 교설에 불과한 원시적 방편설이다.(月觀 自證)

　일체유심조라는 말의 뜻은 '우주 만물의 존재성은 인간의 마음으로 인지할 때에만 그 존재가 인정된다.'는 것이다. 즉, 모든 것의 존재성은 사람의 마음으로 짓는 것일 뿐이니, 마음이 인정(느낌)하지 않으면 존재성은 없는 것이다. 대승불교 - 유식사상의 대표적인 한 표현이다.

　*원효대사께서 의상대사와 함께 당나라 유학길에 경기도 화성 해변에 도착하여 선편을 기다리던 날, 한 동굴에서 잠을 자다가 목이 말라 옆에 있던 바가지 물을 시원하게 마셨다. 그리고 아침이 되어 그 바가지를 살펴보니, 사람의 해골이었다. 원효대사는 구토를 일으켰는데 이때 '일체유심조'를 깨쳤다고 한다.

　의상은 화엄경을 배우기 위해 당나라로 떠났고, 원효는 다시 경주로 돌아갔다. 이 이야기는 원효가 지어낸 이야기일 수도 있고, 다른 사람이 지은 것으로도 볼 수 있다.(月觀自證)

　월관의 생각으로는 원효가 당나라로 출국하지 못한 것은 외국으로 출국하는 허가증―출국 여권(Exit Visa)―이 없었기 때문에 출국이 불허되었고, 의상은 귀족(왕족: 眞骨)이었으므로 출국이 허락된 것으로 생각된다.(月觀自證)

　유식사상은 우주 일체 존재는 인간의 마음으로 인식하는 것만을 존재로 볼 수 있다는 유식관(唯識觀)이니, 근본불교의 연기적 존재론을 따르지 않는 대승불교사상이다.

　일체유심조 사상은 속제불교의 교설일 뿐, 진제의 진리는 아니다. 즉, 일체유심조는 육식(六識)에 불과한 것이다. 우주(근본진리)는 인간의 육식이 있든 없든 그와 무관하게 '무시무종 - 자연윤회'하는 존재

이고, 그 본성인 '인연연기생멸'도 진행될 것이다.(진각불교의 확고한
이론이며, 주장이다. ─月觀自證)

자각은 수행자가 스스로 붓다의 깨친 진리를 깨침이다.

덕행은 깨친 수행자가 중생을 위해 공덕을 베풂이다.

모든 불자는 불교의 진리를 깨치고,

남을 위해 바른 생활을 해야 한다.

이것이 불교의 의미이며, 바른 생활이다.

자각덕행은 월관이 1996년 8월 15일

리비아 사막 한가운데서,

천둥소리로 들었던 하늘의 가르침이다.

월관이 기도 중에,

'어떤 종교를 믿어야 하늘나라에 갑니까?'

라고 마음속으로 물었을 때

맑은 하늘에서 들려온 큰 소리였다.

훗날 월관은 이 소리가 '자내음(自內音)'이라는 것을 알았다.

자내음은 몸속에 있는 유전자세포에서 나온 소리다.

자각을 지금 수행에서 얻고자 하는 수행자는
불교 공부를 넓게 하지 말고,
우선 깨침의 요체를 집중해서 해득하고,
체득을 위한 깨침 수행에 정진해야 한다.
*(月觀 自證)

붓다가 깨친 진리는 우주의 일체(물질)가 생겨나고 사라지는 근본
진리이니, 즉 연기생멸법이다. 연기법을 이해하기 위해서는 아래의 진
리와 교설을 함께 이해해야 바른 깨침을 얻을 수 있다.

인연법리(因緣法理)/인과법리(因果法理)/연기생멸(緣起生滅)
제법무아(諸法無我)/제행무상(諸行無常)/일체개고(一切皆苦)
해탈열반(解脫涅槃)/오온무아(五蘊無我)/고집멸도(苦集滅道)
신수심법(身受心法)/자업자득(自業自得)/자비수행(慈悲修行)
십이연기(十二緣起)/업장윤회(業藏輪廻)/우주윤회(宇宙輪廻)

붓다가 임종 직전에 누워서 남긴 최후 유언이다.

붓다가 사라쌍수 밑의 '임종의 자리'에서 우측으로

누운 것은 마지막 설법을 하기 위한 자세였다.

아난다가 붓다께 물었다.

"세존이시여, 이제 돌아가시면, 우리는 누구를 믿어야 합니까?"

그러자 붓다가 남긴 최후의 유언이다.

"스스로 깨친 진리를 믿고, 내가 가르친 정법을 믿으라.

그리고 모두는 부지런히 정진하여라."

*자등명(自燈明) – 법등명(法燈明)

붓다는 아무 욕심 없이 살다간 성자다.

그는 모든 중생이 진리를 깨치기를 그리고 진리정법에 따라서 살아

주기를 진심으로, 간절히 바라면서 눈을 감았다.

열반경에서 전하는 이 마지막 한 줄의 글은 붓다를 믿고, 존경하는

모든 불자들의 가슴에 감동을 주기에 충분하다. – 月觀自證 –

67. 자성(自性) – 무자성(無自性)

자성이란 일체의 존재가 지니고 있는 자체의 불변불개(不變不改)의 존재성을 말한다. 다른 것과 혼돈하지 않고 변함이 없는 독자적인 체성(體性), 즉 본성(本性)을 말한다. 유식(唯識)에서는 자성을 변계자성(遍計自性), 의타자성(依他自性), 원성실성(圓成實性)이라고 한다.(유식30송에서 구체적인 해석 참조) 또한 중론(中論)에서는 일체의 현상계는 인연에 따라 형성되는 것이므로 '무자성(無自性)'이라 하여 자성의 의미를 부정한다. 즉, 우주에 있는 모든 것은 '무자성'이므로 모든 것은 '연기생멸'할 수 있고, 우주는 '무시무종(無始無終 – 무한윤회(無限輪廻)'의 존재를 유지하는 것이다. 근본불교에서도 일체는 무아(無我)라 했으니, 무자성을 주장한 중론의 이론이 근본불교이론과 다르지 않다고 본다. 자각불교(自覺佛敎)는 우주의 자성이 유성(有性)이라고 보니, 무아유성(無我有性)이든 유성무아(有性無我)든 자성이 없는 둘이 일합(一合)하면 연기생이요, 현상으로 있는 것이 이분(二分)하면 연기멸이니, 진리는 무한윤회로다. －월관 자증－

붓다가 인간의 업장윤회(業藏輪廻 – 업보윤회)를 가르치기 위해 강조한 교설이 바로 '자업자득'이다. 불교의 근본진리 가운데 '인과법'이 있다. 인과법은 인연법과 일치하는 진리다. 즉, 원인이 있으면 반드시 결과가 생긴다는 진리이다. 인생에서 만나는 모든 것이 원인 없이 생겨나는 것은 아무것도 없다는 말이다. 우주 속에 있는 모든 만물도 원인이 있어서 생긴 것이다. 그리고 원인(환경과 조건)이 사라지면 그 존재(물질)는 없어진다. 인연법이 내면적으로 원인의 내용 – 흐름을 잘 설명하고 있다면, 인과법은 인간이 이해하기 더 쉽게 외형적으로 생기고 없어짐을 잘 보여주고 있다. 자업자득이란 말은, 내가 지은 업행(業行 – 행위)은 반드시 그 결과가 나에게(후손들에게) 되돌아온다는 말이다. 즉, 좋은 일을 하면 그 결과는 남에게 되돌아오는 게 아니라 반드시 나에게 되돌아온다는 것이다.

이러한 진리가 세상이치이고, 이것이 바로 진리인 것이다. 인간의 일상에서도 자주 쓰이는 말이다. "땀 흘려 열심히 일하면, 그 결과는 꼭 내가 얻는다." 혹은 "공부를 열심히 하면, 반드시 시험에 성공한다."는 등의 상식적인 말이 되었다.

인간은 부모로부터 받은 '유전자'에 의해 인간으로서 살 수 있는 기초지능과 재능을 가지고 태어난다. 예를 들면, 태어난 지 얼마 되지 않는 들쥐 새끼들이 어미를 따라 들판을 달리다가 작은 냇물을 만나면, 어미가 먼저 헤엄을 치고 건너간다. 그러면 들쥐 새끼들도 어미의 뒤를 따라 개울을 헤엄쳐 건너간다. 들쥐 새끼들은 헤엄치는 법을 어떻게 알았을까? 이는 유전자 속에 이미 가지고 태어난 재능이다. 사람도 마찬가지이다. 자작자수(自作自受), 수처작주(隨處作主), 자의자각(自依自覺-自燈明): 네가 가진 깨침은 평생 너의 것이다. 붓다는 죽기 직전에도 그것을 따라 살라고 강조했다.) *-月觀自證-

69. 전륜성왕의 불교적 의미

전륜성왕(轉輪聖王)이란 이상적인 통치자로서 어느 특정국가의 왕이 아니라, 제왕(帝王) 중에서 어진 왕을 기대하는 의미를 불교와 연관시켜 표현한 말이다. 즉, 어느 예언가가 어린 싯다르타 태자를 보고, 저 태자는 자라서 "전륜성왕이 될 것이다."라고 예언했다는 데서 유래된 말이다. 전륜성왕의 의미를 짐작하게 하는 내용은, 무력으로 독재하는 그런 왕이 아니라 성은(聖恩)으로서 백성을 다스리는 왕을 의미한 것이다. 즉, 부처님은 국가의 왕은 아니지만, 인류의 정신적 세계를 지도한 전륜성왕으로 기록되었다는 전설적 의미를 담고 있다.

70. 전변설 – 적취설 – 단멸론 – 업보론

붓다 재세 시에 인도 사상계는 많은 사상가들이 있어서, 다양한 사상 논쟁이 있었던 것으로 추측된다.

전변설(轉變說)은 브라흐만교의 생명에 대한 설로, "생명체의 구성요소는 가장 먼저 정신적(의식) 존재인 범(梵 – 브라흐만 – 창조신)이 세상을 돌아다니면서 변화를 일으켜 자연의 생명들이 생겼다."고 주장했다.

적취설(積聚說)은 지수화풍(地水火風)의 4대 요소가 생명의 구성요소라고 믿었다. 불교는 적취설을 수용했다.

단멸설(斷滅說)은 "생명이 죽으면 아무것도 남기지 않는다."는 주장이다. 그러므로 선악을 불문하고 아무렇게나 행동해도 좋다고 주장했다.

불교는 업보설(業報說)을 주장하고 단멸설은 거부했다.

중생은 일생의 업보에 대한 과보를 받으니, 악행을 하지 말아야 한다. 이 사상은 '업장윤회설'로 설명되고 있다.

즉, 내가 지은 업은 반드시 그 과보를 받는다. 내가 살아서 받든지, 내 후손들이 반드시 받는다고 가르쳤다.

71. 정견(正見) - 정념(正念) - 자각불교 깨침 수행의 요체

　근본불교의 깨침 수행의 핵심 수행법이다. 정견과 정념은 진제적 정견과 정념을 들 수 있고, 속제적 정견과 정념을 들어서 살펴보는 게 좋다. 정견은 자연현상을 본성으로 보는 것이며, 정념은 신수심법의 흐름을 마음으로 관하여 제법무아-제행무상을 깨치는 수행법이다. 순수하게 진리를 깨치려는 수행은 생각의 바탕을 순수 진리의 경계에 머물게 하는 것이 효과적이고, 생활 속에서 일어나는 사건-사물에 대한 것을 밝히는 경우에는 속제적 바탕에 마음을 두는 게 좋다.(진각불교의 깨침 수행은 정견과 정념, 두 가지 수행요체를 중심으로 '무아-연기'를 깨치도록 함께 수행-줄탁동시수행을 실행한다. -月觀自證-

72. 정관(正觀) – 직관(直觀) – 총관(總觀) – 월관 자증

정견은 속제의 육근(六根)으로 바로 보고, 듣고, 맛보고, 느낌으로 얻는 감수의식이므로 감각적, 지식적, 비진리(非眞理＝속제적 진실－사실)의 가유적 존재(色相)를 인식함이다.

정관은 진제의 무의식(본성적)으로 느낌과 생각과 영감으로 얻는 본능의식의 감동으로, 본능적, 진리적, 참진리(眞眞理＝진제적 진실)의 물질적 존재(本性)의 근본을 인식함이다.

직관은 수행자가 일체(자연－사물)를 관(마음으로 보는)할 때, 직관 능력－작용으로 정관하여 겉모양을 봄으로써 속 모양까지 알아 챙기는 것이다. 속제의 이치와 진제의 진리에 비추어보는 것이다.

총관은 수행자가 일체(자연－사물)를 관(생각으로 보는)할 때, 총체적 관법－관찰로 정관하여 안팎의 모양을 본성으로, 바로 보는 것(과학적 지식과 해체학적 견해)이다. 속제 또는 진제의 이치와 진리에 비추어보는 것이다.

진리를 깨치려는 수행자는 정견과 정관, 직관과 총관으로 우주자연과 세상만사를 찰나적－순간적으로 척 보고 본성을 알아차리는 능력을 스스로 수련하여 실행(중도적)해야 한다.

정견과 정관 그리고 직관과 총관을 바로 알고, 그 의미를 설함은 전통불교의 경전에는 볼 수 없는 월관의 자증교설이다.

(2009. 10. 7. 月觀自證)

73. 정념(正念) – 정정(正定)

*팔정도의 핵심 – 正見, 正念, 正定

정념(正念 – 알아 챙김)은 붓다가 직접 지도했던 사념처(四念處 – 身受心法) 수행의 기법이다. 즉, 몸과 느낌과 마음과 경계로부터 들어오는 느낌을 알아 챙김을 하여 마음속으로 세 번 이름을 부른다. 이런 알아 챙김 수행법이 근본불교에서 북방불교의 달마 참선수행법으로까지 전해져 온 것이다. 한국의 참선수행은 '알아 챙김 – 정념' 수행과 정정수행이 합쳐져 있다.(진각불교의 깨침 수행도 정념수행으로 사념처 수행을 택하고 있다. 이것이 정각[正覺]의 길이다.)

정정(正定 – 止心修行)은 부파불교 이후 대승불교에 이르기까지 이어온 참선수행법이다. 마음이 안정되고 고요해지면, 마음이 움직이지 않는 수행(= 不動三昧)이다. 일심삼매(一心三昧), 일행삼매(一行三昧), 해인삼매(海印三昧)가 모두 정정(正定)수행을 표현한 말이다. 마음이 고요해지고 마음이 움직이지 않는 상태가 '무심(無心)'이니, 더 나아가서 번뇌 – 망상이 일어나지 않으면 해탈열반(解脫涅槃)에 이르는 것이다. *근본불교(진각불교)의 정념수행 효과는 '진각성도'이니, 팔정도의 모든 수행이 자연히 완성된다. 경전에는 "붓다가 4 – 선정에 들었다."는 표현이 있다.

'사선정(四禪定)'이란, 사념처 수행의 신선정(身禪定 = 제1선정), 수선정(受禪定 = 제2선정), 심선정(心禪定 = 제3선정), 법선정(法禪定 = 제4선정)이다. – 월관 자증 –

붓다가 상근기 제자들과 함께한 진리 깨침 수행을 비유한 표현이다. 사제간(師弟間)에 인연이 닿아 큰 성과를 이루는 것을 말한다. 줄(啐) 은 병아리가 깨어날 때 안에서 껍질을 쪼아대는 것, 탁(啄)은 어미 닭 이 밖에서 알을 깨기 위해 껍질을 쪼아대는 것을 뜻함. 즉, 안팎에서 동시에 껍질을 깨는 노력이 화합 협동을 이루어 병아리가 태어난다는 것을 의미한다. 줄(啐)은 한자사전에서는 '쵀(啐)'로 찾아야 한다.

佛陀의 유무중도(有無中道), 고락중도(苦樂中道)

龍樹의 무생중도(無生中道), 상단중도(常斷中道)

月觀의 진속중도(眞俗中道), 이식중도(二識中道)

불도 수행을 닦아서 해탈열반에 이르는 데는 세 가지 도움의 길이 있다. 붓다는 중생제도를 위해 '유무중도'를 가르쳤으니, 즉 '연기생멸 - 현상가유 - 진공묘유'가 우주만상의 근본적 진리이며 현상임을 깨치고 가르쳤다. 깨침의 수행에서는 "고통과 쾌락은 깨침에 도움이 되지 않는다."는 것을 깨쳐 수행자들에게 가르쳤다. 깨침 수행을 위해서는 "지나친 고통도 피하고, 편하고 즐거움도 버려야 한다."고 가르쳤다. 6년 동안 아란야 숲속에서의 고행(苦行)은 붓다에게 큰 고통(생존 위협)을 준 것으로 생각된다. 깨침을 닦는 지금의 수행자들도 붓다의 충고적인 이 가르침을 꼭 참고해야 한다(지나침은 모자람만 못하다. 참고: 유교의 중도사상).

대승불교의 이론을 체계화시킨 제2의 붓다인 용수보살은 무생중도, 즉 연기적 이론을 한층 높은 차원에서 보면, 우주만물은 자성이 없으니 원래 생긴 것도 아니다. 생긴 것이 없으니, 멸할 것도 없다. 상견과 단견을 떠난 중도 - 중관 - 중론으로 붓다의 가르침을 한 단계 높은 차원으로 승화시켰다(무생법인은 무아 - 연기 법리를 초월한 이론).

대승불교는 용수의 '중관 - 중도'를 따라 상견과 단견 두 견해는 진리가 아니니 중도를 택하여 이치와 사물을 바로 보라는 결론을 근본 교설로 삼고 있다. 용수의 '중도 깨침'을 대승불교의 가장 수승한 교리라고 믿는다(용수의 팔불중도 참고).

자각불교－월관 법당은 '진속중도와 이식중도'를 깨침의 요체로 삼는다. 불교의 진리를 깨침은 진제의 경계에서 얻고, 교설은 속제의 경계에서 가르친다. 그리고 이러한 두 개의 의식이 인간의 '생각－마음'을 구성하니, 즉 '본성의식＝생명의식＝유전자'와 '체감의식＝감수의식＝육식＝생각'이 몸과 마음을 움직이는 '체(體)'와 '용(用)'이니, 즉 유전자(DNA)는 체요, 의식(생각)은 용이다. 체와 용이 따로 둘이 아니니, 체용은 화합생멸의 중도적 화합을 이루어야 한다. 예를 들면, "하나님＝자연의 이치(말씀)는 진리－진제를 말함이요. 세계인(世界人)의 생활과 지구인(地球人)의 지혜는 분별과 논리인 것이다." 범부 중생의 삶에서는 깨침의 수행 생활을 해도, 진제와 속제를 오가는 '진속중도'의 삶을 살아야 한다. 하나의 진리를 미래 인류는 찾게 될 것이고, 그에 따르라 살게 될 것이다. －月觀自證－

자각불교－월관 법당은 수행자들이 먼저 불교의 근본진리(무아－연기)를 깨치고 나서, 현대불교의 '좋은 교설'을 공부하고, '덕행보시' 활동을 하도록 가르친다. 즉, 진리 깨침을 지도하는 법사는 상근기 수자들에게 화두와 같은 '짧은 문구'로 진리를 깨치도록 가르친다. 한편 일반불자들에게는 '강연식 설법(방편설)'으로 교리를 가르치는데, 중요한 설법요지는 외울 수 있도록 '합송'한다. 이는 생활 속에서 각자가 자각수행을 하도록 유도하기 위함이다.

불교의 근본진리(무아－연기)는 인류와 함께 만세불변(萬世不變)할 것이다. 그러나 불교의 교설－포교는 시대와 대상에 따라 끊임없이 진화해야 한다. 시대와 대상에 맞지 않는 교설과 포교를 계속하면 진정한 인류를 위한 종교가 될 수 없기 때문이다. －월관 합장－

불교는 석가세존이 세운 종교이지만, 석가세존 개인의 소유권(소유물)이 있는 것이 아니다. 세존 역시 열반경을 통해 그의 사상을 밝혔듯이, 후세의 불자들은 인간 세존을 훌륭한 성자로 존경하되, 그를 신격화시켜 불신(佛神)으로 모시고 신봉하는 것은 옳거나 바른 믿음이 아니라고 말했다.

불교를 믿는 신도는 석가세존을 상징하는 대웅전의 조각상을 보면서 붓다가 가르친 진리–교설을 진지하게 생각하고, 진리정법을 찾아서 자각덕행의 수행을 열심히 해야 바른 불교 신앙이다.(月觀自證)

팔정도의 실천행은 쾌락과 고행에 치우친 생활 태도를 버리고, 중도적 실행으로 지혜를 완성(깨침을 얻고)하고, 열반(苦가 없는 생활)을 증득하는 길이므로 '중도수행(중도적 삶)'이라 한다. 십이연기의 진리를 바르게 이해하기 위해서는 유견(有見)과 무견(無見), 고견(苦見)과 낙견(樂見), 생견(生見)과 멸견(滅見), 상견(常見)과 단견(斷見), 진견(眞見)과 속견(俗見)처럼 특정한 어느 하나에 치우친 견해에서 벗어나는 사상–생각으로 수행해야 한다. 이것이 중도수행이다. –대승불교–

십이연기설의 중도는 체득사상(體得思想)으로 '무아–연기'에서의 집착마저도 떠나는 것이다. 유식불교에서는 공가중(空假中)의 삼시교판을 수립하여 유식중도를 주장하고, 천태종에서는 모든 존재를 일면으로만 생각하는 공가(空假)를 초월한 절대적 본체를 중도라 주장한다. 중론은 팔부중도(八不中道)를, 원효대사는 일체법(우주만물)에 무애자재(無碍自在)한 이론으로 '일관중도(一貫中道)'를 설했다(모두가 대승불교의 중도사상을 표현한 것이다).

지관은 지와 관의 상반된 개념의 합성어이다. '지'수행은 모든 생각을 멈추고, 마음을 비워서 적정(寂靜＝고요)하게 만드는 것이니, '지'수행은 팔정도의 정정(正定＝Samathi) 수행법이다. 一心三昧－海印三昧－一行三昧 등으로 표현되고 있다(정념수행은 대상을 알아 챙김 하는 수행).

'관'수행(Vipassana)은 관찰－관념(觀念)이라는 뜻이다. 관념 또는 마음으로 생각하며 보는 것, 즉 알아 챙김을 뜻한다. 지혜－생각으로 객관의 대경(對境)을 비춰본다는 뜻이다. 천태종에서 말하는 '지(止)'는 마음을 집중(止, 멈추어)하고, '관'은 일념삼천(一念三千), 일심삼관(一心三觀)처럼 자기 마음의 본성을 관(보는)하는 것이므로 '관심(觀心)'이라고도 한다. 또한 '관'은 깨침의 경계에 통하는 길이므로 '관도(觀道)'라고도 한다.

남방불교의 수행법(Vipassana)은 마음의 움직임을 깨어 있는 의식으로 보고[觀], 오온이 무자성이며 우주만물의 자성이 무아(無我)임을 알아 챙기는 것을 '정념(身受心法)수행'이라 한다. 위빠사나 수행을 '관법(觀法)수행'이라고도 한다. 관법수행은 대승불교의 간화선(看話禪)수행보다 실행하기가 더 쉽고 깨침을 빨리 얻을 수 있다고 경험했다. －月觀自證－

근본불교에서 가르친 관식(觀息)수행법은 부처님이 아들 라훌라에게 직접 가르쳤던 쉬운 참선 수행법이다. 즉, 호흡(날숨과 들숨)을 1~10까지 숫자를 세면서 천천히 호흡하는 수행이다(아바수식 수행법).

자각불교 로고(logo)의 '사각－흑색'은 우주를 상징한다.

중앙의 원형을 채우고 있는 갈색은 지구의 땅을 상징한다.

녹색 육각형 연결은 인드라망의 생명 인연 화합을 상징한다.

월관 법당의 정법진리는 유물론적 바탕(존재)에서 깨친다.

우주－자연의 진리 깨침 수행의 기초는 우주적 진리다.

인간은 우주－자연에 있는 많은 중생의 일부임을 깨친다.

인간의 본성은 물질인 몸과 찰나적 생멸하는 마음이다.

월관 법당의 깨침은 물질에서 얻고, 수행은 중생제도다.

우주의 존재(물질생명) 본성은 동등, 동체대비심이로다.

우리의 우주는 무에서 생긴 물질이 팽창을 계속하고 있다.

우주의 전체 모양은 항상 바뀐다.

우주는 둥근가? 사각인가?

인간은 물질인 몸과 찰나 생멸인 마음으로 우주를 인식한다.

상근기 불자는 자각덕행 - 중생제도의 길이 있다.

진리를 깨쳐서 중생에게 법보시를 하고자 하면,

먼저 수행자가 붓다가 깨친 진리를 깨쳐야 한다.

진각전법사가 되어 생활불자들을 가르쳐야 한다.

생활불자들은 보살신행 - 자비화합의 길이 있다.

일반 불자들은 사찰과 법당을 드나들며 수행한다.

불교의 진리를 깨치는 것은 어려운 고행 길이다.

이웃들과 자비화합으로 살면서 보살신행이 좋다.

79. 자각불교의 5대 안근(眼根)

육안(肉眼): 이기심으로 현상을 보는 눈 – 닫힌 마음

심안(心眼): 진리를 깨치려 수행하는 눈 – 열린 마음

혜안(慧眼): 진리를 깨친 이의 눈 – 진속을 아는 마음

법안(法眼): 혜안을 넘은 정법으로 일체를 보는 마음

불안(佛眼): 진리를 깨치고, 중생을 자비로 보는 마음

육안 – 심안으로 자연과 인생의 현상을 보면 모두가 둘로 보인다.

혜안 – 법안으로 우주만물 – 세상만사를 보면

하나의 자성으로 보인다.

깨침의 완성을 이룬 불안으로 보면

자연과 중생을 자비로 본다.

80. 자각불교의 교리수행

월관 법당: 열린 법당의 생활불자가 배울 근본교리

인연법리, 인과법리, 연기생멸, 일체무아, 일체무상, 일체개고,

고집멸도, 신수심법, 진제속제, 우주윤회, 일신이식, 업장윤회,

자비수행, 해탈열반, 자각수행, 덕행보시, 붓다의 삶과 가르침,

기타 불교의 상식과 의식과 예절,

진각불교는 중선봉행(衆善奉行), 제악막작(諸惡莫作),

자각덕행(自覺德行), 시제불교(是諸佛敎)다.

진제에서는 우주만물 – 일체 존재가 모두 '중생'이다.

유정과 무정은 다르지 않다.

산과 들과 강이 다르지 않고,

사람과 동물과 식물이 다르지 않다.

존재의 본성은 같고, 다만 구성요소가 다를 뿐이다.

일체의 본성은 '무아 – 연기생멸'인 것이다.

속제에서는 생명을 가진 모두를 '중생'이라 한다.

동물과 식물과 미생물들이 모두 중생이다.

따라서 유정(有情)만이 중생이니,

이식(二識)이 존재의 주인이다.

이식은 생명의식(유전자식 – 業藏識)과 마음[六識]이다.

무정(無情)은 무아 – 무상일 뿐이다.

진리를 깨치고, 느끼고, 체험 – 체득 – 체화하는 데는

진제의 중생관으로 수행하는 것이 유리하다. – 월관자증 –

자각이제(自覺二諦)는 진제와 속제이다.

진리 깨침을 얻고자 하는 수행자는

자신이 진리를 깨치는 것이 목표이므로 진속이제와 인연법리를 함께 공부하고 수행해야 한다. 진리를 깨치는 수행은 진제에서,

포교와 덕행활동은 속제에서 해야 한다.

모든 가르침(교학)은 속제에 속하는 것이므로 세간적 표현(방편설)을 사용하여 인간의 감정과 이해를 시켜야 한다. −月觀自證−

83. 찰나 생(刹那生) ─ 찰나 멸(刹那滅)

[생각 ─ 마음 ─ 정신]

의역하여 염경(念頃: 한 생각을 일으키는 순간), 일념(一念)이라고도 한다. 말하자면 최소한의 시간 개념이다. 옛 사람들은 이 짧은 시간을 이렇게 표현하였다. 두 손가락을 한 번 튕기는 순간에 60번의 생각을 할 수 있다. 또 찰나는 두 손가락을 한 번 튕기는 순간에 60찰나가 지나간다. 모든 존재가 찰나에 생기기도 하고 없어지기도 하는데 계속적인 생멸현상을 '찰나생멸'이라 한다. 사물의 무성한 궁극적인 모습을 '일기(一期) 생멸'이라 표현하기도 한다. 진제불교의 사상에는 시간은 존재하지 않는다. 그러나 속제불교에서는 인간의 생활에서 역시 시간 개념이 도움과 편의를 제공한다.

84. 천상천하 유아독존(天上天下唯我獨尊)

삼계개고 아당안지(三界皆苦 我當安之)*(대승불교사상)

유교에서는 '유인최귀(唯人最貴)'라 하고, 불교에서는 '유아독존'이라고 표현하였다. 유교와 불교가 만난 중국에서 '유아독존'이란 용어로 번역된 것은 격의불교(중국불교)에서는 당연한 결과였다. 과연 이런 사상이 붓다 세존의 친설 표현일까?

(月觀은 자문자답해 왔다. 부처님은 많은 경전 속에서 전하는 그의 인품-품성으로 볼 때 이런 번역은 오역이라고 본다. 유아독존의 '아'는 '인간'을 의미한다.)

세상에서 사람이 가장 귀한 존재이다. ≪太子瑞應本起經≫에 나오는 "天上天下 唯我獨尊. 三界皆苦 我當安之(또는 吾當安之-何可樂者)"에서 유래된 말이다.

붓다가 죽은 뒤 약 400~500년경에 나온 불경으로, 수행자들이 붓다를 세상에서 가장 존경하는 인물로 표현한 설화적 표현으로 볼 수도 있다.(月觀自證)

붓다 세존의 탄생게(誕生偈)다. *인간의 존엄을 상징하는 불교적 표현으로 보는 이도 있다. *하늘 위, 하늘 아래 인간이 홀로 존귀한데, 하늘 위, 하늘 아래, 땅속이 모두 괴로움뿐이니. 아무리 찾아봐도 모두가 변하고 움직일 뿐이니, 무엇이 인간에게 즐거울 것이 있겠는가!

月觀은 붓다의 첫 깨침을 이렇게 노래하고 싶었다. "천상천하 유인독존 중생개고 아당안지(天上天下 唯人獨尊 衆生皆苦 我當安之)."

우주세상 만물 가운데 인간이 가장 존귀하건만, 생명을 가진 모두는 고생 속에서 살아야만 한다. 내가 진리를 바로 깨쳐서 모두 고생에서 벗어나게 하리라. *이 붓다의 첫 외침은 그의 서원(誓願)－발원(發願)이니, 왕자의 자리를 버리고 진리 깨침을 얻어서 인류에게 고생을 벗어나는 길을 가르쳐주었다.

해탈열반(解脫涅槃: 번뇌 망상을 벗어나면, 순수한 마음으로 돌아온다)은 무엇을 더 얻는 게 아니라 아무것도 없는 상태에 머물게 함이다. '아무 것도 없는 상태' 이것이 열반이요, 무고이며, 적정이다.

붓다는 마야 부인의 몸에서 태어날 때, 두 발이 먼저 땅에 떨어졌다. 이 사연을 훗날 글을 쓴 사람이 "붓다는 나자마자 좌우로 일곱 걸음을 걷고, '천상천하－유아독존……'을 외쳤다."고 쓴 것이다. 마야 부인은 난산으로 7일 뒤에 세상을 떠났다. 탄생게를 쓴 사람의 심정을 이해할 것 같다. 위대한 성자의 탄생을 최고의 말로 찬탄하고 싶었을 것이다. (月觀自證)

대승불교에서 세운 사찰에는 부처님을 모신 큰 사당인 대웅전(大雄殿)이 있다. 왜 큰 영웅이라고 했을까? 영웅은 인류역사에서 큰일을 성공한 사람을 말한다. 부처님은 무슨 큰일을 했는가? 부처가 되는 동안에 많은 마귀와 사탄을 물리쳤다는 것이다. 그리고 성스러운 가르침을 깨치고, 중생을 고통에서 구한 가르침을 실천했다는 것이 업적이기 때문에 '큰 영웅'이라는 칭호를 붙인 것이다. 누구도 이를 부인할 수 없다.

그러나 월관 법당은 다른 종교에서도 인류의 큰 스승들이 "인류 구원의 가르침과 실천의 삶을 설명할 때, 많은 마귀와 사탄의 유혹을 물리쳤다."고 하고 있으니, 똑같은 말로 부처님을 찬탄하기 싫다는 말이다. 왜? 부처님은 아란야 고행에서 무서운 고행을 하고 진리를 깨친 것은 사실이지만, 그의 일생을 통한 가르침(설법－법문)을 살펴볼 때

성품이 너무나 인자하고, 교설에서는 너무나 객관적이고, 진리적이고, 자기를 낮추고, 자신을 보통사람과 다르지 않다는 것을 말해주신 것을 생각해보면, 그냥 '대스승', 한문으로는 '대사(大師)님'으로 부르는 것이 좋을 듯하다.

불교가 역사적으로 진화하면서 생겨난 대승불교에서는 붓다를 인간 구제의 불신(佛神)으로 신앙하는 결과를 초래하고 말았다.

종교의 본질이 인류구원－구제라고 하지만, 인류 구제의 존재로서 부처님과 인류를 구원한 예수님이 무엇이 다른가? 과연 고타마 싯다르타－석가세존은 자신이 그렇게 추앙받기를 원했을까? 월관은 그렇게 생각할 수 없다. 남을 칭찬할 때, 좋은 말도 지나치면 오히려 보통 말보다 못할 수도 있다고 믿는다. －月觀自證－

(월관의 사주 운명론)

월관의 사주(四柱) 운명론으로 보면 하늘[天]은 태어난 시대-세태를, 땅[地]은 태어난 나라-지역을, 인간[人]은 사람으로 낳아준 부모님과 일생을 산 사람들은 모두가 하나다.

동(同)=연(緣)은 태어난 후에 맺어진 혈연관계, 학연관계, 고향으로 연결된 지연관계, 직업으로 연결된 직장관계, 기타 친구관계 등 삶의 동반자들과의 인연을 맺은 사람들을 통틀어 말한 것이다.

천지인이 어째서 하나인가? 우주에는 눈으로는 볼 수는 없지만, 존재(별-태양-지구-인간-많은 생명들)로서 '원자-원소'라는 것이 실제로는 있는 모든 것의 같은 내용(성분-질량)으로 있는 것이다.

우주 존재의 원소를 기준으로 우주만물을 보면, 모두를 하나인 진리로 보면, 같은 것이다. 이 말을 한문으로 줄여서 말한 것이 '천지인동(天地人同)'이다.

하늘과 땅과 인간과 모든 존재하는 것들이 하나의 진리에 의해 움직이고, 흐르고, 변하고, 생기고, 없어지고, 사라지는 일체 현상을 사람은 볼 수 있고, 느낄 수 있다. 그러므로 그 진리를 깨친 이는 세상만사를 볼 때, 겉으로만 보지 않고 존재현상의 본질(구성의 본질적 요소와 성질)로 보아서 '아! 모든 것은 하나이고, 같은 것이로구나!' 하는 결론을 얻는다.

인간의 운명론에서 살펴보면, 이러한 네 가지 기본 조건과 환경이 인간 운명에 기본적인 영향을 준다는 논리이다.

누구나 자신의 운명을 스스로 점쳐보면, 자신의 과거를 알 수 있고, 미래에 닥쳐올 것을 예측할 수 있을 것이다.

천지인(天地人) 기운(氣運)의 생동(生動)하는 흐름의 진리는 올라가면 내려오고, 내려오면 올라간다. 이 기운의 흐름과 같이 우주만물－세상만사의 생동현상도 똑같다.(주식시장의 흐름도 이와 같으니, 돈을 버는 기술도 이와 같다.)

탐욕은 탐내고, 갖고 싶은 생명(체)의 본성인 이기심을 말한다. 생명체의 탐욕에는 여섯 가지 근본적인 욕망이 있다.

(1) 성감욕(性感慾) — 자손 번식에 대한 욕망이고, 자신의 육체에서 본능적으로 생멸(生滅)하는 성욕을 말한다.

(2) 명예욕(名譽慾) — 함께 살고 있는 무리 속에서 자신의 우월함을 과시하고, 자신을 강한 존재로 인정받고 싶은 욕심을 말한다.

(3) 재물욕(財物慾) — 물질적 욕망이니, 남들보다 더 많이 갖고 싶어 하는 욕망을 말한다.

(4) 수면욕(睡眠慾) — 피곤하면 쉬고 싶고, 잠을 자고 싶은 욕망이다.

(5) 식음욕(食飮慾) — 입맛에 맞는 음식을 먹고 싶어 하는 욕망이다.

(6) 희사욕(喜捨慾) — 남에게 주고 싶고, 베풀고 싶고, 기쁨과 즐거움을 함께 나누고 싶은 욕망과 똥과 오줌, 가래와 침 등 더러운 것들을 몸 밖으로 버리고 싶은 욕망을 말한다.

정법 수행자는 인간이 갖고 있는 여섯 가지 욕망을 자제하는 생활을 통해 함께 살고 있는 사람들과 나눔과 화합의 삶으로 존경과 신망을 받도록 해야 한다. 즉, 탐진치 삼독을 자제하는 것이 바로 자기 수행이고, 덧붙여 붓다가 중생제도를 위해 깨친 진리와 가르친 교설을 배우고 익혀서 무명 중생을 지도하는 것이 수행자의 바른 삶이다.

팔정도는 ≪아함경≫ 초기수행의 37조도품의 마지막에 나오는 수행의 구체적인 내용이다. 불자들의 수행을 돕는 내용이기 때문에 조도품 중에서도 오랜 세월 인기가 높은 것이다. 그러나 현대불교에서 해석을 너무 강조하여, '사성제(四聖諦)의 괴로움을 소멸하는 길[道諦]'이라고 해설한 것은 월관이 보기에는 좀 지나쳤다고 생각한다. 37조도품 자체가 붓다의 친설 수행법이 아니라, 아비달마 불교에서 만든 수행법이기 때문이다. 팔정도의 내용, 즉 바른 견해[正見], 바른 생각[正思惟], 바른 말[正語], 바른 행위[正業], 바른 생활[正命], 바른 노력[正精進], 바른 알아 챙김[正念], 바른 정신 집중[正定]이다.

이 여덟 가지 바른 수행의 길을 따라 생활하면 괴로움에서 해탈할 수 있다고 한다.

근본불교의 사성제(苦集滅道)의 도제(道諦)를 풀이한 것이 팔정도는 아니다. 도제의 풀이는 진제(眞諦)의 연기생멸법으로 풀이해야 한다. 즉, 고고(苦苦)는 모든 생명들이 살면 자연히 생기는 것이다. 고고가 고집(苦集)이 되는 것은 연기법(인연법)에 의해 생긴다. 그러므로 불자(수행자)는 수행을 통해서 멸고(滅苦)를 해야 한다. 고집이 연기법에서 생긴 것이므로 고고는 실체가 없다. 가상적이고 일시적인 현상일 뿐이다. 그러므로 당연히 인연이 바뀌면 사라진다. 이것이 멸고의 과정이다. 수행은 팔정도의 정견과 정념의 과정이다. 팔정도의 여덟 가지 수행도를 이렇게 이해하고, 수행을 실행해야 한다. -月觀合掌-

불자들의 인격수행과 사회생활의 바른 길, 불교수행의 중요한 수행이론으로 아비달마 불교 이후에 지은 것이다(37조도품의 마지막 道行).

'正見−正語−正思'는 인격수신(人格修身)을 바르게 하라는 가르침이다. '正業−正命−正進'은 사회생활(社會生活)을 바르게 하라는 가르침이다. '正念−正定'은 사념처(四念處: 깨침을 챙기고 지관[止觀])수행을 하라는 가르침이다.

1) 정견은 '바른 견해'다. 붓다가 설한 연기와 사제에 관한 지혜다. 정견이 되지 못하는 것은 십이연기와 사성제를 모르는 무명(無明)이 중생의 마음에 있기 때문이다.

경전에는 또 "비구들아, 무엇이 정견인가? 그것은 괴로움, 괴로움의 원인, 괴로움의 소멸, 괴로움의 소멸에 이르는 길에 대한 지혜이다." 라고 설하고 있다.

2) 정사유는 '바른 생각'이다. 경전에는, "비구들아, 무엇이 정사유인가? 그것은 번뇌에서 벗어난 생각, 노여움이 없는 생각, 해를 끼치지 않는 생각이다."라고 설하고 있다.

3) 정어는 '바른 말(＋글)'이다. 거짓말, 남을 헐뜯는 말, 거친 말, 쓸데없는 잡담을 하지 않는 것이다. 경전에는, "인간의 입 속에는 도끼가 자라고 있어, 어리석은 자들은 나쁜 말을 입 밖에 내뱉어 도끼로 자신을 자른다. 무익한 천 마디 말보다도 들어서 마음이 가라앉는 유익한 한마디 말이 낫다."라고 설하고 있다.

4) 정업은 '바른 행위(생활＝활동)'다. 살생이나 도둑질 등 문란한 행위를 하지 않는 것을 말한다. 경전에는, "살생을 하고, 거짓말을 하고, 주지도 않는 것을 취하고, 남의 아내를 범하고, 술에 빠진 사람은 자신의 뿌리를 파헤치는 자이다."라고 설하고 있다.

5) 정명은 '바른 생활(직업)'이다. 정당한 방법으로 적당한 의식주를 구하는 생활이다. 바른 생활은 지나치지 않는 생활이다. 올바른 생활

이다. 나쁜 일을 스스로 하지 않는 생활이다. 정직한 생활이다.

6) 정정진은 '바른 노력(勤勉)'이다. 이는 사정근(四正勤)을 행하는 것이다. 사정근이란 네 가지 바른 노력이라는 뜻이다. 즉, 이미 생긴 악은 없애려고 노력하고, 아직 생기지 않은 악은 미리 방지하고, 이미 생긴 선은 더욱 자라게 하고, 아직 생기지 않은 선은 생기도록 노력하는 것이다. 경전에는, "막고, 버리고, 증가시키고, 유지하는 것. 이것이 붓다가 가르친 사정근이다. 이를 닦는 비구는 괴로움의 소멸에 이른다."라고 설하고 있다.

7) 정념은 '바른 기억(Sati-알아 챙김)'이다. 사념처(四念處), 즉 신체는 깨끗하지 못하며, 감각은 괴로움이며, 마음은 항상 변하며, 모든 현상에는 불변하는 실체가 없다는 관찰을 떠올리는 위빠사나(Vipassana) 수행법이다.

8) 정정은 '바르게 마음을 집중하는 것'이다. 즉, 삼매(三昧)다. 명상에는 사마디(Samadhi), 즉 삼매수행이다. 사마디(Samadhi)는 마음을 집중, 통일시키는 수행이고, 위빠사나는 관찰하는 수행이다. 마음을 집중시키는 사마디는 마음을 가라앉히는 기능을 한다. 마음의 통일은 다른 모든 대상을 배제하고, 한 가지 대상에 마음을 집중시킴으로써 이루어진다.

위빠사나(Vipassana)는 접두어(Vi=특별한, 다른)와 파샤티(Pasyati =보다)가 합성, 파생된 것으로 '특별한 방식으로 본다'는 뜻이다.

이것은 일상적·피상적으로 보는 것이 아니라 사물을 있는 그대로, 일어나는 그대로 보는 것이다. 마음의 창을 통한 관찰이다.

수행자가 마음을 깨끗이 비우고, 사물을 있는 그대로 보는 것은 마음의 바른 관찰과 함께 마음의 고요한 집중 상태에서 가능하다. 수행자는 이 관찰과 집중 두 가지가 균형을 이루도록 함으로써 참선을 완성으로 이끈다. 집중에 의한 고요함은 그 자체가 목적이 아니라 관찰을 얻기 위한 수단이다. 다시 말하면, 팔정도의 첫 번째 요소인 정견을 얻기 위한 수단이다. 올바른 집중은 목적을 위한 수단이기는 하지만, 정견을 얻기 위한 수단이기 때문에 팔정도에서 중요하다.

범어로는 Vimoksa이며, 따라서 '비목차(毘木叉)'라고도 한다. 번뇌의 사슬에서 벗어났다는 의미다. 즉, 번뇌의 사슬에서 벗어나 자유자재를 얻어, 미혹의 세계를 넘었다는 뜻.

대반열반경에서는 열반을 '해탈'이라 한다. 참다운 해탈은 일체의 사슬에서 멀리 벗어남을 말한다. 만일 참으로 해탈해서 일체의 사슬을 멀리 벗어나면 태어남은 없다. 즉, 부모가 화합(합궁)하지 않으면 자식은 태어나지 않는다. 참된 해탈은 이러하므로 해탈을 불생(不生)이라도 한다.

번뇌와 망상을 떨쳐버리면 괴로움에서 벗어난 '無苦無樂－不苦不樂'에 이른다. 열반이란 괴로움도 즐거움도 없는 순수한 마음의 상태를 말한다. *대승불교에서 죽음을 열반이라고 함은 '순수한 본래의 마음상태로 돌아간다.'는 뜻이다. *붓다가 어릴 때, 사문유관(四門遊觀)을 통해 깨쳐 '중생의 고통과 슬픔을 없도록 해야겠다.'는 큰 원을 세웠는데, 깨침을 얻고 나서 제일 먼저 중생들에게 '사성제－苦集滅道'를 가르쳤다.

수행[身受心法]을 통해 붓다는 항상 '사선정(四禪定)', 즉 법계(외부세계)를 떠난 고요한 마음에 머물고 나서 중생에게 법문을 설했던 것으로 경전들은 전하고 있다.

일선정(一禪定: 신선정[身禪定]－몸속의 움직임을 알아 챙기는 선정
이선정(二禪定: 수선정[受禪定]－밖에서 오는것을 알아 챙기는 선정
삼선정(三禪定: 심선정[心禪定]－마음의 움직임을 알아 챙기는 선정
사선정(四禪定: 법선정[法禪定]－외부의 움직임을 알아 챙기는 선정

"모든 認知(알아 챙김) 대상은 '無自性'이므로 실존적인 것은 아무 것도 없다."를 깨치고 오직 나 자신의 '의식'만 느낄 뿐이다. 無心－空心－無意識＝涅槃 상태이다. －月觀自證－ 해석)

89. 훈습(薰習) - 체득(體得) - 체화(體化)

(지혜: 유전자에 체화된 내 것)

남방불교에서도 경량부에서는 물질[色]과 마음[心]이 서로 훈습해 합한다고 해서 '색심호 훈습설(色心互 薰習說)'을 주장한다.

그러나 완성된 훈습설은 대승의 유식파(唯識派)에서 수립하였다. 훈습을 시키는 것은 '지금의 행위'이고, 훈습을 받는 소훈법(所熏法)은 마음이다.

마음 위에 훈습되어 남아 있는 습성, 습관, 습기, 관행 등을 '종자(種子-유전자)'라 부른다.(유식사상)

현대어로 표현하면, 한 특정인의 반복되는 행위는 그 당사자에게 필요한 것으로 받아들여지고, 이것은 생존의 습행(習行＝體化＝業藏化된 지혜)이 되어 유전자(DNA 세포)에 저장된다. 인간의 운명도 이와 같이 반복된 행위로 인하여 본성을 변화시켜 저장하므로 타고난 본성이 개조-진화된다는 말이다. 이것이 본성의 변형 또는 새로운 본성의 일부로 생겨나는 것이다.

훈습은 붓다의 친설법문에서도 강조되었다. 붓다와 같이 살면, 붓다의 생활습성을 자연히 따라하게 되고, 수행자들도 그런 습성을 갖게 되었기 때문이다. 가섭존자와 사리불 존자가 2년 동안 함께 살면서 붓다가 깨쳤던 진리를 스스로 깨치게 되었다는 말이다. -月觀合掌-

90. 회향(迴向)

회향(迴向)이란 회전취향(廻轉趣向)을 의미한다.

자신이 닦은 공덕과 일생에 받은 은혜에 대해 우주자연과 모든 중생에게 돌려준다는 것을 뜻한다.

끝을 맺는다는 뜻으로 사용되고 있지만, 모든 일의 끝이란, 곧 다른 사람들을 위한 자신의 노력의 시작임을 알리는 것과 같은 의미다.

영어에서 학교를 졸업한다는 말을 'commencement(시작)'라고 표현한 것은 이 회향의 뜻과 일치한다.

인생을 마무리하는 망팔인생들은 회향을 잘해야 한다.

노인의 임무(할 일)와 역할(할 수 있는 일)에 대해 일생 동안 받은 모든 것에 대한 '회향-되갚음'을 해야 한다.

불교는 중생들에게 돌려주는 대상을 보리(자비지혜)로 본다.

내가 진리를 깨쳤으면, 그 깨침을 다른 중생들에게 가르쳐서 되돌려주는 것이 보살의 사명이란 뜻이다.

자신의 깨침을 보여주는 [보리회향'과 남을 이롭게 하는 '중생회향'이 있다.

보리회향은 깨침을 이룬 후 법향을 베푸는 것이다.

중생회향은 깨침을 이룬 후 덕행을 베푸는 것이다.

불교의 모든 수련회가 회향식(迴向式)으로 끝을 맺는 것은 회향의 습관화 또는 일상화를 강조하고자 함이다.

-월관 합장-

제2편

깨침에 접근하는 가르침

1. 부처님은 무엇을 깨쳤고 가르쳤나?

부처님은 자연과학자, 평화주의자, 종교사상가로 평가받을 수 있는 인류 역사의 대스승이며, 성자이시다. 불교는 깨침의 종교라고 한다. 불교에서 깨침의 대상은 일반적으로 '진리에 대한 깨침'이다. 그러면 어떤 진리에 대한 깨침인가? 부처님이 무엇을 깨쳐서 부처가 되었는지를 확실히 알아야 한다. 학자들은 주로 '무아-연기'를 깨쳤다고 말한다. 어떤 학자들은 '사성제'를 깨쳤다고 하는 경우도 있다. 그리고 어떤 이는 '중도'를 깨침의 핵심이라고도 한다.

진각불교는 부처님이 깨친 진리는 '무아-연기'의 근본진리인 '인연법'이라고 본다. 이를 바탕으로 우주만물과 세상만사와 중생제도를 바라본 시발점에서 '사성제'라는 교설을 첫 법문으로 삼아 다섯 비구들을 깨치게 하였다. 즉, 부처님의 깨침은 유물관념의 우주 존재론의 진리를 깨친 것이고, 자연의 진리를 바탕으로 중생을 고해(苦海)에서 구하는 고온(苦蘊) 멸도(滅道)를 위해 유식관념의 인식론의 진리를 바탕으로 사성제의 교리를 가르쳤으니, 종합해보면 '연기법리-중생제도'가 근본불교의 핵심 진리이며 근본사상이다.

우주의 모든 것은 '무자성'이다. 그러므로 생멸의 변화를 할 수 있는 길은 '연기생멸법'을 따라 끊임없이 우주자연은 무시무종으로 윤회(변화)를 한다.(우주에는 아무것도 영원히 존재하는 것은 없다. 오직 존재하는 현상은 연기법리에 따라 스스로, 자연적으로 인연 화합하여 생겨나고, 인연 괴멸하여 자연히 스스로 사라지고 없어진다. 자각 수행자는 존재론을 이렇게 이해하고, 다른 말(방편설＝거짓말)에 흔들리지 않도록 확고한 우주관-자연관을 가져야 한다.

부처님이 어린 시절에는 먹이사슬이나 병들고, 늙고, 죽는 모습에서 인생은 괴로움의 총체라는 깨침을 체득하였고, 본격적으로 수행하면서는 '인생의 괴로움을 어떻게 풀 수 있을까?' 하는 해법을 생각한 결과 연기의 법리를 깨쳐서 열반의 경지에 이르는 길을 스스로 깨치고, 가르쳤던 것이다.

중생제도의 큰 진리를 널리 포교하기 위해서 가능한 모든 방편설(方便說)을 활용하려고 노력했을 것이다.

그러나 2500년이 지난 지금에 이르러 "붓다가 최초에 깨친 사상적 교리의 핵심과 가르침이 무엇이냐?" 하는 질문 앞에, 제법무아(諸法無我), 제행무상(諸行無常), 일체개고(一切皆苦), 해탈열반(解脫涅槃), 연기법리(緣起法理), 십이연기(十二緣起), 오온무아(五蘊無我), 사성제(四聖諦), 사념처(四念處), 인과응보(因果應報), 자비수행(慈悲修行), 자업자득(自業自得), 업장윤회(業藏輪廻)등이 '근본교리'라 볼 수 있다.

붓다가 대각을 이룬 이후 45년 동안 많은 설법을 했던 것은 역사적 사실이다. 설법 현장은 언제나 그러했듯이 근본사상과 교리가 있었고, 참석자들을 설득시키려는 방편(설)이 있기 마련이었다.

21세기를 살고 있는 우리는 여기서 붓다가 재세 시(在世時)에 남긴 언설의 흔적을 살피며, 그가 가졌던 근본사상과 교리의 핵(가르침의 요체)은 무엇이고, 방편설로 활용한 것은 무엇인가를 찾으려고 한다.

월관 법당에서는, 붓다가 깨친 교리의 핵심 중의 핵심은 '무아(無我)－연기(緣起)'라고 본다. 업사상과 생명윤회－십이연기설－삼세인과설 사상은 불교를 포교하는 데 도움이 된 '방편설'이었고, 불자들의 이해를 돕고 윤리적·도덕적 생활을 강조하는 데 쓰인 방편설이다.

부처님은 여러 차례 윤회에 대한 사문(沙門＝수행자)들의 질문을 받고 곤욕스러운 답변을 했던 것을 엿볼 수 있다. 윤회사상은 브라흐만교에 있었던 보편화된 교리이므로 직언으로 윤회설을 부정하기에는 부담스러운 과제였으므로 당시의 사람들을 선도(善導)하는 방편설로서 '업과 윤회사상'은 모든 종교가들도 인용했을 것으로 추측된다. *

브라흐만교의 윤회는 육도윤회도 아니었고, 사종성 계급의 윤회(카스트제도), 즉 사제(司祭) 계급의 자손은 사제로 태어나고, 왕족과 제후(諸侯)들은 왕족-제후의 후손으로, 평민은 평민으로, 노예는 노예로 다시 태어난다는 윤회설이다.

불교는 자업자득(自業自得), 자리이타(自利利他), 자각덕행(自覺德行)의 종교다. 즉, 불교는 수행자가 스스로 진리를 깨치고(진제불교-자연중심 종교), 중생을 고생에서 떠난 생활로 인도하는(속제불교-인간중심 종교) 것이다.

근본불교의 흔적을 살펴보면 불자가 수행해야 할 것 중에 첫째, 남을 돕자는 보시활동(布施論)이고, 둘째, 계율에 따라 착한 일을 하고, 악행을 피하는 자기수행(持戒論), 셋째, 현실적 고난을 참고, 죽은 뒤의 명복까지 바라는 운명개척에 최선을 다하는 생천론(生天論)도 있었다.

이러한 초기 근본불교의 모습을 살펴보면, 브라흐만교를 바탕으로 하여 새로운 종교운동으로 불교가 씨를 뿌리고 성장 발전했음을 알게 한다.(붓다의 깨침에 대한 살핌은 모든 불자들이 진지하게 탐구해야하는 과제이다.) -月觀自證-

깨침은 지적 기능 자체가 깨어지고 변하는 상태다.

깨침은 우뇌와 가슴으로 받는 충격−감동의 느낌이다.

깨침은 체험−체득−체화를 거쳐 유전자에 저장된다.

유전자에 저장되면, 생명의식의 일부로서 활동한다.

진리를 깨치면, 유전자가 진리를 따라 활동하게 된다.

이런 깨침을 불교수행에서는 '돈오돈수'라고 한다.

깨침의 과정은 예술−운동에서 얻는 느낌과 유사하다.

깨침을 말로 알리기는 어렵지만, 얻는 것이 분명하다.

진리 깨침을 전수하는 기법으로는 줄탁동시수행이 좋다.

깨달음은 지적 세계에서 몰랐던 것을 알게 된다.

지적 능력은 좌뇌의 기능으로 감수의식을 저장한다.

깨달음은 좌뇌에 기억으로 저장되어 활용하게 된다.

좌뇌에 저장된 기억은 체세포기능을 하지 않는다.

좌뇌 기능은 생각하는 자료를 제공하는 역할을 한다.

깨달음은 지식의 축적이므로 수행행위와는 무관하다.

깨침과 깨달음의 해석은 성철 스님이 박성배에게 주었다.

진각불교−월관 법당도 이 깨침의 해석을 따르게 됐다.

진각불교는 깨침과 깨달음을 구별해서 쓴다. −月觀自證−

개심득도(開心得道)−득도개심(得道開心)

마음을 열면 도를 깨치고, 깨치면 마음이 열린다.

열린 마음은 깨침의 입문이니 마음의 문을 열자.

열린 마음을 확인하는 법은 남을 먼저 생각함이다.

열린 마음을 가지면 긍정적으로 생각할 수 있다.
마음의 문이 열려 있어야 마음을 비울 수 있다.
수자는 자기 마음이 열려 있는지를 확인해야 한다.

수행자는 아래와 같은 생각을 하면서 수행한다.

하늘의 구름을 보고, 내가 그 구름인 줄 아는 마음
자연의 산을 보는 순간, 내가 산과 풀이 되는 마음
강물을 보는 순간, 내가 강의 물이 되는 마음
들꽃을 보는 순간, 내가 들꽃인 줄 아는 마음
앞에 있는 사람을 보고, 내가 그 사람이 되는 마음
거지를 보는 순간, 내가 그 거지가 되는 마음
축구선수가 공을 차는 순간, 내가 공을 차는 마음
악장이 지휘하는 것을 보면서, 내가 지휘하는 마음
무용수가 몸의 흔드는 것을 보면서, 내 몸을 흔드는 마음

불교는 깨침의 종교다. 불교의 깨침은 '진리 깨침'이다. 어떤 진리를 깨치는가? 여기에 대해서는 여러 가지 견해가 있다. 부처님이 무엇을 깨쳐서 부처가 되었는지를 확실히 알아야 한다. 붓다가 깨친 진리를 모르면, 수행자는 '진짜 깨침'을 얻을 길을 모른다. 첫째, 붓다는 '무아 무상–인연법리'를 깨쳤다. 우주만물의 생멸근거가 되는 진리가 '인연법'이다. 둘째, 붓다는 인간을 고생에서 구제하는 길을 깨쳤다. 즉, '사성제(고집멸도 이론교설)'와 '해탈열반'에 이르는 신수심법 사념처수행법(수행의 실행법)을 깨치고 가르쳤다.

대승불교(개조[開祖]는 용수보살)는 '중도(中道)'를 깨친 제2의 붓다인용수보살의 깨침에서 시작한다. 월관은 대승불교의 교리이론을 진화–체계화한 용수보살의 핵심사상이 '중도'라고 믿는다. 석가세존

은 깨침을 얻고 나서 다섯 비구들에게 '고락중도(苦樂中道: 고통과 쾌락은 깨침에 도움이 되지 않는다.)'를 말했을 뿐, 중도가 불교의 핵심이라고 말하지 않았다.)

부처님은 인생고해에서 무명 중생을 제도하고 싶은 발원을 13세에 하였다. 어릴 때 발원한 '사문유관(四門遊觀)'에서 얻은 결심(발원)은 6년 동안 아란야 수행에서 우주자연의 존재(有無 사상)와 인간만사가 생기고 없어지는 근본진리인 '인연법―연기법'을 깨쳤고, '십이연기(十二緣起)'를 유전문과 환멸문으로 풀이하여 인생의 근본고(根本苦)가 왜, 어디에서 일어났다는 것을 확실히 깨치게 되었다. 우주 자연의 본성은 '무아무상'임을 깨치고, 인간의 심신(心身)도 '오온무아(五蘊無我)'라고 가르쳤다. 또한 '일체개고(一切皆苦)'에서 해탈열반을 얻는 길(사성제 이론과 사념처 수행법)을 가르쳤다. 그러므로 부처님의 가르침[敎說]의 핵심은 '사성제―고집멸도(苦集滅道)'이니, 즉 '중생제도(衆生濟度)'라고 볼 수 있다. 불교의 '인연법―연기법'은 근본진리이므로 사성제를 비롯한 모든 수행법은 교학적 설법이다.

불교교리에서 '일체(一切)'란 우주의 모든 것을 뜻하며, '무아'란 우주의 모든 대상(存在)은 무자성이므로 연기적 인연에 의해서만 생겨나고, 있다가 없어진다는 것이다. 부처님은 어린 시절에 자연 생물들의 약육강식―먹이사슬, 인간의 병들고, 늙고, 죽는 모습을 보면서, 인생은 괴로움의 총체라는 깨침을 스스로 얻었다. 본격적으로 출가수행을 하면서 '인생의 괴로움을 어떻게 풀 수 있을까?' 하는 해법을 생각한 결과 연기의 법리를 깨치고, 활용해서 해탈열반의 경지에 이르는 길을 찾아서 몸소 수행했던 것이다.

깨침의 정의: 수행자가 진리를 깨치기 위해서는 (1) 붓다가 깨친 '삼법인―인연법'을 깨쳐야 한다.(2) 깨침은 말과 글로 '무아법―인연

법'을 이해－해오해도 깨쳤다고 하지 않는다. 즉, 깨침은 온몸(우뇌와 심장)을 통해 감동(충격)으로 체득－체화를 이루어야 하기 때문이다. 체득은 단순한 경험(알아 챙김)만으로는 부족하다. 가슴 깊이 느끼는 감동의 충격을 받고, 잊을 수 없는 몸부림을 통해 유전자(DNA 세포에 저장)의 새싹이 생겨나야 체화(體化)가 끝이 난다. 깨침 유전자가 수행자의 몸의 일부(세포)가 되는 것이다. 체화라는 말은 생각과 몸으로 습관화(훈습)되었다는 말과 같다. 육식(六識)은 체감의식이다. 육식으로 '깨침'이 체득되고, 본능의식－무의식(無意識)－업식(業識)－업장(業藏)－제8 아뢰야식)이 DNA 세포에 저장되면 깨침은 완성된다. 여기까지 와야 깨침의 체화(體化)이다.

진리 깨침이 몸과 생각으로 습관화되면 어떤 말과 행동을 할 때, 특별히 생각을 지어 먹고 행동하지 않아도 자연스럽게, 능동적으로 진리에 따라 행하게 된다는 말이다.

예를 들어 즐거워하는 사람을 만나면 같이 즐거워하고, 슬픈 사람을 만나면 함께 슬퍼하며, 불쌍한 사람을 만나면 내 것을 아낌없이 줄수 있다. 이런 생각과 행동은 일부러 생각을 지어먹고, 행동하는 것과는 전혀 다른 차원의 행위가 일어나고 없어지는 삶을 살아가는 것이 깨친 이의 삶이다. －月觀自證－

자각불교의 깨침의 대상은 '무아법－인연법－인과법'들이다.
붓다가 깨친 진리가 모두 이 세 가지 법 속에 다 들어 있다.
무아법(無我法)은 우주 일체 존재의 근원적 자성(自性)이다.
연기생멸법은 우주 일체를 유지－관리하는 유일한 진리이다.

*인연법(因緣法)은 우주자연의 유물론적(唯物論的)

존재론의 본성(本性)이다.
*인과법(因果法)은 세상만사의 유식론적(唯識論的)
인식론의 본질(本質)이다.
*오온무아(五蘊無我), 십이연기(十二緣起)는 '인연법'으로
설한 교설(教說)이다.
*사성제(四聖諦)와 사념처(四念處) 수행은 '인과법'으로
설한 교설(教說)이다.
*인과응보(因果應報), 자업자득(自業自得)은 '인과법'으로
본 교설(教說)이다.
*깨침을 얻은 수행자(근본불교)는 생멸사제(生滅四諦)를
속제 진리로 본다.
*깨달음을 얻은 수행자(대승불교)는 무생사제(無生四諦)를
불교진리로 본다.

*

우주에 하나밖에 없는 '진리'를 깨친다.
인간 역사에 나온 이 진리의 별명들은 이렇다.
천주님, 하나님, 하느님, 천신, 조물주, 범천(梵天-Brahman),
옥황상제, 제석천왕(도리천왕), 주님 등.

진리 깨침의 3단계는 체험-체득-체화다.
체험단계는 감동, 체득단계는 자증, 체화단계는 훈습.
진리의 존재성은 자연-우주에 있다고 믿는 객관적인
이치-도리-원리-원칙-법칙이다.
무엇이 진리 깨침 수행의 화두인가?
인연인과-연기생멸=제법무아-제행무상
고집멸도-신수심법=일체개고-해탈열반
깨침 수행자는
불교수행의 기초지식을 바탕으로
깨침 3단계 수행을 용맹정진하면

모두 불교의 깨침을 이룰 수 있다.

<月觀自證>

붓다는 우주자연의 진리를 '인연법 – 연기법'으로 깨쳤고, 인간의 생활은 '인과법'으로 가르쳤다.

그러나 근본불교는 아비달마 불교시대(영혼사상 수용)를 거치고, 대승불교(중국불교)로 진화 – 발전하였으니, 지금의 현대불교에서 보면 근본진리는 유물사관에서 얻고, 인간수행(생활)은 유식사상으로 가르치는 결과가 되었으니, 불교의 교설은 양대사관(兩大史觀)의 화합중도(和合中道)로 중생을 제도하는 종교가 된 것이다.

붓다의 불교 창시는 시대적 요구와 상황에서 생겨났고, 개혁의 대상을 극복하고 새로운 종교로 중생제도를 위한 시대적 산물이라고 볼 수 있다. 붓다의 깨침이 진화하여 우주 법계가 '중도공상(中道空相) – 진공묘유(眞空妙有)'로 나타난 것이 대승불교의 시작이며, 완성이다.

내가 깨침(체득 – 체화)을 이루어도 그 자체는 중요하지 않다. 내가 깨친 진리를 남에게 가르쳐서 남을 깨치게 할 때, 비로소 내가 깨친 진리(깨침 수행법)가 인정되고, 깨침의 진가가 빛을 보게 되는 것이다.(月觀自證)

붓다의 깨침도 1년 동안 제자 60명을 깨치게 한 것이 백일하에 들어나 '전도선언'을 하게 되었고, 제자들은 무소의 뿔처럼 혼자서 사방팔방으로 가서 포교하게 되었다.

진각불교의 깨침은 수행자가 기초수행을 닦으면 본성적으로 충동 – 감동을 얻는다.

깨침이란 수행자의 감성(우뇌작용)이 극한 상황에서 받는 찰나적 충격과 감동이다.

백척간두진일보(百尺竿頭進一步: 진리에 대한 사전 공부)가 바탕이 되고, 진리에 대한 의문─화두를 간절히 품고 수행해 나가면 어느 순간(찰나)에 진리를 체득─체화─DNA 세포화하게 된다.(돈오돈수가 이루어지는 순간이다.)

깨침은 우뇌와 가슴으로 받은 충격을 알아 챙긴 신심(信心)이다.
깨침은 붓다가 스스로 깨친 무아─연기생멸법의 직관(直觀)이다.
깨침은 오온무아─십이연기─고집멸도─신수심법의 총관(總觀)이다.
깨침은 우뇌의 활동으로 받아들인, 충격의 체험─체득(體得)이다.
깨침은 제법무아─연기생멸─일체개고─해탈열반의 체화(體化)다.

깨달음은 붓다의 교설을 진리로 알아 챙긴 이해─해득(解得)이다.
깨달음은 좌뇌로 인식하고 받아들인 지식의 기억─저장(貯藏)이다.
깨달음은 붓다가 가르친 교학과 사상의 깊은 연구─탐득(探得)이다.

돈오돈수는 진리를 깨쳐서 유전자(DNA) 세포에
저장한 지혜다.
돈오돈수는 진리의 찰나 체득, 찰나 체화로,
돈오는 평생 간직된다.
돈오점수는 깨달음을 얻는 해득이나 지식이니,
정진이 더 필요하다.
돈오점수는 깨달음이 좌뇌에 저장되어 지식으로
기억되고 활용된다.

자각불교는 깨침과 깨달음을 위와 같이 정의(定意)하여 사용한다. 깨침과 깨달음에 대한 의미를 살펴봤다. 깨침이란, 붓나가 인연법(우주존재론)을 활용하여 삼법인(제법무아, 제행무상, 일체개고)을 해석하는 지혜를 깨친 것이 불교의 시초이며, 이 교리 용어들이 불교의 핵심이 되었다. 따라서 불자는 붓다와 같이 인연법-인과법-삼법인-사성제-사념처 등 근본진리-교리를 이해하고 깨치는 수행을 제일 먼저 해야 한다.

불교의 참선 수행에서 깨침은 수행자가 혼자서 진리를 깨치는 것이다. 스승이 진리를 말이나 글로 가르쳐주어서 알아 차렸거나 깨쳤다면 이는 깨달은[解得] 것이지, 깨침-체득(體得)을 이룬 것이 아니다.

수행자가 혼자서 수행 중에 가슴(감정)에 충격을 느끼고 이것이 진리라고 깨쳤다면, 그 수행자는 마음속에 생각하는 구조(유전자-DNA 세포)에 변화를 일으키고, 한 진리라는 지혜를 자신의 지혜(DNA 세포의 증가-진화)에 합치게 되어, 그 깨친 지혜는 자신의 것(세포화)이 된 것이다.

그러므로 '돈오돈수'라는 이론이 성립되는 것이다. 즉, 하나의 깨침은 한 번에 자기 것이 되어 평생 몸속에 저장되어 그 깨침의 지혜가 일상에 작용하게 된다.

깨침[頓悟頓修]은 상근기 수행자에게 일어날 가능성이 크다. 하근기 중생에게는 생기기가 어렵다고 본다.(月觀自證)

인간은 생물학적으로 동등하다. 인간의 인격과 본성은 동등하지만 유전자(타고난 재능-성질)는 똑같지 않기 때문에 66억 세계 인간은 생김새도 다르고, 성격도 다르고, 재능도 다르다. 아래의 사례를 살피면 쉽게 알 수 있다. 달마대사가 중국에 와서 선불교를 뿌리 내리고 나서, 제6대 조사인 혜능선사가 탄생하는 이야기는 너무나 유명하다.

혜능선사는 학식이 별로 없었던 수행자였고, 신수선사는 많은 제자 가운데 가장 뛰어난 수제자였는데, 제5대 선사인 홍인대사가 법의를 전해주기 위해서 모든 수행자들에게 각자가 깨친 것을 글로 공개하라

고 했더니, 신수선사는 당연히 자기가 제6대 조사가 될 줄로 믿고, *
(그는 국사(國師)가 되었을 때, 스스로 자기가 6조대사라 했다.) "거울
에 먼지가 앉지 않도록 열심히 닦자"고 '방'을 내걸었다.

이를 본 혜능선사는 "본래무일물(本來無一物)인데, 닦을 거울이 어
디에 있느냐?" 하고 반박하였다. 본래무일물? 불교의 핵심 진리인 '무
아론－연기생멸법'을 외친 말이다.

그 결과는 어떻게 되었을까? 홍인대사께서 법의(法衣)를 남몰래 혜
능 선사에게 건네주면서 이 밤중에 뒤를 따르는 사람이 따라오지 못
할 만큼, 멀리 남쪽으로 떠나라고 당부하고 작별하였다.(참조: ≪육조
단경≫)

(선종의 6대 조사: 달마, 혜가, 승찬, 도신, 홍인, 혜능)

너무 간단한 이야기다. 그러나 이 글 속에는 불교 수행의 핵심이 있
음을 찾아야 한다. 불교의 지식은 깨침에는 간접적인 도움은 되지만,
직접적인 요인은 되지 않는다. 그래서 수행으로 깨치는 것은 오직 수
행자 혼자의 몫이다. 바른 길을 찾아야 바른 깨침을 얻을 수 있다는
말이 된다.

깨달음이란, 지식으로 해득(이해)하는 것을 뜻하는 말이다. 교리공
부를 통해서 기초 용어를 배우며, 많은 용어를 해득하면서, 상당한 지
식이 쌓이면, '나는 깨달았다'고 믿게 된다.

그러나 위의 깨침과 깨달음 사이에는 엄청난 의미상의 차이가 있다
는 것을 깨침 수행자들은 스스로 알아서, 구별하여 사용함이 좋다.

깨침은 스스로 진리와 일치하는 자신을 발견하는 과정에서 얻어지
는 지혜다. 이를 불교 고전 서적에서는 '자내증(自內證)', '기증(己證)'
이라고 표현한다. 수행자가 체험을 통해서 얻은 지혜(진리를 깨친 지
혜)라는 말이다.

예를 들면, 바른 깨침은 우주의 일체(존재)는 무아(자성이 없다)라는 것을 수행자가 깨쳤다면, 우주가 생겼다가 없어지고, 없어졌다가 다시 생기고(우주의 무시무종론(無始無終論－우주 무한 윤회론), 태양과 지구가 생겼다가 없어지는 것, 그리고 인간이 태어났다가 죽는 것, 고통이 생겼다가 없어지는 것 등등 모든 것이 하나의 진리로서 우주 속에 있는 모든 것이 생기면 없어지는 진리를 확실히 알게 되므로, 생사(생김과 사라짐)가 둘이 아니요, 더러운 것과 깨끗한 것이 다르지 않으며, 지구가 더 커지지도 더 줄어들지도 않는 것 등등.

모든 자연의 이치와 인생만사를 일시에 수행자의 생각 속에서 훤히 알게 되는 것이다. 이것이 진리의 깨침이다.

구태여 그 많은 사연들을 전부 따로따로 공부하거나 생각할 필요도 없는 것이다. 하나의 진리를 깨치고 나면, 세상의 모든 것을 내 마음 속에서 동시에 그렇게 느끼게 되는 것이다. 이런 깨침을 불교에서는 깨침 수행의 결과[得道]로 인정한다는 말이다.(月觀合掌)

붓다(깨친 이)의 눈으로 세상을 바라보면, 모든 존재의 본성을 보지만, 중생의 눈으로 보면 현상(겉모양)만 보기 때문에 중생의 견해는 항상 분별과 비교, 논리적으로 생각하게 되어, 존재(있음)의 본성을 볼 수 없다. 존재의 본성은, 다름 아닌 일체무아, 일체무상, 연기생멸하는 본성이다.

21세기는 지식－정보－문화시대이다. 우리는 지구상에 있는 모든 인간들이 하나의 표현이나 사상을 놓고 거의 동시에 생각하고, 해득(이해－깨닫고)하고, 더 정확한 표현을 하려고 노력하는 그런 시대에 살고 있다.

틀린 말－진리가 아닌 사상을 중심에 두고 인간의 정신세계를 지도하는 종교가 과연 인류의 자유와 평화와 번영을 위해서 얼마나 큰 효과를 낼 수 있을 것인가? 얼마나 오랫동안 인류와 함께 존속할 것인가? 고대사회에서 흘러온 영혼 불멸설, 태양 숭배설, 창조신 등은 지금부터 차근차근 수정을 하든지, '돈오돈수'를 이룬 종교가들이 한자리에 모여서 일시에 몽땅 부정해버리고, 새로운 사상과 교리로 탈바꿈하는 날이 와야 할 것이다.

깨달음이란 수행과정에서 지식으로 얻은 깊은 이해—탐득(探得)을 뜻하는 말이다. 공부를 통해 지식으로 얻은 지혜는 남의 지식을 빌린 것과 같으니, 비록 나 자신이 이해를 했다 해도 그 지혜가 나의 것(내 몸속에 체화)이 되지 못한다고 보는 것이 월관의 생각이다.

'돈오돈수(頓悟頓修)'와 '돈오점수(頓悟漸修)'가 불교 사상 논쟁의 중심에 있다고 한다. 두 사상이 맞대결을 하는 입장에서의 돈오점수의 의미는, 수행자가 깨침을 얻은 다음에 꾸준히 수행을 더 닦아서 깨친 진리를 자기의 것으로 완성시켰을 때, 비로소 수행자는 깨친 이의 대열에 서게 된다는 뜻이고, 돈오돈수의 의미는 깨치는 순간 일체의 진리가 수행자 자신의 것으로서 평생 동안 작용한다는 의미이다. 왜냐하면 깨치는 순간 이미 수행자의 마음은 텅 비어 있는, 즉 과거의 잘못된 기억이나 생각은 모두 없어진 상태이며, 깨친 뒤에는 세상을 보는 관법(깨친 지혜 세포가 활동)이 모든 진리와 일치하도록 행위를 한다는 주장이다.(위에 설명한 깨침과 깨달음을 바르게 이해하면, 이런 논쟁은 필요 없다.)

깨침(自覺)을 결심(發願)하고 실행하려면, 첫째, 교리공부를 통해 붓다의 생애와 사상, 삼법인—제법무아, 제행무상, 일체개고, 인과법—인과응보—자업자득, 인연법—연기생멸법—십이연기설, 사성제—고집멸도, 사념처—신수심법 등으로 정견—정념을 깊게 이해하고, 수행(생활)의 중심에 항상 함께 해야 한다.(정견—정념 참조) 둘째, 마음

비움 수행을 통해 마음을 비우는 수련을 해야 한다. 모든 기억과 번뇌 −망상을 버림(지움)으로써 '삼매−무념무상'에 들어가기가 쉬워진다. 이런 기초준비과정은 대략 6~24개월 동안 열심히 노력하면 깨침을 이루는 데 큰 도움이 된다.

돈오돈수를 거쳐 깨침을 얻은 수행자도 깨친 뒤에 계속하여 수행을 해야 한다는 의미의 보임수행은 포교활동을 위해, 대중에게 진리를 설명하기 위해, 신행생활을 보여주기 위해 의식수련−독송수련−설법 기술들을 더 공부하고 익히는 것이다. 위의 두 사상이 논쟁하고 있는 돈오점수와는 다른 차원의 표현이라는 것도 수행자들은 이해하면 좋을 것이다.

보임수행은 중생제도(포교)를 위해 필요하다. 중생제도, 즉 포교활동은 깨침의 목적이며, 깨침의 완성이다. 혼자서 진리를 깨쳐서 고생을 여의는 것(해탈열반)은 불교수행의 최종 목표가 될 수는 없다. 깨쳤다고 해서 정상적인 수행생활(自利利他의 생활)을 떠나버린다면, 과연 깨침의 가치가 무엇일까?

진리를 깨쳤다고 해서 사람이 날아다니는 것도 아니다. 이러한 까다로운 한문 표현들이 많은 수행자들을 수고스럽게 만들어 왔는데, 앞으로 새로운 미래불교가 생기는 날에는, 많은 언어들이 서로 이해하기 쉽게 되기를 바라는 마음이 간절하다.

부처님이 최초의 법문을 다섯 비구들에게 설하면서 주저했던 것도, '내 말을 알아들을 수 있을까?'였던 것으로 알려지고 있는데, 고진여 제자가 돈오돈수에 의해 깨침(五蘊無我)을 얻었음을 부처님이 인가하였고, 이어서 네 비구들도 열심히 수행하여 깨쳐서, 최초의 여섯 아라한(붓다 포함)이 세상에 나타났다고 전하고 있다.

불교 수행의 목표라면 깨침을 통해 진리와 자신을 일치시킴으로써 열반의 경지에 이르러서 고난을 벗어난 생활(一生涅槃)을 누린다는 것과 깨친 지혜를 가지고 중생제도에 일로정진(一路精進)하는 삶을 사는 것이다.

자각불교의 깨침은 '무아–연기'의 깨침을 의미하므로 깨친 뒤에는 일체를 직관–총관할 수 있는 지혜를 가지게 된다. –(月觀自證)

만법[事理]은 연기법으로만 생멸성을 인식할 수 있다.
법문 설명은 모두 진리가 아닌 이해를 위한 방편설이다.
'四字法門'을 마음에 담고, 수행하면 깨침 문이 보인다.

생명은 무엇인가? 근본불교는 '地水火風'을, 대승불교는 '空識見大'를
더했다 ··· (四大七大)
연기는 무엇인가? 우주 일체는 인연 따라 생기고 없어지니 불교의 중
심 진리다 ··· (緣起法理)
불교의 깨침은 우뇌로 느낀 감동 ‒ 체득 ‒ 체화이고, 덕행보시를 베푸
는 것이다 ··· (自覺德行)
붓다는 어릴 때 궁궐을 나와 민생의 삶을 보면서 중생제도를 발원하
게 됐다 ··· (四門遊觀)
붓다는 연기법으로 삼법인을 자각하고 해탈열반의 길을 찾아 중생을
제도했다 ··· (佛陀大覺)
세상에 영원한 것은 아무것도 없다. 이 진리를 바로 깨쳐야만 한다
··· (諸法無我)
세상의 모든 것은 움직이고 변하고 있으니 법계와 사람의 몸과 마음
도 그렇다 ··· (諸行無常)
우주만물과 인생만사는 영원불변하는 게 없으므로 모두 괴로움으로
느껴진다 ··· (一切皆苦)
붓다는 무명 중생을 괴로움에서 벗어나도록 해탈의 진리를 밝혀서 가
르쳤다 ··· (解脫涅槃)
붓다가 깨친 진리는 우주존재론을 제법무아에서 찾았고, 연기법으로
풀이했다 ··· (緣起生滅)
붓다의 첫 가르침은 괴로움의 일어남과 사라짐을 바로 보는 수행법의
교설이다 ··· (苦集滅道)

붓다는 몸과 느낌과 마음과 경계를 출입식관(出入息觀)수행으로 가르쳤다 ··· (身受心法)

지구에 살아 있는 모든 생명들은 최초의 조상으로 되돌아보면 뿌리가 하나다 ·· (同體大悲)

내가 지은 업은 나에게 돌아온다. 조상과 내가 지은 업장이 후손에게 유전된다 ··· (自業自得)

영혼이 윤회하여 같은 인간이 다시 태어나지 않고, 업장이 유전함이 윤회이다 ··· (業藏輪廻)

붓다는 매일 새벽 참선할 때, 불특정 다수 중생들에게 자유와 평화를 기도했다 ··· (慈悲修行)

인간의 몸과 마음은 자성이 없으니, 100조 개의 세포가 모여서 살다가 없어진다 ··· (五蘊無我)

불교 수행은 있는 대로 보는 것이다. 진제는 하나로, 속제는 둘로 보인다 ··· (眞俗二諦)

깨친 이는 삶과 죽음을 둘로 보지 않고, 삶의 괴로움도 죽음의 두려움도 없다 ··· (生死不二)

어미 닭은 밖에서, 병아리는 안에서 함께 알을 까듯이, '깨침 수행'도 그러하다 ··· (啐啄修行)

진리의 깨침은 한 찰나에 충격적으로 체감하는 지혜의 얻음(체득)이니 자각득도이다 ··· (頓悟頓修)

붓다는 중생을 위해 모든 지혜를 가르쳤고, 깨침 수행으로 해탈열반에 들게 했다 ··· (開示悟入)

열반경은 '일체중생, 실유불성'이라 했으니, 모든 생명은 깨침의 본성이 있다 ··· (悉有佛性)

유식사상과 보살성불에 바탕을 둔 대승불교는 중도공관ー일심수행으로 깨친다 ··· (中道空觀)

성문ー연각ー보살은 모두 일승으로 성불하니, 불교의 최고 경전은 ≪법화경≫이다 ··· (會三歸一)

북방불교의 ≪화엄경≫은 육상원융을 설하니, 우주만물은 걸림 없이

연기생멸한다 ·· (六相圓融)

우주만물의 존재는 오직 마음을 닫는 순간 인식되므로 '일체유심조'라

한다 ·· (萬法唯心)

깨침의 경지에 이른 수행자는 일심삼매로 마음과 경계가 하나 될 때 깨

치게 된다 ·· (海印三昧)

정법이란 붓다가체득한 진리이며, 안장은 수자의 안목으로 확인하는 능

력이다 ·· (正法眼藏)

붓다의 깨침을 바로 알고, 월관 자증을 따라 (줄탁동시)수행하면 올곧

게 깨친다 ·· (月觀自證)

4. 진리를 깨치는 길

불교는 진리를 깨치는 종교다. 깨침은 속제의 마음자리를 깨뜨리는 것이 선결조건이다. 개인에게는 '인격(人格)'이 있고, 국가에는 '국격(國格)'이 있다. '격(格)'이란 근본 성격을 말한다.

"파격해야 진리를 깨친다."는 말은 수행자가 마음 바탕의 근본 성격을 깨뜨려야 붓다가 깨친 진리를 깨칠 수 있다.

보통사람들의 마음(생각)은 속제(분별과 논리)에서 작용한다. 이 속제의 마음자리를 벗어나서(깨뜨려서) 진제(자연 그대로)의 마음자리가 마련되어야 붓다가 깨친 진리(무아연기)를 깨칠 수 있다.

평생 동안 수행한 사람이 팔만대장경을 모두 외운다 해도, 지식으로는 훌륭하다는 인정을 받을 수 있지만, 깨친 사람(붓다)으로 신봉(信奉)되는 대상은 되지 못한다. 불교의 진리 깨침을 위해 정진하는 이유가 바로 여기에 있다.

> 마음이 열리면 진리가 보인다.
> 진리가 보이면 마음이 열린다.
> 도전을 하려면 긍정적 생각뿐.
> 긍정적 생각은 도전을 이룬다.
> 시련을 이기면 희열을 맛본다.
> 고행을 겪어야 깨침을 얻는다.
> ─2009. 10. 5. 월관─

5. 부처님의 무아법문(無我法門)

"불교의 진리 가운데 가장 깊은 곳에 위치한 것이 무엇이냐?"라고 물으면, 바로 '무아'라는 것이다. 이 무아를 알지 못하면 불교를 전혀 알지 못한 것이고, 참선수행을 오래 했다고 해도 앉는 법만 익혔을 뿐 빗나간 수행을 한 것이다. 한마디로 불교의 핵이 곧 무아다.

최초의 경전인 ≪팔리어 율장(Mahavagga)≫에서 전하는 부처님의 무아론(無我論)은 어떻게 설명되었는지를 알아본다.(번역문＝최봉수 불교연구소)

1. 세존께서는 다섯 비구를 불러 말씀하셨다.

"비구들아, 색(色＝物質)은 무아다. 비구들아, 만약 색이 참된 자아(自我: 영원한 존재성)라면 이 색에 병이 생기지 않을 것이고, 색에게 나를 위해 '이렇게 되어라, 저렇게 되지 말라'고 하면 뜻대로 되어야 할 것이다. 그러나 비구들아, 색은 무아이기 때문에 병이 생기고, 색에게 '나를 위해 이렇게 되어라, 저렇게 되지 말라'고 해도 뜻대로 되지 않는 것이다.

2. "비구들아, 수(受)는 무아다. 비구들아, 만약 수가 참된 자아라면 이 수에 병이 생기지 않을 것이고, 수에게 '나를 위해 이렇게 되어라, 저렇게 되지 마라.'고 하면 뜻대로 되어야 할 것이다. 그러나 비구들아, 수는 무아이기 때문에 병이 생기고, 수에게 '나를 위해 이렇게 되어라, 저렇게 되지 마라.'라고 해도 뜻대로 되지 않는 것이다."

3. "비구들아, 상(想)은 무아다. 비구들아, 만약 상이 참된 자아라면 이 상에 병이 생기지 않을 것이고, 상에게 '나를 위해 이렇게 되어라, 저렇게 되지 마라.'고 하면 뜻대로 되어야 할 것이다. 그러나 비구들

아, 상은 무아이기 때문에 병이 생기고, 상에게 '나를 위해 이렇게 되어라, 저렇게 되지 마라.'고 해도 뜻대로 되지 않는 것이다."

4. "비구들아, 행(行)들은 무아다. 비구들아, 만약 행이 참된 자아라면 이 행에 병이 생기지 않을 것이고, 행에게 '나를 위해 이렇게 되어라, 저렇게 되지 마라.'고 하면 뜻대로 되어야 할 것이다. 그러나 비구들아, 행은 무아이기 때문에 병이 생기고, 행에게 '나를 위해 이렇게 되어라, 저렇게 되지 마라.'고 해도 뜻대로 되지 않는 것이다."

5. "비구들아, 식(識)은 무아다. 비구들아, 만약 식이 참된 자아라면 이 식에 병이 생기지 않을 것이고, 식에게 '나를 위해 이렇게 되어라, 저렇게 되지 마라.'고 하면 뜻대로 되어야 할 것이다. 그러나 비구들아, 식은 무아이기 때문에 병이 생기고 식에게 '나를 위해 이렇게 되어라, 저렇게 되지 마라.'고 해도 뜻대로 되지 않는 것이다. 이렇게 하여, 색수상행식(色受想行識)이 모두 세상에 있는 모든 존재하는 것은 영원불변하는 자성(自性)이 없기에 '무아'라고 한다."

6. "비구들아, 어떻게 생각하느냐? 색은 영원하냐? 무상(無常)하냐?" "세존이시여, 무상합니다." "무상한 것은 괴로움이냐? 즐거움이냐?" "세존이시여, 괴로움입니다." "무상하고 괴롭고 반드시 변하고야 마는 것을 두고 이것은 나의 것이다. 이것은 나이다. 이것은 나의 자아라고 할 수 있겠느냐?" "세존이시여, 그럴 수는 없습니다."

7. "수, 상, 행, 식은 영원하냐? 무상하냐?" "무상합니다."

"무상한 것은 괴로움이냐? 즐거움이냐?" "괴로움입니다."

"무상하고 괴롭고 반드시 변하고야 마는 것을 두고 이것은 나의 것이다. 이것은 나이다. 이것은 나의 자아라고 할 수 있겠느냐?" "그럴 수는 없습니다."

8. "그러므로 비구들아, 어떤 색에 대해서도 그것이 과거의 것이든

미래의 것이든 현재의 것이든, 주관적이든 객관적이든, 거친 것이든 미세한 것이든, 열등한 것이든 고상한 것이든, 멀리 있는 것이든 가까이 있는 것이든, 그 모든 색은 나의 것이 아니고, 내가 아니고, 나의 자아가 아니니, 있는 그대로 바른 지혜로 보아야 한다."

9. "어떤 색, 수, 상, 행, 식에 대해서도 그것이 과거의 것이든 미래의 것이든 현재의 것이든, 주관적이든 객관적이든, 거친 것이든 미세한 것이든, 열등한 것이든 고상한 것이든, 멀리 있는 것이든 가까이 있는 것이든, 그 모든 색, 수, 상, 행, 식은 나의 것이 아니고, 내가 아니고, 나의 자아가 아니니, 있는 그대로 바른 지혜로 보아야 한다."

10. "비구들아, 들은 것이 많은 나의 성스러운 제자라면 그것들을 무아로 보는 까닭에 색도 싫어하고, 수도 싫어하고, 상도 싫어하고, 행도 싫어하고, 식도 싫어한다. 그런 까닭에 그것들에 대한 탐착(탐욕과 집착)을 제거하여 해탈해야 한다. 그리고 해탈했음을 스스로 알고 지혜로써 선언해야 한다. 나의 괴로운 생존은 끝났다. 청정한 수행은 완성되었다. 실천해야 할 바를 모두 실천했다. 이와 같은 괴로움은 다시는 없으리라."

11. 세존의 가르침을 이해한 다섯 비구는 매우 기뻐하였다. 그리고 무아의 법문을 들은 다섯 비구는 집착이 사라져 모든 번뇌에서 해탈하였다. 그때 이 세상에는 처음으로 석가무니 부처와 다섯 제자가 모두 아라한(阿羅漢)이 되었다.(마하 박가-최봉수 저)

불교 교리 공부는 '무아'에서 시작하여 무아로 끝이 난다. 수행자는 무아를 화두(話頭)로 삼고, 불법의 진리 속으로 들어가야 한다. 그래서 이 진리를 스스로 깨치는 날, 불도(佛道)에 들어선 것으로 알면 된다. 그리고 꾸준히 수행하여 이타행(利他行＝德行)을 자신의 능력 범위 안에서 열심히 하면 된다. 이것이 불자(佛者)의 갈 길이다. 이것이 '아누다라삼먁삼보리(阿耨多羅三藐三菩堤)'이다. 즉, 무상(無上), 정등(正等), 정각(正覺)이니, 이것이 진리를 깨친 수행자가 구경열반을 이룬 것이다. (月觀合掌)

6. 부처님의 근본법문

가. 연기설(緣起說)

우주의 만물(有情, 無情, 法相)이 생기고 사라지는 원인을 설명하는 진리다. 연기(Pali어로 paticca-sam-uppada)의 뜻은 '의존하여 함께 일어난다'는 말이다. 즉, 여러 가지 인연(조건과 환경)이 화합해서 생긴다는 뜻이다. 우주만물이 단일하게 만들어져 존재하고 있는 것은 없다는 진리다. 만물이 생기고, 존재하는 그 원인을 살펴보니, 모두가 여러 가지 조건과 환경이 결합-화합하여 이루어졌다는 것을 알게 한다.

현대 물리학에서도 보는 자와 보이는 것이 인연으로 연결되어야 현상을 보고, 듣고, 느껴서 이해한다고 밝히고 있다. 존재의 의미가 둘의 인연으로 이루어진다. 세상에 생명체가 없다면, 우주의 별들은 무슨 의미를 가질까? 불교의 연기법도 같은 이론이다. 즉, "이것이 있으므로 저것이 있다. 이것이 일어남으로 저것이 일어난다."고 불경은 연기법을 설명하고 있다. 대승경전에 자주 나오는 인연설에서도, "부처를 만남도 어려운 일이고, 인생으로 태어남도 어려운 인연의 결과"라고 설한다. 과연 생각하면 그렇다. 지구상에서도 대륙이 다른 나라 사람과 만나서 이야기를 나누는 것도 어려운 인연-기회이고, 우리나라에서 만든 제품을 먼 나라 사람이 사는 것도 생각하면 귀한 인연의 결과이다. 사람의 몸속에 흐르는 핏속에는 단백질과 산소가 계속 만나야 피의 주성분을 만들고, 인간의 몸과 마음을 움직인다고 하니, 생각할수록 '진공묘유(眞空妙有)'라 아니할 수 없다. -월관 자증-

십이연기설

세존이 가장 문제로 삼았던 것이 '인생은 괴롭다'라고 생각한 것이었으므로 여러 가지 예를 들 수 있지만, 가장 먼저 '인간의 괴로움이 어떻게 생겼느냐?' 하는 것을 설명한 것이 '십이연기설'이다.

여기에서는 한 쌍의 남녀가 각각 부모로부터 몸(생명)을 받아 태어나고 성장하여, 이성과 만남을 통해 사랑을 느끼고 결혼하여 부부가 되어 자식을 얻는 과정을 예로 들면서, 연기설을 설명하고 있다. 모든 존재의 원리를 설명함에 있어 인생을 예로 든 이유는 생명을 가진 존재의 괴로움을 강조하기 위함이라고 생각한다.

연기설은 불교의 모든 문제를 풀어 가는데, 중심의 자리에 놓인 원칙이요, 기준이 되는 진리이기 때문에 다른 분야에서도 자주 만난다. 생명이 태어나는 열두 과정을 연기법으로 설명한 '십이연기설'에 대한 아래 내용은, 月觀이 이해한 것을 설명한 것이다. 기존의 학설에서는 어렵게 설명하고 있으니 참고만 하기 바란다.

*무명(無明-무식): 세존은 세상에 있는 모든 것은 고정된 본성(本性)이 없다고 주장했다. 본성이 없다는 말은 어떤 것이든 영원하고, 변하지 않고, 스스로 존재할 수 있는 성질을 가지고 있지 않다는 말이다. 대승불교에서는 "본성이 공하다", "自性이 空하다"라고 표현하고 있다. 여기에서 무명이라는 것은, 사람들이 "만물의 본성이 공하다"라는 진리를 모르고 살아 왔다는 말이다. 만약, 인간의 조상들이 이 진리를 알았더라면 자손을 낳지 않았을 것이고, 자손을 낳지 않았다면 인간은 (없으니까) 괴로울 것이 없을 것이라는 말이 된다. 이 주장을 뒷받침하는 우리 속담에, '무자식 상팔자'라는 말이 있다. 인간 세상에는 항상 이상과 현실 사이에 괴리가 있듯이, 세존의 주장과는 관계없이 누구나 근본욕망의 하나로 자손을 낳고 키운다.(무아의 진리를 모르는 인간은 욕망대로 계속 살아 왔다.)

*행(行-행위, 습성): 인간의 행위 가운데 대부분은 무의식적으로,

습관적으로 하는 경우가 많다. 그 원인은 인간의 육체 안에 조상들로부터 물려받은 유전인자들이 모든 행위의 주인 역할을 하고 있다는 것이다. 무명에 의한 행위도 마찬가지로 무식하기 때문에, 모르기 때문에 행동하는 많은 행위가 일어나고 있다.('자손을 생산하는 행위'를 의미함)

＊식(識－의식, 본성, 업장－業藏): 이 식(識)은 인간의 본성(本性), 즉 무의식(無意識)을 뜻한다. 인간의 본성은 조상들로부터 물려받은 유산(유전인자)이다. 운명이라고 하는 말도 이와 유사하게 쓰인다. ＊운명(運命)은 태어날 때, 몸속에 가지고 있는 유전인자(遺傳因子)에 따라 근본적으로 인간과 인간의 사이에 기질이나 재능이나 성품이 약간씩 다를 수 있지만, 이런 의미에서 운명은 태어난 후에 어떤 조건과 환경을 만들어 가느냐에 따라, 즉 노력을 어떻게 하느냐에 따라 변하는 것이기 때문에 타고난 운명이 일생을 좌우하는 것은 아니다.(識은 업식[[業識－유전인자]을 부모를 통해서 자식에게 옮긴다는 뜻)

＊명색(名色－정신과 물질): 사람의 몸 전체(마음과 육체)를 뜻하는 말, ＊('사람'을 뜻함. 여기에서는 '청춘 남녀'를 지칭함)

＊육처(六處－六根의 대상): 여섯 가지 감각 기관을 통해 얻는 것이다. 즉, 眼耳鼻舌身意(눈, 귀, 코, 혀, 몸, 생각)에서 느끼는 것들(色聲香味觸法－색성향미촉법)이다.(감성기능이 활발히 작용한 결과, 생명 활동을 의미함.)

＊촉(觸－접촉, 촉감): 접촉을 통해 느낌을 알아차린다는 뜻. ＊(결혼에 생각을 두고, 남녀가 만남[접촉]을 시도함.)

＊수(受－感受): 느낌을 통해 받아들임. 좋다고 받아들임. ＊(청춘 남녀 사이에 좋은 느낌을 서로 받아들인다는 뜻.)

＊애(愛－사랑, 탐욕): 갈애의 뜻으로 탐욕을 사랑이라고 표현한다.

(접촉했던 이성에 대해 사랑[애정]을 느꼈다는 뜻.)

*취(取-얻음-취착): 필요한 것과 바라는 것을 얻음. *(사랑하는 배우자를 얻음. 결혼을 뜻함.)

*유(有-있음-행위): 행위의 실행. *(부부 사이에 合宮이 있었다는 뜻.)

*생(生-탄생-생김): 새로운 생명의 탄생을 뜻함. *(부모가 자식을 낳음. 새로운 생명의 탄생을 뜻함.)

*노사(老死-인생-고통): 늙고 죽는다는 것. 곧 인생을 표현한 말. *(부모가 낳아준 자식은 고생을 무릅쓰고 일생을 살고 죽는다는 뜻.)

나. 삼법인(三法印)-근본불교의 4대 진리

1. 제법무아(諸法無我): 우주만물의 근본 성질은 '무아(無我)'다.

세존은 수행자들에게 무아를 설명하기가 너무 어려워서 이렇게 설명하고 있다. "비구들아, 갠지스 강을 보아라. 거기에는 실체도 없고, 본질도 없다. 어떻게 물결에 실체와 본질이 있겠는가? 신체는 물결, 감각은 물거품, 표상은 아지랑이, 의지는 파초, 의식은 허깨비." 이것들이 모두 세존의 가르침이다.

무아(無我: 대승경전에서는 空이라 함)를 깨쳐야 불교의 모든 경전을 바로 이해하고, 쉽게 진리의 경지를 논할 수 있다. 무아를 깨침은 오직 경전 공부와 참선수행을 깊고 열정적으로 함으로써 가능하다는 것을 알아야 한다. 다시 말해 남의 강연이나 듣고 소설책 읽듯이 경전을 빨리빨리 읽어 가면, 불경 공부는 상식 수준을 넘지 못한다. 무아를 스스로 깨치기 위해, 고행이 수행의 한 방편이다.

2. 제행무상(諸行無常): 세존은 '무상'을 설명하면서, 인간의 몸(오온-五蘊)을 예로 들었다. 즉, "우리의 신체[色]는 변한다. 우리의 감

각[受]은 변한다. 우리의 표상[想]은 변한다. 우리의 의지[行]는 변한다. 우리의 의식[識]은 변한다. 이와 같으니 일체를 버리라. 일체를 떠나면 탐욕은 없어지고, 탐욕이 없어지면 해탈(열반)할 수 있다. 해탈(편안)할 그때, 미혹된 삶은 끝난다." 우주의 모든 현상은 고정된 것이 아니고 계속 변하고 있다. 물질도 변하고 있고, 생각도 변하고 있고, 내 몸도 변하고 있다.

3. 일체개고(一切皆苦): 생명을 가진 모든 것은 고통을 극복하며 살아가야 한다. 세존은 이렇게 설명하였다. "신체도 고요, 감각도 고요, 표상도 고요, 의지도 고요, 의식도 고요다. 나의 가르침을 받은 자들은 이렇게 관찰하여 신체를 싫어하고 떠나며 감각, 표상, 의지, 의식을 싫어하고 떠나라. 거기에 집착하지 말라. 집착하지 아니하면 해탈에 이를 것이다." 세존은 인간(중생)을 구성하고 있는 다섯 가지 요소(五蘊), 즉 색수상행식(色受想行識)이 모두 무아이며, 무상이니 고고(괴로움)라고 하였다.

4. 涅槃寂静(열반적정): 사법인(四法印)이라고 할 때는 열반적정이 포함된다. 부처님이 찾고자 했던 것, 즉 중생의 괴로움을 줄이거나 없애는 길은 곧 번뇌 망상에서 해탈하여 무념무상(無念無想)의 경지인 열반(무념무상)에 이르는 길이니, 세존의 깨침으로 얻은 중생의 편안한 삶이다.

다. 일체는 십이처(十二處: 육근－六根＋육경－六境)

세존은 인간의 세간과 자연의 우주가 있다고 보았다. 인간이 보고, 듣고, 느끼고 생각할 수 있는 것은 자연－우주를 인식하는 데 중요한 의미와 가치가 있다고 생각했다. 그래서 인간의 감각기관(육근－六根: 안이비설신의－眼耳鼻舌身意)으로 인식한 그 대상, 즉 육경(색성향미촉법－色聲香味觸法)이다. 다시 말하면, 육근과 육처를 모두 합친 열두 가지를 우주의 전체라고 보았던 것이다.(천문학과 같은 과학이 없던 시대에 생각할 수 있는 한계를 느낀다.) ※2,500년 전의 세계관이라 할 수 있다.

사실 인간이 느낄 수도 없고 알 수도 없는 어떤 대상(존재)이 있다고 한들 그런 존재[物]는 무슨 의미와 가치가 있을까? 인간이 인지할 수 없는 것을 있다고 주장해도 그것은 주장하는 자만의 가정(상상)일 뿐이다. 하지만 현대과학은 이러한 인간의 인식의 한계를 무너뜨리고 말았다. 즉, 우주는 우주이고, 인간은 인간일 뿐이다. 인간의 인식의 한계도 과학과 함께 진화하고 있다.

라. 오온무아(五蘊無我)

인간을 구성하고 있는 다섯 가지 근본 요소를 '오온'이라 부른다. 인간은 네 가지 요소, 즉 지수화풍(地水火風)의 기질을 가진 물질로 구성되어 있다. 인간의 물질 부분을 총칭하여 색(色)으로, 빗물질(非物質) 부분을 수상행식(受想行識－감각, 표상, 의지, 의식)으로 불렀다. 인간은 다섯 가지 구성요소, 즉 오온(五蘊)을 색, 수, 상, 행, 식이라 하였다. 인간이란 물질로 된 몸과 의식으로 된 마음이 화합된 현상이다.

마. 사성제(四聖諦)

사성제란 고집멸도(苦集滅道)다. 세존이 처음 가르친 교설이 이 사성제와 오온무아다. 세존은 태자 시절에 사문유관을 통해 '인생이 왜 저렇게 고통 속에서 살아야 하는가?' 이 깨침에 깊은 감명을 받았고, 산중 수행에서도 오직 중생의 고통을 없애주는 길을 찾고자 노력했던 흔적을 볼 때, 사성제가 불교에서 차지하는 자리는 모든 이론을 초월한 세존의 수행일념(一念)이었으니, 곧 중생제도(衆生濟度)가 세존의 수행 목표였다고 보아도 좋을 것이다.

세존은 기존의 종교인 브라흐만교가 계급사회를 이루면서 인간 불평등 제도를 고착시킨 현실을 강하게 반대하였다. 최고신인 브라흐만 신을 숭배하는 사상과 영혼이 윤회를 통해 부활한다는 주장은 브라흐만 사제(司祭) 계급의 권위를 옹호하는 정치적 사상(도구)에 불과할 뿐이다. 평민들에게는 아무런 가치도 없는 것이었다. 고통 받던 평민과 노예들을 인간답게 살도록 구제하자는 사회적 문제가 가장 시급한 중생제도의 과제였을 것이다. 이러한 사회적 배경이 사성제라는 해탈의 길을 제시한 세존의 교리는 당연히 대중적이었고, 신흥 부호세력과 평민과 천민들에게까지 환영을 받았던 새로운 사상으로 등장했을 것이다. 고집멸도: 괴로움[苦]은 인생에 숙명으로 주어진 것, 이것을 인정하지 않을 수 없다.

괴로움이 어떻게 모아졌고[集], 그 원인이 어디에서 왔을까? 이를 소멸시켜버리고[滅], 소멸하는 길[道]을 알릴 수 있다면 이것이 세존이 바라던 모든 것이 아니었을까? 세존이 깨친 연기법으로 괴로움의 원인을 찾았으니, 그것은 갈애와 삼독(탐욕, 성냄, 어리석음)이었다. 세존은 이렇게 게송으로 설명했다. "세상은 갈애에 의해 인도되고, 갈애로 인해 괴로움을 당한다. 갈애야말로 모든 것을 구속시킨다. 비구들아, 모든 것이 타고 있다. 활활 타오르고 있다. 너희들은 먼저 이것을 알아야 한다. 그것은 무슨 뜻인가? 비구들아, 눈이 타고 있다. 그 대상을 향해 타오르고 있다. 귀가 타고 있다. 코도 타고 있다. 마음도 타고 있다. 모두 그 대상을 향해 타고 있다. 비구들아, 그것들은 무엇으로 말미암아 타는 것인가? 탐욕의 불꽃에 의해 타고, 노여움의 불꽃에 의해 타고, 어리석음의 불꽃에 의해 타고 있다."

바. 사념처 수행

붓다께서 직접 가르친 수행법은 '사념처－신수심법'으로, 이는 관식수행(觀息修行)이다. 즉, 날숨과 들숨을 열 번 세면서, 조용히 마음을 안정시키는 수행이다. 호흡만 들락거리고, 마음과 느낌은 정지할 때가 이상적이다.

1. 자세(姿勢): 결가부좌, 반가부좌, 책상다리, 꿇어앉기.

   편한 자세로 앉는다. *상체만 올곧게 세우고

   *눈은 감고 *두 손은 편한 곳에 놓는다.

2. 호흡(呼吸): 날숨에 의식을 집중하고, 고요히, 천천히 숨을 쉰다.

3. 정념(正念): 사념처－신수심법 수행은 알아 챙김 *직관－총관

   신(身)－*머리에서 발톱까지 몸 구조를 직관－총관한다.

   　　　　*뇌의 구조를 아는 만큼 수행수준은 높다.

   　　　　*목－어깨－가슴－배－엉덩이－다리팔－발을 살핀다.

   　　　　*인간 신체의 해부학을 알고 장기 명칭과 구조를 기억하

   　　　　　고 상상할 수 있다.

   　　　　*날숨이 폐 속의 공기를 내보내고 3초 멈춤

   　　　　*들숨이 충분히 들어오면 3초 멈추고, 다시 날숨

   수(受)－육근에서 얻어진 느낌－생각을 챙기는 수행이다.

   심(心)－마음이 움직이는지? 움직이면 바로 없애야 한다.

   　　　　*(지심[止心]수행을 위해 마음 비움 수행이 필요하다.)

   법(法)－외부에서 들어오는 체감을 알아 챙기는 수행이다.

   　　　　*수행 테마별로 대상이 다르다.

사. 열반(涅槃) – Pali어로 닙바나(nibbana)라고 한다

바람이 촛불을 '불어서 꺼버린다' 혹은 '불이 꺼진 상태'라는 뜻. 세존은 "벗이여, 무릇 탐욕의 소멸, 성냄의 소멸, 어리석음의 소멸, 이것을 열반(涅槃)이라 한다."고 설명했다. 열반이 곧 불교의 해탈이요, 수행의 목표인 것이다.(대승불교 해석)

인간에게 삼독(탐진치)이 없어진 상태를 열반이라 했다면, 갓난아이와 같은 순진한 상태를 의미하는 것이다. 그런 상태에 있는 사람이라면, 고통도 없는 편한 생활일 것이다. 이런 상태는 현실적으로 얻기 어려우므로 열반이라는 말은 죽음을 뜻하는 말로도 사용되고 있다. 세존은 제자들에게 말했다. "열반에 이르는 길을 알려주었다. 나는 스승일 뿐이다." 따라서 열반에 이르는 것은 각자의 몫이다. ※(사념처 수행법 참조)

아. 붓다의 불교를 바로 알자

부처님은 스스로 깨치고 중생을 교화했으니 이것이 불교의 시작이다. 우리는 부처님이 깨친 진리를 스스로 깨치고, 덕행의 삶을 살면 된다. 월관 법당은 자각덕행의 수행 장소이다. 불교의 깨침은 유능한 스승을 만나도 결국에는 나 홀로 깨치고[自覺], 내 마음을 열어서, 스스로 나눔을 베푸는 것[德行]이다. 바른 수행문이라는 말은 수행을 서둘자는 말이 아니다. 정확히 말하면, 바른 수행의 길을 찾아서 헤매지 말고, 붓다가 깨친 진리를 쉽게 깨치고, 베풂의 삶(자비수행)을 살자는 말이다. 참선 중에 깨친다는 것은 '부처님이 깨친 진리를 수행자가 깨친다'는 뜻이다. 그렇기 때문에 고타마 싯다르타 수행자가 무엇을 깨쳐서 부처가 되었는지를 정확히 배워서 알고 있어야 수행자가 그와 같은 깨침을 느끼거나 그와 같은 진리를 깨칠(감동으로 충격으로 체득할) 때, '내가 바르게 깨쳤구나!' 하고 스스로 성불을 확인할 수 있다.

자각(스스로 깨침)은 공부를 통해 지식을 넓히고 쌓아가는 것이 아니다. 깨침이란 나의 본성의 바탕을 깨뜨림(속제에서 진제로 마음자리를 옮김)으로서 새로운 의식－마음－생각의 틀을 만드는 한 순간을 표현한 말이다. 인간은 태어나서 세 살 정도만 되면 타고난(유전적 본성) 의식과 생후의 생활습관을 통해 만들어진 개인의 본능의식(생명의식)을 가지고 거의 평생을 살아간다.(우리 속담에 세 살 버릇이 여든까지 간다고 한다.) 생명을 보호하고 생활을 유지하는 것은 본능의식과 감수의식(생활지혜)으로 살아가고 있다는 말이다. 물론 본능의식이나 감수의식도 고정 불변한 것은 아니고, 항상 변하고 있음은 더 말할 필요도 없다.

불교에서 말하는 깨침이란 지식으로 알아도 깨침이라고 인정하지 않는다.

부처님의 깨친 내용을 듣고 알아차려도, 수행자의 의식－마음－생각의 바탕에 새 습관(본능의식의 개조)이 생기지 않으면 깨쳤다고 하지 않는 것이다.(새 습관이란 새 지혜를 깨쳐서 DNA세포에 저장되어 유전자 세포가 늘어나면, 당사자의 행위와 기능을 자연히 조정하게 하는 것이다.)

속제적 의식이 진제적 의식으로 생각의 바탕이 바뀌어야 한다는 말이다. 속제적 의식은 분별과 논리적 사고방식이다. 진제적 의식이란 사물을 직관하고, 내가 따로 있지 않고, 내가 사물에 일합(一合)하는 의식작용을 말한다.(속제적 지식은 좌뇌에 저장되고, 진제적 지혜는 우뇌에 저장된다.)

깨침의 순간은 수행자가 이미 공부를 통해서 불교의 근본진리(붓다의 깨친 내용)를 알고 있고, 충분한 수행을 통해 자신의 본능적 의식 구조를 깨뜨리고, 새로운 의식 구조를 갖는 순간에 이루어진다.(그래서 깨침은 마음 바탕을 깨뜨린다고 말한다.)

그러므로 모든 수행자는 깨침을 위해서 스스로 수행을 닦아야 깨치게 된다. 월관은 "불법 교리의 깨침을 먼저 이루고 나서, 자기 수행과 남을 위한 공덕 수행을 뒤로 미루는 것이 더 효과적인 수행법"이라고 강조한다. '불법교리'란 붓다가 깨쳐서 가르친 교리를 표현한 말이다.

불교 수행에서의 깨침은 오직 수행자 혼자서 우주근본 진리를 깨치는 것이다. 스승이 가르쳐주어서 어떤 사상이나 교리를 알았다면, 이는 이해(理解-解得)한 것이다. 수행자 혼자서 수행 중에 깨쳤다면, 그 수행자는 마음의 관법(觀法)과 사색의 구조를 모두 깨뜨려(바꾸어), 즉 속제의 사고방식을 떠나 진제의 사고방식으로 만법(萬法)을 볼 수 있다는 말이다. 일체의 사물을 본성 그대로 보는 마음의 눈을 가지게 되었다는 것이다.

이런 의미와 해석을 바탕으로 해서 돈오돈수와 돈오점수를 해석하면 불교의 깨침은 돈오돈수가 상근기 수행자에게는 맞는 해석이라고 할 수 있다.(만법: 모든 사[事]+물[物], 즉 우주 전체의 존재를 뜻한다.) 그러나 모든 수행자들이 붓다와 같이 돈오돈수를 할 수 없다는 현실에서 수행법을 본다면, 돈오점수가 일반 수행자들을 위해서 좋은 (도움 되는) 말이라고 해석해도 무방하다. 즉, 선오후수(先悟後修＋보임수행)가 보다 보편적이라고 생각한다.

*부처님은 연기법(緣起法)을 적용하여 우주 근본진리를 해석하는 지혜를 깨쳤다. 부처님이 우주의 근본진리와 연기 법리를 발명한 것은 아니다. 당시의 많은 사상가들도 우주의 근본진리와 유사한 연기법을 알고 있었지만, 모든 진리를 연기법을 적용하여 논리적으로 정확하게

해석한 부처님의 연기법 해설은 당시 사상계를 설득할 수 있었던 위대한 힘이었고, 인류 역사에 큰 업적을 남긴 사건이었다.

법(Dharma)을 본 사람을 '깨친 이(붓다 – Buddha)'라고 했다. 그 법이 곧 연기법이다. 연기법리란 인연생멸의 법리를 줄인 말이다. 즉, 인연법(환경과 조건의 조화법)이다. 연기법은 우주 만물의 생멸(生滅) 변화(變化)를 진행시키는 자연의 진리를 뜻한다. 연기법의 적용을 통해 부처님은 제법무아(諸法無我) – 제행무상諸行無常, 일체개고(一切 皆苦) – 오온무아(五蘊無我) 등의 우주의 근본진리와 인생의 생사를 모두 해석하여 중생을 고난에서 구제하였다.

*빠르고 바른 깨침의 길은 아래의 네 가지를 먼저 알고 깨쳐야 한다. 오온(五蘊)을 깨침(연기생멸) – 오온은 '색수상행식'을 의미하는데, 인간을 분석해서 설명한 것이다. '색'은 육신을 의미하고, '수'는 외부에서 느끼는 것을 말하고, '상'은 생각함을 의미하고, '행'은 행위를 뜻하고, '식'은 의식 – 생각 – 마음을 의미한다.

오온무아(五蘊無我)이니, 인간의 육신이나 생각, 의식 모두는 자성이 없으므로 영원히 존재하는 실체가 아니라는 진리이다. 이 깨침을 얻어야 '나'의 본성을 바로 알고 깨치게 되는 것이다.

근본불교에서는 우주에는 물체(존재)는 없다. 오직 '운동'만 있다. (유식불교에서는 우주에는 존재는 없고, 의식만 있다고 본다.) 즉, 근본불교는 원자의 구조와 상태를 말한다.

육근(六根)을 깨침 – 육근은 '안이비설신의'이니, '눈, 귀, 코, 혀, 몸, 생각'이다. 육경(六境)은 외부의 경계이니, '색성향미촉법'이다. 색은 보이는 것이니 물질이다. '성'은 소리, '향'은 냄새, '미'는 맛, '촉'은 느낌, '법'은 마음 – 의식 작용의 전체를 뜻하니 마음 – 생각 – 의식이다.

심성(心性)을 깨침(心性無常) – 인간의 마음은 '비상무상(非常無常)'

이다. 마음은 하나에 묶이지 않고 언제나 바람처럼 떠돌고, 생기면 없어지는 그런 성질을 가진 인간의 의식작용이다. 찰나생, 찰나멸이다. 우주 만법(일체)은 인간의 마음에서 느낀다.

우주(宇宙)를 깨침(일체무아)－우주의 모든 존재(현상)는 '자성이 없다'는 것을 깨쳐야 한다. '일체무아'와 '연기법'은 불교 공부의 핵심이다. 현상으로 나타난 모든 사물(事物)은 생겼기 때문에 항상 변하고 [無常], 반드시 없어진다. 즉 생즉필멸(生卽必滅)이다.

오온무아에서 연기생멸을 깨치고, 육근육경에서 나와 외부 경계를 깨치고, '심성무상(心性無常)'에서 일체심조(一切心造)를 깨치고, 일체무아(一切無我)에서 우주의 근본을 깨치면, 더 이상 깨칠 대상은 없다. 이것이 부처님의 깨침이고, 연기법을 해설한 내용이다.

이런 깨침의 내용들을 지식으로 이해했다고 해서, 바로 깨쳤다고 믿으면 안 된다. 그것은 말 그대로 문자로 배운 지식일 뿐이다. 공부는 공부이고, 수행은 수행이다. 위의 네 가지 깨침의 내용을 지식으로도 알고 있고, 수행을 통해 체화(體化)를 이루어야 한다.

지식으로 아는 것(해득－이해)은 깨침이 아니다. 진리를 깨친다는 것은 나와 진리가 하나가 되는 체험, 나의 생각이 언제나 진리와 함께 작용하는 것이다.

이 설명은 더 이상 말과 글로는 분별할 수 있는 표현이 없으니, 각자가 느껴봐야 한다. 깨침의 특성은 우뇌로 직감－총감하는 인식작용이라고 할 수 있다. 예를 들면, 길을 걷다가 어떤 거지를 만나는 순간, 내 마음이 거지의 마음과 일합(一合)한다. 어떤 조건이나 분별－차이－비교 같은 생각 없이, 내가 바로 그 거지가 된다. 이런 느낌이 우주의 근본진리에 충격(순간)으로 느껴질 때, '수행자는 깨쳤다.'고 한다. 그 결과는 이렇다. 지식은 좌뇌에 저장되고 잘 잊힐 수 있다. 그러나 지혜는 우뇌에 저장되고, DNA(핵산)에 저장되어 정상적인 신체 상태를 유지하면 잊히지 않는다.

어느 한 순간에 큰 광명이 수행자의 마음속에 나타나면서, 하나의 깨침으로 모든 것을 보게(알게) 되는 지혜를 얻게 될 것이다.

깨치고 나면 상당 기간 더 공부할 것이 없다는 (허탈－멍청한) 생각이 날 수도 있을 것이다.(월관자증)

불교가 20개로 분열된 부파불교－아비달마불교(불멸 후 약 100~500년) 이후에 지은 경전들은 진리 깨침을 이룬 훗날에 읽는 것이 좋다. 초보단계에서 인도불교와 중국불교, 불교학, 불교철학, 불교역사 쪽으로 공부를 확대하면, 중첩된 이론과 다양한 수행법들을 이해하기 어려워서 돈오해탈, 즉 깨침은 멀어지고, 불교교리 내용을 체계적으로 이해하는 데 혼란과 어려움이 많이 생기고, 너무나 많은 시간을 소비하게 되어 깨침의 날이 멀어진다.

*다시 정리해본다.

첫째, 석가모니 부처님이 직접 설하신 내용[教理]을 찾아 공부해서 지식으로 먼저 이해하고, 자신의 지혜[自證]로 만들기 위해서는 교리 공부와 참선수행을 함께 꾸준히 해야 한다. 근본불교의 기본교리를 공부하고, Sati(正念－알아차림)수행으로 깨침 수행을 한 다음, 부파불교(아비달마불교)와 대승불교(중국불교)를 공부하는 것이 바람직한 방법이다.(인도불교는 힌두교 사상, 중국불교는 도교－유교가 섞여 있어 아주 복잡다단하다.)

둘째, 매일 새벽에 1~2시간 좌선(坐禪)과 자비수행을 한다. 좌선을 마칠 때, 108배(오체투지－절하기)를 하면 아상을 여의는 데 아주 좋다. 좌선과 오체투지의 효과에 대해서는 스스로 알게 된다.

결론: 불교의 근본지식이 자신의 지혜가 되고, 좌선수행으로 마음이

고요해지면 맑고 순수한 마음으로 발원(發願)하여 중도(中道)에 포기하지 말고 꾸준히 정진하여, 열반(무고무락-無苦無樂)의 경지에 이르면, 일생을 자유롭고 편안하게 살게 될 것이다.

부처님은 6년 수행의 마지막으로 보리수 아래에서 연기법의 적용으로 모든 근본진리(삼법인)를 풀이하는 교설법을 얻어서, 다섯 비구와 사리불-목건련-마하가섭 등 1,250명의 제자들을 지도하여 아라한(Arhan-붓다와 동등)의 도과(道果)에 이르게 하였다. 월관 법당의 성불의 의는 부처님이 전해주신 진리의 말씀을 수행자가 자증(自證: 수행으로 체화)하여 부처님의 삶을 따라 살아가는 것을 의미한다. 성불을 해도 초월적 능력이나 초인간적 행위를 할 수 있는 것은 아니다.

월관이 다시 한 번 당부하고 싶은 말은, 불교는 자각 덕행이 전부라는 것이다. 견성성불해도 지금의 자신과 아무것도 달라지는 것이 없다는 것을 알아야 한다. 성불한 자신은 부처님이 살았던 그런 마음가짐으로 자신의 수행(생활)을 닦으며, 남을 위한 공덕을 쌓고, 불법을 많은 사람들에게 전하는 활동에 정진하자는 것이다.

자. 붓다의 교학관(佛陀 教學觀)

*붓다의 깨침은 인연법리-연기생멸이니,
우주자연의 유물론적 존재론의 진제진리다.
*붓다의 가르침은 인과법리-인과응보이니,
인간생활의 유식론적 교육론의 속제교설이다.
진제불교(인연법) 일진일법-무아연기
속제불교(인과법) 만법만설-수기교설
일법(一法)을 대각성도하면, 만법(萬法)을 해오(解悟)한다.
일법(一法)은 진제(眞諦)이고, 만법(萬法)은 속제(俗諦)다.
진제(眞諦)를 가르칠 때, 속제(俗諦) 방편(方便) 설법했다.

상근기(上根機)는 돈오(頓悟), 하근기(下根)機는 점수(漸修).

1. 유물관(唯物觀)

인연법(因緣法 – 연기생멸[緣起生滅], 제법무아[諸法無我])

*자연만물의 존재론이 바탕. 인연법 – 진제다.

*자각은 진제 – 무아연기(無我緣起)를 스스로 깨침이다.

*대승의 깨침 – 진제수행에서 본성(本性)을 보는 깨침이다.

*오온무아(五蘊無我) – 무아연기이니, 인연법 – 진제다.

2. 유식관(唯識觀)

인과법(因果法 – 인과응보[因果應報] – 자업자득[自業自得])

*인간의 인식 – 의식이 바탕. 인과법 – 속제다.

*교설은 속제 – 인과응보(因果應報)는 중생교화다.

*유식관은 우주의 중심이 인간이라는 인식관념이다.

고집멸도(苦集滅道) – 사성제는 교설이다. 속제다.

3. 중도관(中道觀)

유물관과 유식관을 아우른 중도관 – 속제다.

양극단에 집착하지 않는 인연 화합이 중도관이다.

*자연과 인간(생명)의 움직임 – 흐름을 알아 챙김이다.

*진공묘유(眞空妙有) – 진화(進化)를 알아 챙김이다.

4. 사제관(四諦觀)

수행법이 아닌 교학적 이론의 가르침이다. 속제다.

생멸사제(生滅四諦) – 무생사제(無生四諦)도 속제다.

*(인과법의 교학적 이론이니, 속제로 해석해야 한다.)

5. 사념관(四念觀)

불자의 실참 수행기법이다. 속제불교의 수행법이다.

'신수심법'을 관법수행으로 알아 챙기는 수행법이다.

6. 자각관(自覺觀)

줄탁동시수행으로 상근기 제자를 깨치게 했다.

대중에게는 속제불교의 교설(방편설)로 설법하였다.

7. 열반관(涅槃觀)

사념처수행(四念處修行)하여 심신청정을 이루었다.

일반 대중에게도 항상 열반의 상태를 보여주었다.

즉, 열반적정이란 지금, 여기, 깨어 있는 마음이다.

8. 설법관(說法觀)

일체 교설 – 설법은 모두가 속제 교리의 언설이다.

진리 깨침을 대중에게 요구하거나 가르친 적은 없다.

7. 월관 법당의 줄탁수행법(啐啄修行法)

근본불교는 유물론과 유심론을 융합한 '무아-연기' 사상의 종교다. 우주 존재론에서 깨침을 얻는 수행을 시작으로 하는 수행종교가 근본불교다. 근본불교에서는 깨침은 진제에서, '무아-연기'의 깨침을 대각득도로 보는 자연중심 종교이다. 덕행(교설-포교)은 속제에서 이루어지는 '보시-나눔'의 종교이며, 자리와 이타의 수행종교다.

인연 화합으로 자유와 평화와 번영을 지향하는 종교다. 붓다는 사문유관에서 중생구제를 스스로 발심발원(發心發願)하였고, 훗날 붓다는 아란야 고행에서 우주 일체의 무아론-연기생멸의 진리를 깨쳤다. 붓다는 사성제-고집멸도의 교리를 깨쳐서 가르쳤고, 인간의 탐진치를 해탈하여 열반에 이르는 수행이론을 깨쳤다.(속제의 진리로 해설하였다. - 월관 자증)

사성제의 도제(道諦)는 '정견-정념 수행'이니, 정견은 있는 대로 바로(본성-무자성) 보고, 알아 챙김(본성 그대로 깨침)하는 수행방법이고, 정념은 사념처 수행이니, '신수심법(身受心法)'을 마음으로 관하면서, 자신(몸과 마음)의 본성을 바로 보고, 몸 밖의 자연과 현상도 진리 그대로 본성을 보면서 진리를 깨치는 수행이다.

불교는 자각덕행을 실천하는 종교다.(월관이 천수[天授]한 불교관이다.) 자각은 스스로 진리를 깨치는 수행(Ehipassika-와서, 듣고, 스스로 깨쳐라.)이다. 덕행은 남을 먼저 생각하는 마음 자세(自他不二-慈悲修行-同體大悲)에서, 남과 나를 하나로 느끼면서 돕거나, 가르치거나, 나눔을 실천하는 생활수행이다.

붓다의 깨침과 가르침은 '인연인과법'이다. 우주 존재론의 인연법

(연기법)과 세상만사의 인과법이다. 즉, 연기생멸의 유물론적 진리이며, 인과응보-자업자득-선업선과-고집멸도의 유심론적 이론-교설이다. 근본불교는 진제에서 자각수행하고, 속제에서 덕행 보시한다.

월관 법당의 줄탁수행은 붓다가 대가섭 존자와 사리불 존자에게 진리를 깨치도록 생활환경을 제공한 함께하는 수행법을 따라 현대적으로 수행하는 자각수행이다.

붓다는 깨침 수행을 지도할 때, 수행자의 근기에 따라 맞춤 수행법으로 지도했으니, 줄탁동시수행은 상근기 수행자에게 함께 생활하면서, 붓다가 '자각자증'한 것을 생활 속에서 가르치고 보여줌으로써 수행자가 스스로 진리를 깨치도록 도왔던 수행이다.

줄탁 수행(함께 수행)은 수행 효과를 높이기 위해 지도자와 수행자가 함께 하는 수행이다. 고대 인도의 브라흐만교의 '우파니샤드 수행법'과 유사한 이 수행법은 붓다가 가섭 존자, 사리불, 목건련 존자 그리고 가전연 존자 등 상근기 수행자들을 모두 줄탁동시수행법으로 붓다의 자각 정법을 깨치도록 지도했다.

상근기 수행자는 깨침을 얻고 나서, 중생제도를 하게 된다 그러므로 그들은 반드시 붓다가 깨친 진리를 올곧게 깨쳐서 알고, 체화(體化)해야 한다. 체득-체화하기 위해서는 선배 각자(覺者)의 체험과 자증(自證)을 전수(傳受)받는 개별 지도-직접 대담 수행법인 줄탁수행이 가장 효과적이다.

상근기 수행자는 진제(眞諦)에서 바로 깨칠 수 있지만, 하근기 수행자들은 속제(俗諦)에서 붓다의 깨침과 가르침을 방편설(말과 글)로 배우고, 깨침 수행을 장기간에 걸쳐서 일로정진(一路精進)해야 깨칠 수 있다.

이제불교(二諦佛敎)는 깨침 수행과 중생 포교를 위해 매우 중요한 수행 개념이다. 진제(眞諦)에서는 진리 깨침을 얻을 수 있고, 속제불교(俗諦佛敎)에서는 중생제도(덕행보시－교설포교) 활동을 하는 것이 옳다.

근본불교의 사념처(신수심법)를 관하는 수행법이 간결하여 수행을 쉽게 할 수 있다.

월관 법당의 줄탁수행은 상근기 수행법이니 가장 수승한 수행이라고 믿는다.(월관 자중)

법사와 수행자가 한 마음으로 같은 진리의 길을 갈 때, 깨침 수행은 올곧게 이루어진다.

법사는 진리 깨침의 체험을 진솔하게 알리고, 수자는 법문을 빠짐없이 순수하게 알아 챙기면 깨침은 빠른 시간에 얻을 수 있다. 수자는 항상 깨침을 향한 진리의 의문을 풀기 위해 마음속에 품고 수행하여, 마음에 감동－충동이나, 특수한 느낌을 얻을 때 법사에게 알려서 인증을 받으면 깨침 수행이 빨리 이루어진다.(법사와 수자와 진리가 생활 속에서 하나가 될 때 진리 깨침은 자연스럽게 이루어진다. 이것이 줄탁수행이다.)

제3편

스스로 깨침을 얻은 월관 설법

본 편의 글은 진리 깨침 수행자들과
법문을 외치고, 수화로 대화하며
줄탁수행을 실행하는 창입니다.
수자는 설문의 요지를 외우고,
자신의 해득−의문을 만들고,
법사가 체득한 경험담을
수자가 적는 장입니다.

제1법문 부처님의 깨침 – 가르침

(죽비 – 3회)

시작예불(始作禮佛)

대자대비 부처님께 예배드립니다.(慈佛禮拜)

지혜 높은 부처님께 예배드립니다.(大師禮拜)

진리 깨친 부처님께 예배드립니다.(眞覺禮拜)

(죽비 – 3회)

01. 붓다는 출생 시, 두 발이 땅에 먼저 닿았다. – 난산 체득!

02. 붓다는 태어나면서부터 인생은 고해라고 느끼고, 깨쳤다.

03. 13세, '사문유관(四門遊觀)'에서 중생개고를 깨쳤다. 체증!

04. 29세, 출가 고행에서 해탈의 끝(열반[涅槃])을 스스로 깨쳤다!

05. 35세, 깨침은 중생개고의 해탈법(무아 – 연기 – 사제 – 사념수행)!

06. 붓다는 다섯 비구를 '오온무아 – 고집멸도'로 깨침을 얻게 했다!

07. 고진여는 한 번에 깨쳤다. 붓다는 돈오돈수를 직접 확인했다!

08. 하근기에게 삼전수행법으로 세 번 이상 반복 설법하였다!

09. 붓다는 깨침 수행법으로 60명을 깨치게 해서 전도선언했다!

10. 붓다는 60명의 법사에게 말했다. "무소의 뿔처럼 혼자서 가라!"

(죽비 – 3회)

마침 예불(終說禮佛)

위대한 가르침에 예배드립니다.(大覺禮拜)

자비의 가르침에 예배드립니다.(慈敎禮拜)

올바른 가르침에 예배드립니다.(正法禮拜)

(죽비 – 3회)

(죽비 - 3회)
시작예불(始作禮佛)
대자대비 부처님께 예배드립니다.(慈佛禮拜)
지혜 높은 부처님께 예배드립니다.(大師禮拜)
진리 깨친 부처님께 예배드립니다.(眞覺禮拜)
(죽비 - 3회)

01. 불각(佛覺): 연기법은 사람이 만든 것이 아니다. 자연의 진리!
02. 연기(緣起): 인연에 따라 생멸함은 자연 – 존재의 본성이다!
03. 일법(一法): 우주를 관리하는 법은 <연기생멸법>하나이다!
04. 불각(佛覺): 붓다도 <일법>을 깨쳤으니, <일법>만 깨치자!
05. 진각(眞覺): 붓다는 일법을 깨쳤다고 확신하고, 의심하지 말라!
06. 연기법을 깨치는 방법은 <무아 – 무상>을 먼저 깨쳐야 한다!
07. 무아(無我)를 깨치는 길은 '오온무아(五蘊無我)'를 깨침이다!
08. 세포 생명은 긴 것과 짧은 것이 있지만, 유전자는 윤회한다!
09. 깨침을 알아 챙기는 기관은 머릿속에 '해마 – 우뇌'가 한다!
10. 몸의 구성에서 '색'을 제외한 '수상행식'은 감수의식이다!

(죽비 - 3회)
마침 예불(終說禮佛)
위대한 가르침에 예배드립니다.(大覺禮拜)
자비의 가르침에 예배드립니다.(慈敎禮拜)
올바른 가르침에 예배드립니다.(正法禮拜)
(죽비 - 3회)

제3법문 오온무아와 고집멸도

(죽비 - 3회)

시작예불(始作禮佛)

대자대비 부처님께 예배드립니다.(慈佛禮拜)

지혜 높은 부처님께 예배드립니다.(大師禮拜)

진리 깨친 부처님께 예배드립니다.(眞覺禮拜)

(죽비 - 3회)

01. 붓다는 깨침을 이루고 다섯 비구들을 찾아 진리를 가르쳤다!

02. 붓다는 오온무아와 고집멸도만 깨치면 '깨침'을 인증했다!

03. 오온무아와 고집멸도를 가르치니 고진여만이 즉시 깨쳤다!

04. 남은 네 명은 <4×3=12회> 개별 3회 반복 설법 후 모두 깨쳤다!

05. 붓다는 '줄탁수행' '삼전십이행상'으로 진리를 깨치게 했다!

06. 줄탁수행은 상근기 수행자와 붓다가 일대일로 수행함이다!

07. 삼전12행상은 한 사람에게 세 번 이상 법문을 가르친 것이다!

08. 붓다는 처음 1년 동안 60명을 깨치게 하여 전도를 시켰다!

09. 60명 제자에게 전도선언을 하여 불교의 포교가 시작됐다!

10. 포교법사는 지식, 설법, 법향으로 대중포교를 해야 한다!

(죽비 - 3회)

마침 예불(終說禮佛)

위대한 가르침에 예배드립니다.(大覺禮拜)

자비의 가르침에 예배드립니다.(慈敎禮拜)

올바른 가르침에 예배드립니다.(正法禮拜)

(죽비 - 3회)

(죽비 – 3회)

시작예불(始作禮佛)

대자대비 부처님께 예배드립니다.(慈佛禮拜)

지혜 높은 부처님께 예배드립니다.(大師禮拜)

진리 깨친 부처님께 예배드립니다.(眞覺禮拜)

(죽비 – 3회)

01. 사법인(제법무아 – 제행무상 – 일체개고 – 열반적정)은 진속이제!

02. 제법무아 – 제행무상은 진제이고, 일체개고 – 열반적정은 속제이다!

03. 붓다의 깨침은 진제진리, 붓다의 가르침은 속제교설이다!

04. 진제 – 진리는 진제에서 체득하고, 속제 – 교설은 속제에서 설법한다!

05. 무아론은 연기법과 아울러 우주 존재론의 근본 이론이다!

06. 수행자는 '무아 – 연기'를 철저히 공부하고 꼭 깨쳐야 한다!

07. 무아를 깨치는 방법은 오온을 해체하는 게 제일 쉽다!

08. 나의 몸을 해부학적으로 명칭을 붙여 하나씩 살펴본다!

09. 머리(뇌)에서 몸(장기) 속으로, 다리 – 팔까지 분석해본다!

10. 결론: '나는 무엇인가?' 하는 의문을 찾아서 생각한다!

(죽비 – 3회)

마침 예불(終說禮佛)

위대한 가르침에 예배드립니다.(大覺禮拜)

자비의 가르침에 예배드립니다.(慈敎禮拜)

올바른 가르침에 예배드립니다.(正法禮拜)

(죽비 – 3회)

(죽비-3회)
시작예불(始作禮佛)
대자대비 부처님께 예배드립니다.(慈佛禮拜)
지혜 높은 부처님께 예배드립니다.(大師禮拜)
진리 깨친 부처님께 예배드립니다.(眞覺禮拜)
<죽비-3회)

01. 인생이란 무엇인가? 지수화풍의 조화-화합으로 움직임이다!
02. 인간은 생명 고리의 한 고리를 만들고 유전자를 물려주는 것!
03. 생명은 내 것도 아니고, 남의 것도 아니다. 생명윤회이다!
04. 인간은 생명의식과 감수의식으로 생활과 자기보존을 한다!
05. 생명의식이 아프면 병원에 간다. 생명의식은 마음이 아니다!
06. 감수의식의 정보는 좌뇌에 저장, 감동은 유전자에 저장된다!
07. 우뇌로 받는 감동작용이 수행자의 진리 깨침을 얻게 한다!
08. 수행자는 우뇌감각을 높이기 위해 예술-경기 감상이 좋다!
09. 무용공연을 볼 때, 내 마음을 무용수의 마음과 일치시킨다!
10. 음악연주를 들을 때, 내 귀를 지휘자의 귀와 일치하면 좋다!

(죽비-3회)
마침 예불(終說禮佛)
위대한 가르침에 예배드립니다.(大覺禮拜)
자비의 가르침에 예배드립니다.(慈敎禮拜)
올바른 가르침에 예배드립니다.(正法禮拜)
(죽비-3회)

제6법문 자비수행과 동체대비

(죽비 - 3회)
시작예불(始作禮佛)
대자대비 부처님께 예배드립니다.(慈佛禮拜)
지혜 높은 부처님께 예배드립니다.(大師禮拜)
진리 깨친 부처님께 예배드립니다.(眞覺禮拜)
(죽비 - 3회)

01. 자비는 붓다가 사문유관을 통해서 본 중생에 대한 자비이다!
02. 사문유관에서, 농부의 밭갈이에서 붓다는 약육강식을 깨쳤다!
03. 생명에 대한 자비심을 일으킨 데서부터 불교의 자비는 생겼다!
04. 중생자비가 불교의 자비사상의 뿌리인 것은 불교의 자랑이다!
05. 불교가 인류로부터 존경받고, 신앙종교가 된 것은 자비관 때문!
06. 붓다가 우주 근본진리를 유물관에서 깨친 것은 다행이다!
07. 붓다가 불교를 세운 것은 인간 존엄을 종교화한 것이다!
08. 불교는 자연진리를 깨치고, 인생고해를 생각하는 종교이다!
09. 불교는 미래종교로 진화 - 발전하는 자비지혜 중심의 종교이다!
10. 인간은 우주 - 자연 - 세상만물로부터 무한한 도움을 받고 있다!

(죽비 - 3회)
마침 예불(終說禮佛)
위대한 가르침에 예배드립니다.(大覺禮拜)
자비의 가르침에 예배드립니다.(慈敎禮拜)
올바른 가르침에 예배드립니다.(正法禮拜)
(죽비 - 3회)

제7법문 진제불교와 속제불교

(죽비 – 3회)
시작예불(始作禮佛)
대자대비 부처님께 예배드립니다.(慈佛禮拜)
지혜 높은 부처님께 예배드립니다.(大師禮拜)
진리 깨친 부처님께 예배드립니다.(眞覺禮拜)
(죽비 – 3회)

01. 월관 법당의 이제불교는 깨침 수행의 주요한 수행 방편이다!
02. 월관 법당은 진제불교와 속제불교를 혼합하며 줄탁수행한다!
03. 월관 법당의 깨침은 진제에서, 덕행은 속제에서 해야 한다!
04. 교설에서 이제불교를 뒤섞어 설법하면 깨침 수행이 어렵다!
05. 오온무아 – 십이연기 – 사성제 – 사념처 설법은 모두 속제교설이다!
06. 깨침 수행자들은 깨침 대상을 바로 알고 정진해야 깨친다!
07. 깨침 수행의 대상은 일법 – 무아론 – 연기법 하나밖에 없다!
*깨침의 수행 대상인 무아론과 연기법은 동전의 앞뒤와 같다.
08. 우주 근본진리 – 일체 존재본성을 지키는 '인연법'은 자연법이다!
09. 월관 법당의 깨침은 '인연법'으로, 덕행은 '속제교설'로 한다!
10. 월관 법당의 수행자는 모든 교설법문은 속제로 알아야 한다!

(죽비 – 3회)
마침 예불 – (終說禮佛)
위대한 가르침에 예배드립니다.(大覺禮拜)
자비의 가르침에 예배드립니다.(慈敎禮拜)
올바른 가르침에 예배드립니다.(正法禮拜)
(죽비 – 3회)

제8법문 현대과학과 자각불교

(죽비 - 3회)
시작예불(始作禮佛)
대자대비 부처님께 예배드립니다.(慈佛禮拜)
지혜 높은 부처님께 예배드립니다.(大師禮拜)
진리 깨친 부처님께 예배드립니다.(眞覺禮拜)
(죽비 - 3회)

01. 순수과학 이론은 월관 법당의 깨침 수행에 큰 도움을 준다!
02. 지구상의 생명은 37억 년 전, 인간의 조상은 5만 년 전에 출현!
03. 지구의 생명달력을 만들면 인간 역사는 12월 31일 23시 59분!
04. 지구생명과 비교하면 인간생명은 하루 24시간의 1초보다 짧다!
05. 짧은 시간을 살아온 세계 인류는 66억 명. 계속 증가하고 있다.
06. (생물학자는)자연생명과 함께 살 수 있는 인류의 수는 400만 명!
07. 인간의 과학 – 산업의 발달은 지구 괴멸의 길을 만들어 가고 있다!
08. 인간의 문명은 초고속으로 발전했지만 지구를 지킬지 의문이다.
09. 태양계 밖에서 인간이 살 수 있는 별을 찾아 나서고 있다!
10. 인간의 문명을 정지시키고, 농사만 짓고 살아 갈 수 있을까?

(죽비 - 3회)
마침 예불 – (終說禮佛)
위대한 가르침에 예배드립니다.(大覺禮拜)
자비의 가르침에 예배드립니다.(慈敎禮拜)
올바른 가르침에 예배드립니다.(正法禮拜)
(죽비 - 3회)

제9법문 붓다불교와 대승불교

(죽비 – 3회)

시작예불(始作禮佛)

대자대비 부처님께 예배드립니다.(慈佛禮拜)

지혜 높은 부처님께 예배드립니다.(大師禮拜)

진리 깨친 부처님께 예배드립니다.(眞覺禮拜)

(죽비 – 3회)

01. 붓다의 불교 개교 동기는 브라흐만교가 인간 구제를 못했기 때문!

02. 붓다가 불교의 가르침을 펼친 내용은 자비와 지혜의 보시활동!

03. 붓다의 깨침과 가르침은 근본진리인 무아무상 – 연기생멸이다!

04. 붓다의 초기불교 가르침은 포교 법사를 대상으로 실행했다!

05. 붓다의 친설교리는 오온무아 – 사제법문 – 십이연기 – 사념처 수행!

06. 아비달마 불교는 경장을 문자로 완성, 율장과 논장까지 저술!

07. 상좌부는 붓다의 말씀을 바탕으로, 대중부는 붓다의 뜻을 따라!

08. 상좌부는 전통을 중시했고, 대중부는 진보적 불교를 지향했다!

09. 용수보살은 중도공관 – 무생무멸을 대승불교의 중심에 놓았다!

10. 대승불교를 세운 용수보살은 연기생멸 – 생멸사제를 거부했다!

(죽비 – 3회)

마침 예불(終說禮佛)

위대한 가르침에 예배드립니다.(大覺禮拜)

자비의 가르침에 예배드립니다.(慈敎禮拜)

올바른 가르침에 예배드립니다.(正法禮拜)

(죽비 – 3회)

(죽비 – 3회)
시작예불(始作禮佛)
대자대비 부처님께 예배드립니다.(慈佛禮拜)
지혜 높은 부처님께 예배드립니다.(大師禮拜)
진리 깨친 부처님께 예배드립니다.(眞覺禮拜)
(죽비 – 3회)

<u>自覺德行頌 – 月觀自證錄</u>

<u>一法大覺 衆生濟度(佛陀의 大覺性) – 發心發願 衆生濟度</u>
첫째 깨침은 緣起法을 깨쳐 無我 – 無常의 眞理體得
둘째 깨침은 四聖諦를 가르쳐 衆生濟度: 解脫涅槃
宇宙萬法은 緣起生滅하고, 一切衆生은 業藏이 輪廻
緣起生滅, 無我無常, 一切皆苦, 苦集滅道, 解脫涅槃
一眞法 唯物論的 眞諦, 萬法敎說은 唯識論的 俗諦
佛陀는 眞諦眞理와 俗諦敎說과 四念修行을 가르쳤다.

<u>一切緣起 萬法無我(佛敎의 眞理性) – 佛敎 바탕은 存在論</u>
宇宙의 一切存在는 緣起生滅하므로 假有的 現象이다.
通佛敎는 唯物論과 唯識論을 아울러 中道論을 펼쳤다.
宇宙本性은 緣起生滅이니, 自性輪廻로 無始無終이다.
一切緣起, 一切無我, 一切無常, 一切皆苦, 眞覺成佛.
苦集滅道, 身受心法, 業藏輪廻, 啐啄修行, 方便濟度.
月觀法堂의 五法印과 五修行은 正法修行의 核心이다.

一身二識 佛心無我(佛心의 無我觀)－깨친 이의 一切無我觀
無我觀을 깨치면 自然現象을 本性 그대로 보는 것이다.
佛心은 現象의 本性을 總觀하고, 衆生心은 分別智로 본다.
眞覺은 衝擊感의 右腦體得, 知覺은 左腦로 느낀 六識이다.
本能意識은 生命維持 意識이며, 體感意識은 六根意識이다.
一身의 生命은 本能意識과 體感意識이 相依하여 維持한다.
根本佛敎(唯物論＋業藏輪廻)－大乘佛敎(唯識論＋六道輪廻).

一眞正念 自覺德行(佛子의 修行道)－信解行證 自覺德行
佛敎는 自覺德行을 通해 깨친 '佛性'을 믿는 自然中心宗敎.
根本佛敎(一眞法界 萬法緣起), 大乘佛敎(一心法界 萬法心造)
'身受心法'을 바로 알아 챙기는 깨침이 一眞正念 수행이다.
깨침을 얻는 길은 自覺뿐이요, 그 깨침의 完成은 德行뿐이다.
修行으로 佛性을 찾고 無我를 깨치면 德行을 實踐해야 한다.
내가 깨친 경험으로 남들을 깨치게 해야 바른 깨침법이다.

一乘佛道 利他慈行(佛敎의 宗敎性)－生活에서 自利利他
皆苦는 貪慾－瞋崖－無明－分別－執着 때문이니 버려야 한다.
貪着은 萬苦의 始初이며, '不二法門'은 緣起法의 解說이다.
眞諦는 하나의 眞理로 說하고, 俗諦는 둘의 分別로 설명한다.
方便說은 無明衆生에게 眞理를 알리는 俗諦의 比喩 說法이다.
佛敎의 無上正等正覺은 宇宙一切의 緣起生滅을 '自覺 自證'
佛道의 一切法은 衆生濟度이니 利他慈行이 一乘 佛道이다.

自覺德行－啐啄修行－眞正念－觀法修行－解脫涅槃
無苦無樂－無念無想－自覺佛敎－月觀法堂－月觀自證
(1996~2000~2005~2010)

01. 상근기 수행법은 돈오돈수: 기본교리에서 올곧게 깨친다!

02. 깨침은 돈오돈수이니 한 번 깨치면 평생 몸에 간직한다!

03. 깨침의 대상은 무아무상－연기생멸법이니 근본진리이다!

04. 깨침의 도구는 사성제와 사념처 수행이니 정념 수행한다!

05. 깨침의 방법은 스스로 찾은 의심을 품다가 알아 챙긴다!

06. 깨침의 느낌은 찰나적, 충격적인 느낌으로 광명을 본다!

07. 깨침을 얻으면 속제진리를 얻으려는 욕망이 생기지 않는다!

08. 깨침을 얻으면 우주만법을 순수한 그대로 받아드리게 된다!

09. 깨침을 얻어도 중생제도를 위한 보임수행은 더 필요하다!

10. 깨침의 완성은 중생구제와 설법－덕행－보시를 해야 한다!

11. 깨침은 붓다가 깨친(내용) 근본진리(무아연기)의 깨침을 말한다!

12. 깨침 수행에는 남방·북방불교에서 행하는 다양한 수행법이 있다!

13. 남방불교는 '위빠사나 수행법', 북방불교는 '화두 참선법'이다!

14. 월관 법당의 줄탁수행은 붓다가 직접 실행한 수행법을 말한다!

15. 남방·북방불교의 수행법은 진화를 했다지만, 줄탁수행법이 더 좋다!

16. 위빠사나 수행법은 '수기설법'이지만, '자증전수'가 전혀 없다!

17. 화두 참선 수행법은 '스승－제자 사이에서만 깨침이 인정된다!

18. 스승은 제자의 깨침을 인정해도, 그 깨침을 다른 사람은 모른다!

19. 세계불교의 포교법사가 되려면, 진리 깨침을 얻어야만 한다!

20. 줄탁수행의 특성은 자증전수, 비밀 없이, 순수하고, 간명하다!

21. 붓다가 사리불, 마하가섭과 2년 동안 함께 수행한 줄탁수행!

22. 월관 법당의 '진각성도'의 수행법으로 '줄탁수행'은 상승선이다!

23. 월관 법당의 '육인일조 도반수행'은 수자들이 상의공생의 수행법!

24. 자각은 진리는 유물론에서 깨치고, 덕행은 유식론에서 설한다!

25. 자각은 유물론과 유식론 한쪽에 머물지 않고, 중도론으로 설한다!

26. 자각덕행은 불교의 전부를 표현한 붓다의 깨침과 가르침이다!

27. 자각덕행은 월관이 1996년, 사하라 사막 한가운데서 천수하였다!

28. 자각이란 불교의 정법을 깨치는 길이요, 덕행은 중생제도의 길!

29. 자각은 자리의 길이요, 덕행은 이웃을 나와 같이 생각하는 길!

30. 자각은 내가 먼저 붓다가 되는 길, 덕행은 자비수행을 하는 길!

31. 붓다대각: 일법대각은 무아연기이고, 중생제도는 자비수행이다!

32. 붓다수행: 근본불교 수행에는 '진제진각'과 '속체교설'이 있다!

33. 진제 깨침은 함께 생활수행으로 줄탁동시수행의 길이 있다!

34. 진제 깨침은 상근기 수행자에게 스스로 깨치도록 함께 수행했다!

35. 상근기 수행자는 무아 – 연기를 체득하여, 깨침을 얻는 각자가 된다!

36. 속제교설은 주로 대중 교화를 위해 방편설로 설법하는 길이다!

37. 생활불자는 깨침 성불보다는 덕행 – 공덕의 생활로 교화하였다!

38. 일체는 연기하고 만법은 무아, 불교의 진리는 존재론의 밝힘이다!

39. 우주와 세상의 만물은 있는 것으로 보이지만 모두 가유이다!

40. 우주 – 세상에는 영원불변하는 것은 아무것도 없다는 게 진리!

41. 유물론과 유식론으로 생기고, 인식되는 일체는 가유로 존재한다!

42. 붓다의 가르침은 오온무아 – 고집멸도 – 십이연기 – 신수심법!

43. 붓다는 깨친 후, 다섯 비구와 55명 제자를 가르쳐 전도선언했다!

44. 월관은 영혼윤회를 부정, 업장윤회가 생명윤회의 본질이라고 본다!

45. 붓다의 마음은 '무심 – 무아'이고, 중생의 마음은 '일신이식'이다!

46. 붓다는 세상을 '하나'로 보고, 중생은 현상을 항상 '둘'로 본다!

47. '하나'로 보면 진제진리를 보고, '둘'로 보면 속제지식을 얻는다!

48. 사람의 몸은 '하나'인데, '의식'은 생명의식과 체감의식이 있다!

49. 생명의식 – 무의식 – 몸 관리, 체감의식은 육근의식 – 마음이다

50. 근본불교는 유물론 – 업장윤회, 대승불교는 유식론 – 육도윤회 신봉!

51. 진리는 하나요, 수행은 정념! 불자의 수행도는 신해행증 – 자각덕행!

52. 근본불교는 자연중심 종교이고, 대승불교는 인간중심 종교이다!

53. 근본불교도 사람을 중요시하지만 사람을 자연의 일부라고 본다!

54. 사람이 살아갈 도리는 자연의 진리법칙을 지키고 따라가는 것이다!

55. 깨침 수행자는 '자리행'에서 깨치고, '이타행'에서 덕행을 베푼다!

56. 불교가 가르치는 설법은 <중생제도 – 이타자행>이 일승의 길이다!

57. 결어: 자각덕행, 일진정념, 줄탁수행, 해탈열반, 무고무락, 무념무상

    結語: 自覺德行, 一眞正念, 啐啄修行, 解脫涅槃, 無苦無樂, 無念無想

58. 개인은 위대하다. 인류문화에서 개인은 큰일을 했다.

붓다를 비롯한 공자-예수가 설한 교훈은 종교가 됐다.

붓다가 불교를 세우는 데 큰 후원을 한 자는 빈비사라 왕이다.

불교가 통일인도의 국교가 된 것은 아쇼카 왕의 (살생)참회였다.

59. 월관 법당은 세계종교 중에서 진리를 깨치는 수행을 한다.

월관 법당은 깨침으로 수행하고, 삶 속에서 실천해야한다.

지구인간의 미래종교는 깨침으로 살아가는 종교가 될 것이다.

(죽비-3회)

마침 예불(終說禮佛)

위대한 가르침에 예배드립니다.(大覺禮拜)

자비의 가르침에 예배드립니다.(慈敎禮拜)

올바른 가르침에 예배드립니다.(正法禮拜)

(죽비-3회)

(죽비 – 3회)

시작예불(始作禮佛)

대자대비 부처님께 예배드립니다.(慈佛禮拜)

지혜 높은 부처님께 예배드립니다.(大師禮拜)

진리 깨친 부처님께 예배드립니다.(眞覺禮拜)

(죽비 – 3회)

01. 진리 깨침법은 자각한 법사와 수자가 줄탁수행함이 최상 승선!

02. 월관 법당도 대승처럼 선수행을 '교외별전 – 불립문자'로 본다!

03. 월관 법당은 우주 근본진리의 깨침을 수행목표로 삼고 있다!

04. 대승불교의 간화선수행 깨침 대상은 '중도 – 견성＝中道見性'!

05. 월관 법당의 줄탁수행의 깨대상은 '무아연기(無我緣起)!

06. 월관 법당의 줄탁수행 상근기 수자는 6개월이면 진각득도!

07. 붓다는 마하가섭과 사리불에게 줄탁수행으로 함께 수행했다!

08. 자각수행은 근본진리 깨침으로 일단락 짓고, 덕행 보시한다!

09. 근본불교에서 진리 깨침을 얻으면, 사상 – 교리에 혼돈은 없다!

10. 진리 깨침은 왜 얻어야 하나? 진리를 깨치면 지혜를 얻는다!

(죽비 – 3회)

마침 예불(終說禮佛)

위대한 가르침에 예배드립니다.(大覺禮拜)

자비의 가르침에 예배드립니다.(慈敎禮拜)

올바른 가르침에 예배드립니다.(正法禮拜)

(죽비 – 3회)

제12법문 자각불교의 미래 향방

(죽비 – 3회)
시작예불(始作禮佛)
대자대비 부처님께 예배드립니다.(慈佛禮拜)
지혜 높은 부처님께 예배드립니다.(大師禮拜)
진리 깨친 부처님께 예배드립니다.(眞覺禮拜)
(죽비 – 3회)

01. 자각불교는 근본불교를 지키며 세계불교 – 미래불교를 지향한다!
02. 자각불교는 근본불교를 바탕으로 미래불교를 지향하는 운동이다!
03. 자각불교는 줄탁수행을 통해서, 근본진리를 깨치는 불교수행이다!
04. 자각불교의 줄탁수행법은 묵언수화 – 자각체득의 수련 – 수행이다!
05. 자각불교의 법사와 보살은 육인일조 – 자율활동을 실천해야 한다!
06. 자각불교의 인적 – 활동조직을 육인일조로 하여 청정불교를 지킨다!
07. 자각불교의 포교법사는 석가세존의 대리자로서 인격수행을 닦는다!
08. 자각불교는 석가세존 부처님만 믿고, 정법 진리 수행을 실행한다!
09. 자각불교는 미래인류의 자유 – 평화 – 번영을 위한 새로운 운동이다!
10. 말법시대는 붓다의 진리를 깨친 지도자가 나타나기 어려운 시기다!

(죽비 – 3회)
마침 예불>(終說禮佛)
위대한 가르침에 예배드립니다.>(大覺禮拜)
자비의 가르침에 예배드립니다.>(慈敎禮拜)
올바른 가르침에 예배드립니다.>(正法禮拜)
(죽비 – 3회)

제4편

삶에서 얻은 지혜로 세상을 바라보다

자각불교의 수행과 포교
진리 깨침 수행은 6인 도반이
함께 줄탁수행한다.
도반 수행이 끝나면
각자 사는 곳에서 수행－포교한다.
자각불교는 생활불교로서
세계불교를 지향한다.

책으로 흘러간 인생이야기를 쓴다는 것은 정확하지도 않고, 쓰는 사람에게 별로 이로울 것이 없다. 글을 쓰는 사람의 생각과 책을 읽는 사람의 이해가 맞지 않는 경우가 많기 때문이다. 그러나 지구인간의 역사와 문화 속에서 책이라는 글의 문화를 제외하고, 다른 방법으로 한 사람의 생각과 지식과 지혜와 경험을 다른 사람들에게 전할 수 있는 길은 없다. 영상 매체가 발달하여, 느낌과 감정과 움직임을 전하는 역할은 잘 하고 있지만, 문자 매체보다 깊은 뜻을 전하는 효과는 책이 더 크다는 것이 정론이다. 종이로 된 책과 전자기구를 이용한 전자책까지 나왔지만, 결국은 문자로 글을 쓰고, 독자는 글자를 통해서 남의 생각과 지혜와 정보를 전달 받는 출판문화가 인류 공통의 정보문화교류의 대표적인 수단이다.

얼마 전에 『불교의 진리를 찾아서, 스스로 깨치는 길』이라는 제목으로 큰 책(1014쪽)을 출판해 보았으나, 책의 값도 너무 비싸고, 책도 너무 두터워서, 사서 읽을 사람이 적다는 평을 받고, 비매품으로 남겼다. 앞으로 『근본불교에서 깨치는 수행=自覺佛教 修行經』이란 이름으로 먼저 출간한 책을 줄여서 개정판을 낼 생각을 하고 있다.

그러나 불교의 진리를 깨치려는 사람이라면, 큰 책이지만 한 권의 책은 읽어야 하고, 6개월 정도의 기간은 정진수행을 해야, 우주의 진리—불교의 정법을 깨쳐서, 일생 동안 자비와 지혜를 바탕으로 한 편안한 생활을 할 수 있을 것이라고 생각한다. 하지만 큰 책을 가지고 그런 수행자를 만날 기회가 결코 쉽지 않다는 것이 법사와 수행자들의 현실이다.

1936년, 저자가 세상에 태어난 시기(天運)는 별로 좋지 않았다. 조선반도가 일본 제국주의의 식민지로 있던 때였으니까, 초등학교에 입학을 하는 데도, 입학시험을 치러야 했다. 7~8세 나이에 혼자서 처음 만나는 선생님의 질문에 대답을 해야 했다. 코흘리개들이 한 줄로 서서, 선생님들이 앉아 있는 책상 앞을 지나면서, 일본말로 묻는 질문에 대답을 해야 했다.

선생님이 물었다. "고레가 난 데스까?"(이것이 무엇입니까?) 일본어 교과서에 있는 일본 국기를 가르치며 물었다. "국기－國旗!" 퉁명스럽게 말했다. 웃었던 선생님은 조선 사람이었고, 입학을 하고 보니, 그분이 우리 반, 담임선생님이었다.

나는 1945년 조선반도가 해방될 때까지, 3년 동안 계속해서 반에서 학업성적이 1등－우등생이었다.

해방된 조국의 현실은 지금 생각해 보면 비참했다. 식량도 부족했고, 에너지－산업 자원도 없었고, 학교에서는 교과서도 몇 권 밖에 없었다. 4－5－6학년이 같은 교과서를 가지고 공부를 했으니, 학교교육도 역시 비참했다. 나는 5학년 때, 담임선생님의 권유로 (4학년 때 6학년 교과서를 모두 공부했으니까) 학급 교육은 받지 않고, 뒷동산에 가서, 외우는 책을 혼자서 읽으며, 학교수업시간을 혼자서 보냈고, 그 결과 5학년에서 중학교로 진학을 하게 되었다. 중학교 3년 동안에도, 계속 우등생으로 열심히 공부했다.(나는 요즈음 손자들에게 천재와 같이 공부를 잘 하지 말라고 권한다. 천재에게는 재물 복이 없으니, 학교공부를 잘 하면, 사회생활이 편하지 않고, 남들보다 고생이 더 많다고 가르쳐 준다.)

1950년 6월 25일, 북한의 김일성은 소련군대의 탱크와 따발총으로 무장한 인민군을 조국통일을 명분으로 38선을 넘어서 대한민국을 쳐

들어 왔다. 이승만 대통령은 라디오 방송을 통해서, "친애하는 국민 여러분! 전쟁이 났습니다."라고 시국성명을 발표했는데, 이 라디오 방송이 '녹음 방송'이라는 것을 서울 시민들은 몰랐다. 경무대(지금의 청와대)에서 직접 말씀하시는 줄로 알았던 서울－경기 사람들은 피난길을 떠날 생각도 하지 않았고, 며칠(3일)을 기다리다가 결국엔 북한의 탱크부대가 미아리 고개를 넘어서, 한남동 한강까지 점령을 했으니, 대부분의 시민들은 그대로 '독에 갇힌 쥐의 신세'가 되고 말았다.

　나의 부친은 이런 시기에 경북 안동에서 나무 장사(마산성냥 공장에 목제를 공급)를 하고 있었는데, 강원도 원주에서 경상남도 울산까지 기차역 마다 여러 화물차에 실을 많은 미루나무와 소나무를 쌓아두고, 전쟁을 맞이했다. 6·25전쟁은 우리 집을 완전히 폐가를 만들고 말았다. 그 결과 부모님은 자식교육을 시킬 능력을 상실하였고, 나는 고등학교 공부를 집에서 독학을 하면서, 낮에는 산에 가서 잡초를 베어다가 땔감을 만들었다. 대학은 2학년 때, 등록금이 없어, 육군의 영장을 받고 입대하고 말았다. 군에 근무하면서, 야간대학을 마치는데 8년의 시간이 걸렸다.

"너는 목자가 되라! 종교수행은 자각덕행이니라!"
'자각덕행' 한 마디가 월관을 개종시켰다.

1982년 1월 9일 오후, 월관은 여의도 아파트에서 점심을 먹고, 소파에 앉아서 신문을 읽고 있었다. 여의도 광장이 보이는 맑은 하늘에서 갑자기 번개가 치면서, 벼락이 나의 이마와 눈을 덮쳤다. 나는 그 순간 정신을 잃었고, 눈을 떠 보니, 앞이 보이지 않았다. 한 순간이 지나자, 천둥이 치면서 하늘에서 큰 소리로, "너는 목자가 되라!"는 우렁찬

소리가 나의 정신을 다시 맑게 만들어 주었다.

나는 그 뒤 몇 년을 두고 기독교 신학대학(야간대학)을 찾아 다녔으나, 신학대학에서는 나와 같은 나이 많은 사람은 입학을 받아주지 않았다. 그리고 시간이 흘러 1996년 3월에 나는 '두아 건설회장'의 요청으로 리비아를 향해 떠났다.

리비아로 떠나기 직전에 나는 최 보살님을 만났다. 보살님은 나의 가슴에 못을 박는 말씀을 해 주었다. "김 선생님은 지금부터 오직 남을 위한 일만 해야 합니다. 그런 삶을 살면, 건강도 걱정할 필요가 없고, 삶은 편안해질 것입니다." 남은 인생 동안 잊을 수 없는 고귀한 말씀이었다. 이 말씀은 나의 인생을 점쳐준 '운명'으로 받아들였다.

8월 초순까지 계속 건설사업의 수주를 하기 위한 리비아 정부 기관의 관리들과 접촉을 시도해 보았지만, 성사는 한 건도 이루지 못하였다. 그렇게 지내는 동안 서울에서는 첫 손자가 태어난 날이 다가오고 있었다. 바로 이날이 8월 9일이었다. 점심을 먹고 쉬고 있는데, 난데없이 천주교 신부 한 분이 나를 찾아 왔다. 찾아온 손무진 신부님은 동아건설에서 지하수 개발공사를 하는 노동자들의 주일미사를 위해서 가다피 대통령의 특명으로 리비아에 올 수 있었다고 자기 신분을 밝혔다.

나는 그의 경상도 말투를 듣고, 대구 교구에서 오셨지요? 했더니 그는 그렇다고 대답했다. 나의 천주교 생활 40년을 함께 했던 이명우 신부님과 김영옥 신부님의 안부를 물었다.(그의 표정이 갑자기 바뀌면서) "두 분 모두 세상을 떠났습니다. 이명우 신부님은 6년 전에 돌아가셨고, 김 신부님은 지난 6일에 돌아가셨습니다." 나는 평생 처음으로 가슴이 터지는 울음을 울었다. 그리고 나서 손 신부님을 떠나보냈다.(손무진 신부님은 현재 대구두류성당 본당신부로 계신다.)

그날부터 매일 오후 2시, 나는 내 방에서 두 분의 명복을 비는 기도를 했다. 8월 15일 '성모몽소승천일'이 되었다. 나는 기도를 마치려고, 마지막 기도에서, 두 신부님들께 물었다. "내가 죽어서 신부님들을 만나려면, 어떤 종교를, 어떻게 믿어야 합니까?"라고 했더니, 하늘에서 천둥소리가 나면서, "자각덕행이니라!"는 큰 하늘 소리를 들려주었다.

놀란 나는 '자각덕행'을 종이에 썼다. 그리고 8월 23일 서울에 돌아왔다. 며칠 뒤에 나는 성보사 주지(나의 사주를 봐 주던 분)를 찾아갔다. 자각덕행을 얻은 사연을 소상히 이야기했다. 그랬더니 그는 흰 봉투 하나를 주면서, 집에 가서 열어 보라고 했다.

집으로 돌아와서 열어 보았더니, '대한불교법사회 불교대학 입학원서'였다. 밤을 새우면서 고민했다. 이튿 날 아침에 나는 그 지원서를 작성하여, 우송했다. 이렇게 해서 나는 천주교에서 불교로 개종을 하게 되었다.

1997년 대한불교 법사회 불교대학(이사장 목정배 박사)에 입학하여 불교수행을 시작했고, 1999년에 법사가 되었다. 이어서 금강선원(혜거스님)에서 유식불교와 참선수행법을 배웠고, 능인선원(지광스님, 최봉수 박사)에서 근본불교를 배웠고, SATI SCHOOL(붇다 빨라 스님)에서 위빠사나(정념-관법) 수행법을 배웠다. 불교대학 2년과 여러 법당에서 기초교리와 수행법을 마치고 보니, '불교는 한마디로 자각덕행이었다.'

월관은 근본불교에서 부처님이 깨친 진리와 가르친 깨침의 수행법을 찾고자 13년의 고행을 거쳐서, 2010년 3월 24일 분당 정자역 앞에 '자각불교-월관법당'을 열었다. 월관은 석가모니 불교의 근본교리와 깨침 수행법을 가지고, 미래붓다를 바라는 수행자들과 함께 일로정진할 것이다.

2. 역사상 처음 세계로 나간 주월한국군 장병들

1965년 9월, 미국은 국제공산국가들의 태평양진출을 막기 위해서, 월남전쟁을 확전시켰다. 미군 55만명, 한국군 5만명, 호주와 뉴질랜드, 태국과 비율빈 군대까지 월남전쟁에 참전시켰다. 주월한국군은 맹호사단, 백마사단, 청룡해병여단, 군수지원단, 비둘기부대(공병단)와 해군수송단으로 구성되어, 1973년까지 8년 동안 연인원 32만 명의 장병들이 월남전쟁에 참전했다.(나와 3만여 명의 장병들은 참전 당시에 입은 피해로 지금 '고엽제 환자'가 되어 신병을 치료하고 있고, 후손들의 건강까지 걱정하고 있다.)

이때, 우리 군인들은 국가의 위상이 높아졌음을 알게 되었고, 6·25전쟁 때, 16개국에서 파견된 UN군의 참전에 대한 보은의 뜻을 새기며, 동시에 국가의 산업 발판이 된 대한민국의 씨돈(산업자금)을 만드는 업적을 올리면서, 부국강병－富國强兵을 외쳤다.

당시 주월한국군은 미국의 군사원조를 받으면서, 모든 군수보급을 미국군원에서 조달했었다. 김치를 가장 먹고 싶던 장병들에게 일본 사람들이 하와이에서 만든 백김치를 장병들에게 먹으라고 했을 때, 모든 장병들은 미군 군수관들이 보는 자리에서 깡통을 열어서, 맛만 보고서 그냥 통째로 쓰레기통에 던지고 말았다. 그 후, 대한식품(주)에서 만든 '고추김치 시제품'이 왔을 때, 장병들은 미친 듯이 좋아했다. 이 두 광경을 본 미국군수관들은 '한국산 고추김치 깡통'을 공급하기로 결정했다.

지금 대한항공의 시작은 이렇게 일어났다. 고속버스 6대를 가진 한진운수(주)－조중훈 사장은 맹호부대가 상륙한 월남 퀴논 항에서 19

번 국도를 서쪽으로 가서 앙케고개(앙케Pass)를 지나 미군4사단까지 군수물자(포탄과 소총실탄)를 공급하는 운수사업을 했다. 19번국도 약 20km를 맹호부대가 지키고 있었다. 2년 뒤, 재계약을 할 시기가 되었을 때, 미군당국은 이 계약을 다른 나라 운수업자와 더 싼 값으로 하겠다고 했다. 그래서 주월한국군사령부는 정면으로 반대했다. 만약 그렇게 되면, 19번 국도와 앙케PASS의 적의 공격을 미군이나 월남군이 맡으라고 제의했다. 그래서 결국 한진운수는 재계약에 성공했다. 조중훈 사장은 맹호사단에 감사하다는 인사와 함께 금일봉(16만 불)을 장병위문금으로 내 놓았고, 이를 각급 지휘관들(연대장, 대대장, 중대장)에게 나누어 주었다.

월남전쟁을 치루면서, 외국군으로는 우리군대가 지키는 넓은 중부지역이 유일한 평정지역이 되었고, 월남사람들이 자유롭게 생활할 수 있었다. 장병들은 야전포병들이 쏜 포탄 껍질을 모아서, 망치로 넓적하게 만들어 귀국 BOX에 넣어서 귀국했다. 부산항에 도착하여, 이 포탄껍질은 모두 회수하여 팔았다. 그 돈으로 지은 고등학교가 춘천과 서울용산구에 각각 생겨서, 군인 가족들의 학생들이 다니게 되었다.

주월한국군 장병들은 국가를 위해 생명을 바쳤고(노량진 국립현충원 월남전쟁 전사자 묘역) 세계인들이 주시하는 훌륭한 전술(철통같은 중대전술기지작전과 물과 고기를 분리하는 비정규전작전(모택동작전)을 보여 주었다. 그리고 조국의 발전을 위해서 온갖 희생과 봉사를 아낌없이 다 했다. 위대한 지도자와 많은 장병들의 희생이 있었기 때문에 가능했다고 믿는다. 정치를 하는 분들은 다른 생각도 할 수 있지만, 우리의 역사가들은 20세기 중간에 박정희 대통령과 채명신 장군에 대한 재평가를 해 줄 것으로 믿어 의심치 않는다. 일본역사에서만 명치유신이 필요했던 것이 아니었고, 우리에게도 유신 정권이 필요했었다. 일본의 천하통일을 이룬 군인들이 조선을 침략한 임진왜란을 성공적으로 마무리 한 이순신 장군의 업적과 그 정신이 다시 월남전에서 채명신 장군에게 이어져, 대한민국은 전 세계인들이 알아주는 위대한 나라가 되었다.

당시 박정희대통령은 군사혁명으로 정권은 잡았지만, 6·25전쟁으로 폐허가 된 나라 살림을 일으켜 세운 공로가 높이 평가되어, 역사상 처음 국가 유신이라는 한 시대의 개혁을 이루어냈다. 일본도 160년 전에 명치유신 시대를 거쳐서, 개국정책을 펼쳤듯이, 박대통령도 그와 같은 생각을 했을 것으로 믿는다.(일본은 100년 이전까지는 조선반도에 있던 여러 나라들보다 후진국이었다. 1850년 이후, 명치유신을 거치면서 나라를 서양국가에 개방하여 빠른 발전을 하였고, 지금은 일본이 대한민국보다 30년 정도 앞선 선진국이 되었다고 본다.—월관자증)

국가 유신을 정치계에서 보는 시각은 다르겠지만, 국민이 쌀밥과 고기 국(쇠고기국)을 먹는 것이 북한정권을 60년 동안 잡고 있는 김일성—김정일 부자의 소원이란 말을 바로 이해한다면, 박정희—전두환 두 정권의 업적들은 조선반도 역사에 오래토록 기록될 것이다. 독자 여러분! 우리반도의 통일은 중국대륙이 완전 통일(대만정권과 중국공산당이 사라짐)되면, 봄날에 눈 녹듯이, 우리반도의 통일도 이루어질 것입니다.

3. 주월한국군사령부 공보관의 사명

1965년 9월, 월남전쟁이 확대되면서, 한국군 전투병력의 월남파병이 시작되었다. 육해공군 5만 명의 해외파병은 우리 역사에서 처음 있는 기록이다. 내가 맡은 임무는 해외에서 주월한국군의 활동상을 국내외 언론에 알리는 것이었다.

그런데 우리 군의 모든 규정집을 살펴보았으나 해외공보활동에 대한 구체적인 규정이 없었다. 그래서 주한미8군사령부 공보관실을 찾아갔다. 거기서 미군의 해외 언론활동지침과 몇 가지 규정 철을 받아 가지고 월남으로 떠났다.

1965년 10월 20일 오전, 김포공항에서 C-140 4발 군용기를 타고 일본의 오끼나와 공항을 경유하여, 다음날 새벽 5시에 월남 사이공 탄산녓 공항에 도착하였다. 월남의 냄새를 처음 맡아 보았다. 더운 날씨 탓인지 비린 냄새가 코를 찔렀다. 어제의 서울 날씨와 온도는 가을철을 즐기는 선선한 공기였는데, 월남의 첫 인상은 약간 덤덤했다. 사이공 남쪽 출론이란 지역(서울의 영등포)에 있는 건물(FIVE OCEAN HOTEL)에 여장을 풀었다. 그리고 아침 식사를 미군식당에서 하고나서, 첫 출근을 했다.

사령부 건물도 월남전쟁이 일어나기 직전에 지은 것이어서, 깨끗한 새 건물이었다. 보도실은 1층에 결정되었지만 사무집기는 하나도 없었다. 그날부터 나는 한국군의 전쟁-상황을 파악하여, 간단한 보도자료를 만들어, 주월미군사령부 보도실로 '씨그로-발자전거'를 돈을 주고, 타고 달려가서, '오늘의 보도자료'를 프린트하여, JUSPAO(주월미국합동공보처) 기자회견실로 뛰었다. 이런 과정이 4년 동안의 나의 일상사가 되었다.

AP지국장 EDWARD WHITE씨와 MOOR기자, UPI지국의 KATE WEBB여기자, U.S. NEWS & WORLD REPORT의 JACK SUTHERLAND기자, LIFE 잡지의 RENTMEESTER 사진기자, JUSPAO 건물입구에서 인사하던 미공군 FRASER 중령과 MISS THO(1962년도 미스월남), 뉴욕타임스의 CHARLES MOHR 지국장, 지금 이름을 기억 못하는 TIME, NEWSWEEK 지국장들, SAIGON POST와 SAIGON DAILY 편집국장들, 원동일보(遠東日報)사장겸 편집국장, 티유 월남 대통령의 부속실장 TRAN VAN THO대위, BOONUI 부통령비서실장, THICK TAM CHAU 국사(國師)스님과 THICK TAM TAO스님(CHAU스님의 수좌스님), 500명이 넘는 외국기자들이 'CAPTAIN KIM'으로 부르던 김 대위도 중령으로 퇴역하여, 망팔인생을 살고 있으니, 옛 친구들과 협조자들 이미 세상을 떠났거나 떠날 준비를 하는 나이가 되었다!

주월사 공보관은 대변인(전황발표) 역할과 언론을 통한 국위선양을 위한 세계 PR활동의 최일선 근무자였다. 월남은 남북으로 해안선을 따라 5천리를 뻗어 있으니 남쪽에서 북쪽으로 연결된 도시 사이의 통신망은 엉망이었다. 군사통신도 미군통신망을 이용하면서, 많은 어려움을 겪었다. 주간에는 미군통신(TIGER)을 쓸 수 없어서, 밤 2시-3시 사이에 주로 맹호사단과 백마사단, 해병여단의 정훈장교들로부터 전황을 전달받았다.

4년 동안, 전쟁의 위험성과 애국심이 무엇인지를 체험-체득했다. 북한에서 심리전 요원으로 온 어떤 인민군의 로조어사전 책 속에, '1967년 10월 평양에서'라고 쓴 글은 아직도 잊을 수 없어 가슴이 아프다. 이 인민군은 아마도 밀림 속에서 삶을 끝냈을 것으로 믿는다.

백마사단 10호 작전 중에 밀림-산중턱을 도주하다가 높은 낭떠러지를 뛰어내렸으니…… 작전부대요원들이 그의 시체라도 찾으려 했지만, 밀림이란 사람의 발길을 허락하지 않았다.

주월한국군 장병은 현지 제대를 하여, 사우디 개발사업의 현장으로 취직되어 중동의 오일 달러를 많이 벌어드렸다. 젊은 피를 월남전선에서 뿌리고, 뜨거운 땀방울을 중동 사막에서 뿌린 당시, 우리의 젊은이들이 애국자가 아니었던가! 국가의 산업개발 자본을 마련한 그들의 봉사와 희생이 없었다면, 지금의 우리나라 선진산업은 없을지도 모른다.

나는 주월사 공보관으로서 사령관님의 연설문을 작성할 때마다, '부국강병-富國强兵', '골육지정-骨肉之情'이란 단어를 빼놓지 않았다. 우리 장병들의 값진 희생이 결코 헛되지 않기를 바랐던 것이다.(월관 합장)

4. 한국과 미국 대통령이 서로 얼굴을 돌리다

대한민국이 세워진 이후, 한미 두 나라의 대통령이 서로 얼굴을 돌리고, 붉히며, 어려워했던 시대는 1970년을 시작으로 약 10년 동안이다. 닉슨 씨가 대통령 선거 당시, 필리핀의 마닐라에서 선언한 "아시아 지역에서 미군을 감축하겠다."는 데서 시작되었다. 그는 대통령에 당선되자, 주한 미7사단을 미국 본토로 철수시켰다. 물론 한국 정부와의 합의나 양해도 없이 말이다. 박정희 대통령은 당황했다.

정일권 국무총리를 비롯한 정부요인들이 '궁리'를 짜낸 것이, "미국의 정책은 의회가 주도하고 있으니, 국회의원들을 친한 인사로 만드는 노력이 좋다."는 한 가지 정책을 결정했다. 그 실행은 박동선(재미교포 쌀 수입상)이란 젊은이가 총대를 멨다. 박 씨는 워싱턴 D. C.의 구시가지인 조지타운에 큰 식당(연회장)을 차려놓고, 미국의 수도에서 일종의 로비활동을 시작했다.

이런 일은 1945년 2차 대전이 끝난 후, 미국과 그리스 사이에서도 일어난 적이 있었다. 약소국가로서 국가안보는 절체절명의 과제다. 그리스는 키프로스 일부를 터키에게 빼앗겼으니, 국가의 영토가 다른 나라에 빼앗기는 나라 입장에서는 앞이 캄캄했을 것이다. 당시 그리스 정부의 로비활동이 탄로 나자, 양국 사이는 갑자기 어색해졌고, 의회는 조사위원회를 만들어서 미국 국민들을 들뜨게 했다.

그리스 정부의 대응책을 살펴보았더니, 의회가 요청한 답변 자료를 큰 선박 하나를 가득 채울 만큼 많이 만들어 아테네 항에서 뉴욕 항까지 수송했었다.

박동선 사건(Korean Gate - 미국신문의 표제)에 대응한 우리 정부의 노력도 별 뾰족한 수가 없었으니, 미국 의회(Fraser Committee)를 골탕 먹이는 수단을 동원했었다. 한국에 머물고 있던 김동조 주미대사를 미국의회가 소환했을 때, 박동선 씨를 의회가 소환했을 때, 중앙정보부장을 지낸 김형욱 씨를 의회증원대에 세웠을 때, 주미대사관은 1948년 정부수립이후 최악의 한미관계를 풀기 위한 갖은 노력을 다했다.

이런 시절에 미국 대통령 카터는 주한미군 위문 차 서울에 오게 되었는데, 오산의 미공군비행장에서 외무장관의 영접 인사만 받고 곧바로 동두천에 있는 주한 미2사단 사령부로 이동했다. 그 다음날 두 나라의 대통령이 만난 자리는 어색했고, 어떤 사진기자는 두 대통령의 얼굴이 좌우로 향하는 순간을 촬영한 사진을 만들어 내기도 했다.

1976년, 한미 양국의 외교 분쟁이 절정에 달하기 직전에 나는 주미 한국대사관 공보관으로 전보 발령을 받았다. 당시로는 큰 백그라운드도 없던 주 그리스 대사관 공보관이 주미 대사관 공보관으로 영전을 하게 되었다. 그 이유는 여기에 있다고 믿었다. 박동선 사건이 언론에 나타난 것은 1975년 초였는데, 미국신문을 비롯한 유럽 언론이 이 사건을 1면 기사로 취급하는 동안, 한국 언론의 신문, 방송은 벙어리 먹통이 되었으니, 세계인들은 모두 알고 있는 한미관계 사건을 국내 한국 사람의 귀와 눈만 가려놓은 것이었다.

나는 1975년부터 "해럴드 트리뷴 인터내셔널(Herald Tribune International)" 판을 구독하여, 한국기사를 모두 잘라 스크랩 북을 만들었다. 그 뭉치를 박정희 대통령에게 외교파우치를 통해 보냈었다. 그 뭉치 겉에는 '채명신 주 그리스 대사의 사진'을 붙였다. 대통령께서는 1975년 12월 22일에 신문 스크랩 뭉치를 읽어보시고, 12월 28일부터 국내 언론에 대해 '박동선 사건'을 보도해도 좋다는 허락이 떨어진 것으로 알고 있다.

문공부 장관께서 나에게 "미국으로 부임하면서, 서울을 들러서 가라."는 전문을 보내주었고, 장관님의 격려를 받은 기억이 난다. 왜냐하면 내가 부임하기 전에 주미 공보관 세 명이 정치망명을 했고, 미국무부가 즉시 승인했었기 때문이다.

미국 하원의 'Fraser Committee(박동선 사건 조사위원회)'에 출두하여 심문, 조사를 받고 증언을 한 김형욱(전 중앙정보부장) 씨는 개인적으로는 만나본 적도 없었지만, 배짱이 두둑한 우직한 타입의 사나이라는 인상을 받았다. 조사받는 광경을 미국 텔레비전을 통해 보았는데, 위원회 조사관들이 너무도 심한 표현들을 써 가면서 조사, 문답하는 광경은 '약소국가의 공직자'라는 신세타령이 절로 날 지경이었다. 내 임무는 그 녹화 테이프를 빨리 구해서 서울로 보내는 일이었는데, 1966~1975년까지 월남 사이공의 주월 미국대사관에 근무하던 미국해외정보요원(저자와는 친구 사이)의 도움으로 미국의회 보고서, 녹화 테이프, 의회 조사자료들을 다른 우리 대사관 직원들보다 빨리 얻을 수 있어서 다행이었다.

김형욱 씨는 유신체제를 이루는 중요한 시기에 일도 많이 했는데, 무슨 이유로 유정회(국회의원) 의원으로 잠시 있다가 해외로 망명(?)했는지 이유는 알 수 없었지만, 정치망명자라는 공직자의 신세는 별로 탐탁스러워 보이지 않았다. 그는 한국정부에 불리한 증언도 불사했다. 훗날 그를 파리로 불러들여 그의 죽음에 가담했다는 'L씨의 경우'와는 너무 대조적인 교훈을 우리에게 남겨주고 있다.

뒷날 'Fraser Committee의 최종보고서'까지 대사관 직원 중에서 가장 빨리 구해 본국에 보낸 결과, 한국의 중앙정보부장(김재규)께서 이 보고서를 수십 명의 번역사를 동원하여 다음날 새벽에 청와대에 보고한 일이 생겼다. 그 대가로 나는 주미대사관 정무공사로부터 일식집 점심을 얻어먹은 적도 있었다.

국가 공무원이나 회사 직원들이 일하는 자세는 국가(회사)의 이익을 위한 것이라면 내 것, 네 것을 가리지 않고 열심히 뛰면 그 효과는 훗날 모두가 알게 된다는 사실을 기억하는 게 좋다. 큰 회사일수록 임무가 조직적으로 분리돼 있지만 '내 일, 네 일'을 따지면서 일하면, 결국엔 인색한 사람으로 지목되는 결과밖에 없다. 약간은 손해를 보는 듯하지만, 결국에는 큰 이득이 돌아온다는 것이 속제적 진리이며 교훈이다.

어려운 시기에 중앙정보부장을 맡아 열심히 일했던 김형욱 씨는 중년의 출세는 좋았으나, 말년 신세는 비운이었다. 그를 둘러싸고 여러 가지 추측도 많지만, 그를 직접 파리로 오게 하여 그의 생명을 없애버린 결과를 낳았던 L씨는 공직자로서 상부의 지시에 따라 행한 일이었지만, 마지막 까지 살생은 막았어야 옳았을 것으로 본다.

남의 일이니 나도 이렇게 쉽게 말하지만, 나 역시 한때 그분을 위해 고민도 해보았고, 그분을 점심식사에 초대하여 나의 솔직한 심정을 말해주기도 했으나, 그분은 "단순한 직무 집행이었다."며 말끝을 흐리고 말았었다. L씨는 저자와 함께 1965년 9월, 주월 한국군 사령부 보안요원으로 파월했던 전우였다. 자신이 맡은 일이라면 물불을 가리지 않는 철저한 군인이었다. 국가를 위한 일이라면 생명을 던지는 참된 군인이었다. 왜 꼭 그런 일을 그에게 맡겨야 했는지? 인생의 운명이란 그런 것인가? 아직도 조국의 통일은 오지 않았는데, 나라의 일꾼을 잃은 전우의 마음은 착잡하다.

1998년에 L씨와 점심식사를 하면서, "마치 당신이 주역을 맡은 것처럼 텔레비전에서 드라마를 방영했는데, 사실과 어떤 관련이 있는가?" 하고 묻자 그는 "내 아들에게만 사실을 알리고 세상을 떠나고 싶다."고 대답했다. 나는 L씨로부터 어떤 단서만 잡으면 일반에 공개된 드라마를 수정하고 싶은 욕심이 있었기 때문에 자세히 알고 싶었다.

그의 심정은 이해하지만, 그 역시 '때'를 놓친 것으로 판단했던 것 같았다. 결국 아들이 먼저 자살로 세상을 떠났고, 자신마저 뒤따라갔으니 이제 진실을 아는 사람은 하나도 없다.

지난날에 일어났던 어떤 사건이나 사실을 찾아서 다시 밝히자는 게 아니라, 앞으로 이 땅에서 살아야 할 후배들에게 어떤 교훈을 남겨주느냐 하는 것이 내가 이 글을 쓰는 의도의 핵심이다.

누구나 살다가 한 번은 죽는 것이지만, 서로가 믿고 함께 일을 하다가 김형욱 씨도 그렇게 사라지고, 박정희 대통령도 김재규(당시 중앙정보부장) 씨와의 불화(?)로 저질러진 일이라면, 일상사에서 빗나간 생각이나 경솔한 행동이 아니었을까! 다시 생각하게 한다. 김재규 씨는 전방 3군단장으로 있을 때, 자신의 운명에 대한 점을 치는 걸 좋아했다. 그래서 가끔 서울에 휴가를 오면 미아리에 있던 박해월(朴海月)이라는 골상점(骨相占 - 운세철학관)을 자주 찾았다.

나도 박해월 씨를 자주 만나 술도 함께하면서 많은 이야기를 했는데, 박해월 씨의 말인즉, "김재규 장군은 부통령까지는 되는데, 그 위로는 안 되는데 자꾸만 같은 걸 물으니……." 하면서, 김 장군의 점괘를 답하기에 고심하는 말을 자주 했다. 박대통령을 시해할 때, 김재규 장군이 권력을 찬탈할 목적이 보이지 않았던 것은 박해월 씨의 점괘(운명관) 때문이 아니었을까 생각한다.

내가 박해월 씨를 자주 만난 이유는 북한으로 특수임무 수행을 위해 갔던 군후배가 박해월 씨(황해도 해주에서 온 피난민)의 운명 판단으로 함께했던 요원들의 운세를 보러 갈 때 양주병을 들고 가는 것이었다. 박해월 씨는 운세점을 보아주는 대가로 돈보다는 양주를 더 좋아했기 때문이었다.

어떤 경우이든 사람의 생명을 정치적 이유로 죽이는 것은 그 '업행(業行)'의 효과가 자신과 자신의 후손에까지 전해진다는 불교의 업장 윤회사상을 확실히 알아야 한다.

과학으로 설명하자면, 유전자 세포를 통한 업장(業藏)의 전이, 전달

로 인해서 과거의 업행이 후세들에게까지 전해짐을 알아야 한다(業藏
輪廻說). 인간의 윤회는 생명윤회 – 업장윤회이다. 업행은 부모자식 사
이에는 유전(遺傳)으로, 타인과의 사이에는 공업유전(共業遺傳)으로
전해진다.

7. 한미수교 100주년 기념사업

1882년의 우리나라와 미국과의 수교는 타국과 조선이 평등한 조약으로 수교했던 첫 번째 외교행사였다. 그리고 다음해(1883년)는 독일과 수교가 이루어졌고, 이어서 프랑스, 이탈리아 등 여러 나라들과 문호를 개방하게 되었다.

정부에서 후원을 하고 한국국제문화협회(당시 저자는 사무총장)가 실무를 맡아, 25억 원의 모금활동과 함께 1982년 5월 22일을 기점으로 한미 두 나라에서 '한미 수교 100주년'을 기념하여 여러 가지 우호친선행사를 열었다. 김용식 위원장(적십자사 총재)과 각 사회단체 대표들이 친선사절단으로 미국 조야를 방문하였고, 미국의 친한 인사들도 한국으로 초청하여 국내에서도 많은 문화행사와 친선모임을 가졌다.

인천 시내에 있는 공원에는 '한미 100주년 기념 조형물'을 세웠고, 한미 외교에 공헌한 분들의 동상 조각물도 만들어 시청에 기증하였다. 대한민국과 미국의 관계가 지난 100년 동안 미묘한 이해관계로 엉켜있는 것은 한반도가 지정학적으로 대륙세력과 해양세력이 부닥치는 중간 지역이기 때문이다. 우리나라가 미래를 지향한 훌륭한 외교관들을 길어내야 하는 이유가 바로 여기에 있다.

지금은 국제문화협회 사업을 외무부 산하의 국제교류원에서 수행하고 있다. 국제사회가 점점 좁아지는 미래사회에서는 정부의 외교적 문화교류 활동보다는 민간교류활동이 더 효과적이라고 생각한다.

8. 새마을운동은 세계에 자랑할 우리의 정신문화

1984년, 전두환 대통령은 '새마을운동의 국제화사업'을 적극적으로 실시하라는 당부를 새마을운동 전국대회에서 강조하였다. 그 후 4년 동안, 새마을운동본부에서는 한국을 방문하는 모든 외국인 기술자들, 외교관들, 지역개발전문가들에게 『새마을운동의 이념과 실상』을 책자를 통해서, 브리핑과 단기교육과정을 통해서 외국인 2만 명에게 새마을운동을 알렸다. 그리고 89개 국가의 회원을 가진 UNDP 총회에서 1984년과 1985년 2차에 걸쳐 새마을운동의 실상을 설명하는 강연을 하였다.

그 결과로 중공의 등소평 주석이 46명의 새마을운동 연구팀을 선발하여 1985년에 춘천 비행장(무허가 불시착)을 통해서 보낸 사실도 있다. 그들은 7일 동안 새마을연수원과 새마을시범부락과 산업단지시찰을 마치고 귀국하여 중국 전역에 새마을운동−환경개선사업을 실시하였다.

새마을운동 국제사업단은 미국−캐나다를 비롯한 중남미 8개 국가에서 지역개발 세미나를 개최하였다. 오늘날 세계 많은 나라에서 한국의 새마을운동을 배우고자하는 열기가 서서히 다시 일어나고 있다.

새마을운동의 뿌리를 살펴본다. 새마을운동은 1961년 8월부터 시작되었다. 이 사실을 모르는 사람들은 새마을운동이 정부주관(내무부) 사업으로 된 1972년부터 시작한 것으로 잘 못 알고 있다. 물론 새마을운동이라는 이름으로, 정부 주도 사업으로 시작한 해는 1972년이다.

그러나 1961년 516군사혁명이 일어나고, 즉시 박정희 장군은 대구에 있는 50사단을 방문하여, 농촌 개몽 운동, 농촌 잘 살기운동, 농촌

생활환경개선운동, 농로 직선화 운동, 농촌도로망개선사업 등을 구체적으로 지시하였고, 사단 각 연대에서는 시범 모델 사판을 막사 안에 만들어 놓고, 전국 면단위에서 1950명을 차출(내무부와 협조)하여, 현장 교육을 실시하였다. 이런 농촌개혁운동이 국가재건국민운동이란 이름으로 한 동안 지나다가, 1972년 4월에 이르러 새마을운동은 정부의 공식 명칭을 얻고, 정부주도의 국민운동이 된 것이다.

어느 학자는 새마을운동은 옛날부터 우리나라에 있던 운동이라는 엉뚱한 소리를 책으로 만들어 발표하는 사례도 있다. 옛날부터 있었다는 새마을운동은 불교의 울력(鬱力)이라는 '도반들의 협동작업'과 지방 향토 농민들이 자발적으로 했던 '농사의 협력작업'을 했던 것이지만, 전국적인 농촌 개선 사업은 아니었다. 농어민 협동작업과 농어촌의 환경개선사업은 1961년 8월 대구(50사단)에서 시작한 것이 새마을운동의 효시라는 것을 당시에 참여했던 일원의 자격으로 밝혀둔다.

박순천 민중당 당수는 1968년, 주월 한국군 예하부대를 방문하면서 채명신 장군과 만나게 되었다. 채장군은 전용기로 박할머니를 극진히 모셨고, 박순천 민중당 당수는 월남을 떠나기 전에 기자들에게 "주월 한국군을 월남전선에 파견한 것은 잘한 일이었다."라고 말했다. 한국의 야당당수로서 했던 이 말은 국내 정계에서 큰 파문을 일으켰다. 이렇게 두 사람의 인연은 맺어졌고, 월남전선을 돌아보는 동안 두 사람은 인간적인 친근감을 서로 느꼈던 모양이다.

1970년 1월 20일, 서울에서 근무하고 있는 월관에게 2군사령관실에서 전화가 걸려왔다. "박순천 할머님을 찾아보라."는 전화였다. "할 말이 있다고 하니, 그분의 집으로 가라."고 하면서. 집 위치는 "홍익대 건너편 청기와 주유소에서 100미터쯤 언덕길을 올라가면 있다."고 가르쳐주었다.

월관은 부대로 출근하는 새벽길에 먼저 박 할머님 집으로 버스를 타고 갔다. 아담한 단층집이었고, 뜰에는 목련나무에 흰 꽃이 피어 있었다. 한 여인의 안내로 집안으로 들어갔더니, 소파에 앉자마자 박할머니는 "다름이 아니라, 채명신 장군을 모함하는 정보가 있네. 정부 고위 인사가 채 장군을 목을 치려고 한다."

"30사단과 33사단의 대대급 부대를 무장하여 서울 시내로 출동시키고, 이를 수도경비부대로 하여금 서울 진입로 지점에서 막아서 돌려보내겠다는 것이다." 그리고 "이 부대가 출동한 명령권자가 바로 2군 사령관이라고 지목, 채 장군을 체포하여 서울로 압송한다는 시나리오다." 이렇게 실행이 되면, 채 장군은 즉시 해임된다는 것이었다.

월관은 박순천 할머니의 아들인 변종수와 성균관대학교 법학과 동기생(1954년 입학)이었는데, 상황이 너무 급한 나머지 종수형의 안부도 묻지 못하고, "감사합니다." 인사만 남기고 즉시 김포공항으로 달려갔다.

대구로 가는 첫 여객기의 표를 사들고, 공중전화로 대구 2군 사령관실에 전화를 걸었다. 보좌관인 신 중령님과 통화가 되었다. "곧 대구 비행장으로 갈 테니, 차를 비행장에 대기시켜 주십시오. 자세한 이야기는 나중에 하지요."

2군 사령관실에 도착한 나는 곧바로 채 사령관님을 만났다. 보통 때처럼 인사도 할 여유가 없었다. 박할머니가 전해준 '정보'를 그대로 전했다. 그리고 다른 말은 아무것도 하지 않고, 곧바로 대구 비행장을 경유해서 서울로 다시 돌아와 부대에 출근하였다.

나중에 확인한 결과, 채 사령관님은 30사단과 33사단으로 즉시 헬리콥터를 타고 가 연대장, 대대장과 일대일로 면담하면서, "나의 목소리를 잘 기억하라. 내 목소리가 아닌 다른 사람이 내 이름으로 부대의 출동을 지시하면 즉시 상부에 보고하고, 절대로 부대를 영문 밖으로 출동시키지 말라."고 당부했다는 것이다.

박 할머니와 채 장군의 인연은 여기서 끝이 났고, 채 장군은 1972년 5월(계급 정년)까지 2군 사령관을 지내고 퇴역하였다.

이 두 분은 서로 만날 사람이 아니었는데, 인간의 인연이란 알 수 없는 것으로 이상하고도 괴상한 사연으로 일어난다. 박 할머니는 월남에 와서 야당 당수로서 주월 한국군의 파월을 지지하고, 결국 정계를 떠나게 되었다.

채명신 장군은 어떤 운명에서인지, 한 여인의 도움으로 일생을 국가를 위해 군인으로 싸운 공덕에도 불구하고 어떤 정치인의 공작에 의해 불명예 퇴역군인이 될 뻔하였다. 서울 성북구에서 여러 번 당선 되었던 야당 국회의원 서범석(산중턱에서 양계를 하면서 생계를 유지 하던 사람) 씨는 "채명신 장군은 제2의 이순신 장군이다."라고 언론에 외쳤다.

당시 채 장군의 주변 이야기를 요약한 말씀이었다. 이순신 장군은 일본군의 침략을 물리치고도 왕의 주변에서 사대당파끼리 싸움만 하던 당시의 정치 환경으로 인해 왜군의 화살에 맞아 전사하고 말았다. 가슴 아픈 역사기록을 비유한 서범석 씨의 말씀이었다.

10. 박정희 대통령과 채명신 장군의 마지막 만남

박정희 대통령께서 비서실장과 함께 2군 사령관실을 찾아갔다. 대통령이 두 번이나 찾아간 이유는 정치문제로 고심하던 때였다. 1971년으로 기억한다. 박 대통령과 채명신 장군의 독대가 이루어졌다. 박 대통령은 조용히 말을 시작했다. "채 장군은 다음에 1군 사령관의 후임으로 가야 되겠지!"라고 운을 뗐다. 그러고 나서 "정치를 좀 안정시켜야 하는데, 200만 예비군을 총괄 지휘하는 2군 사령관이 전국의 예비군을 동원하여, 유신헌법 지지 데모를 지방에서 서울로 해주면 도움이 되지 않을까?"라고 말을 맺었다.

채 장군이 답변을 할 차례가 되었다. 긴장된 순간이었다. "각하, 군이 더 이상 정치에 직접 관여하는 것은 각하에게 도움이 되지 않는다고 생각합니다." 박대통령의 반응은 "그렇겠지? 알았네." 그리고 자리에서 일어났다.

며칠 뒤, 서울에 모인 예비역 장군들이 광화문 거리에서 '유신헌법 절대지지' 데모를 실행하였다.

5·16군사혁명의 동지로서, 제5사단장으로서 현역군을 서울로 진입시켰던 채 장군의 정치적 운명은 여기서 서서히 빛을 잃어가게 되었다. 혁명은 혁명이고, 정치는 정치였다. 인간의 만남과 인연? 만나면 헤어지는 것, 인생에서도 불교의 '연기(緣起) 진리'는 확실히 작용했다. 그러므로 정법의 진리를 깨쳐서 알고 있으면 위기에 도움이 된다.

동상이몽(同床異夢), 오월동주(吳越同舟)는 삼국지 같은 소설책에 자주 나오는 말이다. 박 대통령의 마음은 벌써 채 장군에게서 멀어졌는데, 채 장군은 '나의 다음 보직은 1군 사령관'이라고 믿고 있었다.

아무도 채 장군의 숨은 뜻을 말해주는 사람은 없었지만, 1군 사령관으로 갔을 경우를 예상하고 여러 부하들의 준비(마음가짐)와 움직임으로 봐서 짐작할 수 있었다. 또 자신이 계급 정년(중장은 6년)이 되는 1972년 5월 말일 오후 5시까지 퇴근을 하지 않고 사무실에 있으면서, 서울로 갈 헬리콥터를 대기시켜놓았던 점으로 미루어 본인의 마음을 짐작할 수 있었다.

전해들은 대화 장면이기에 대화 내용(뜻)을 전할 뿐이지, 누구도 실제 대화를 그대로 기억할 사람은 아무도 없다. 독자의 이해를 바란다.

11. 정치에 참여하는 것도 인연이 있어야

1986년 4월 어느 날 오전 11시, 월관이 새마을운동의 국제화사업을 맞고 있을 때, 새마을운동본부 회장이 갑자기 가까운 공동목욕탕에서 나를 찾는다고 연락이 왔다. 목욕탕 사우나 실에서 만난 그는 어제 각하께서 미얀마 대통령에 대한 조사연구를 해 보라고 했는데, 김 보좌역이 해 보지 않겠느냐고 제의했다. 그래서 나는 즉석에서 "그런 일은 저가 할 일이 아닙니다. 정치학을 공부한 사람 중에서 찾아보세요."라고 응답했다. 그래서 J라는 분이 그 일을 하게 되었고, 그 분은 얼마 후에 큰 방송회사 사장이 되었다.

월관의 삶은 내가 가야 할 길이 아니면 가지를 않았다. 내가 할 일과 안 할 일을 언제나 찾아서 살아 왔다. 인생의 삶은 언제나 '선택'으로 이어진다. 아무 일이나 욕심으로 참여하고, 해결하려고 해서는 안 된다고 믿는 것이 월관의 생활신조였다.

전 회장의 다음 이야기: "'노태우 민정당 대표를 차기 대통령 후보'로 (각하께서) 지명하시겠다는데, 미국 레이건 대통령이 (혹시라도) 반대 입장을 말해 버리면, 우리 정부 입장이 곤란해질 것"이라고 했다. 그러니 김 보좌역이 나서서, 이 일을 좀 해결해 주면 좋겠다고 말했다.

당시에 주한미국대사는 월관이 국제문화협회에 있을 때, "친한 인사로 알게 되었으니, 이 일은 다른 사람보다 내가 하는 게 좋을 것"이라고 대답하였다.

그 이후 나와 전 회장은 주한 미국대사 내외와 호텔 식당에서 몇 차례 만나서 식사도 하면서, 정치 이야기를 나누었다. 얼마 후에 이 일은 주한 미국대사관의 대사 특별보좌관(Special Assistant)이 맡기로 결정을 하였고, 나는 그를 여러 번 만나면서, 의견을 교환하였다. 미 대사의 특별보좌관은 노련한 정보요원(아시아 여러 나라에서 근무)이 었다. 그는 나의 설득을 호의적으로 받아들였다.

그래서 나는 중간보고를 드리기 위해서, 국회에 계시던 노태우 민정당 대표님을 만나려고 갔다. 강보좌관과 이비서관이 친절히 맞아 주었으나, 홀로 대표님을 만날 수는 없다고 강한 어조로 막았다. 그 때, 나는 전두환 대통령께서 노 대표님께 다음 대통령 후보 이야기를 말한 것으로 짐작했다. 대통령이 될 분을 아무나 함부로 만나서는 안 되지! 하고 물러섰다.

강보좌관과 이비서관은 아쉬움을 표시하면서, "무슨 말씀을 드리려고 하는지? 우리가 먼저 보고를 드리고, 만나면 안 되겠습니까?" 이런 말이 오고 갔으나, 군대생활 20년을 하면서, 내 몸에 있는 유전자 세포가 비밀 보호라는 경계령을 내려서, 그런 제의를 받아들이지 않았다.

그래서 노태우 대표님과의 직접 만남은 실패로 돌아갔고, 대통령이 되신 훗날에 나타난 결과에서도 두 사람이 만날 인연은 없었다는 것이 현실로 나타났다. 월관이 보병학교 후보생 때도 노태우 중위님(구대장 시절)을 만난 적이 있고, 주월한국군사령부에서도 만난 적이 있었지만, 가깝고 친한 사이는 아니었다.

그러나 임무 완수를 위해서, JIM보좌관과 나는 용산 미8군사령부 SOUTH POST 골프장에서 둘이서 공을 치기도 하였고, EMBASSY CLUB과 비공개 식당에서 여러 번 만나서, 미국 레이건 대통령을 사전에 설득시키는 작업에 정식으로 착수했다. 전 회장과 나는 1986년 9월부터 미국 보스턴에 있는 하버드대학교 행정대학원(JOHN F.

KENNEDY SCHOOL)에서 몇 달 동안 공부를 하게 되었다. JIM은 보스턴까지 찾아와서, 노태우 민정당 대표의 대통령 후보 가능성에 대해서 여러 가지를 물으면서, 곧 보고서를 만들어야 하는데 도와 달라고 했다.

나는 정치학을 공부하지도 않았고, 국내 정치 활동에 참여한 경험도 없었지만, 상식으로 판단했을 때, 박정희대통령이 너무 오래 대통령직을 수행한 바로 뒤였기 때문에, 전두환 대통령이 다시 제2기 대통령을 하는 것 보다는 노태우 씨가 (군 출신이지만) 정권을 받아서, 한국정치의 평화적 정권교체를 실현하는 것이 옳다고 판단하였다.

이런 논리를 JIM에게 끈질기게 설득하였다. 나의 논리설명이 효과를 내자, 그는 반포동에 살던 나의 아파트까지 찾아와서, 가정한식으로 식사까지 하면서, 친구가 된 분위기였다. 그가 레이건 대통령에게 보낸 최종 보고서는 1986년 12월 중순이었다. 최종 보고서를 마무리하면서, JIM과 나는 단둘이 자기 사무실에 앉아서, 약 30분 동안, 일문일답으로 각 조항을 최종 정리하였다.(아마도 옆방에서 두 사람의 대화를 녹음하는 듯했다.) 그래서 나의 KONGLISH(한국식 영어)를 최대한 정확히 하려고 혀를 많이 굴렸었다.

JIM은 노태우정권이 들어선 다음, 주일본미국대사관 특별보좌관으로 전보되어 근무를 마치고 나서, 공직에서 은퇴하여, 지금은 워싱턴 DC 북쪽 (메릴랜드 주) 마을에 살고 있다.

그런데 노태우 대통령이 부임하자마자, 전(새마을운동 회장)씨는 새마을운동본부의 사업과 관련도 없는 일로 감옥에 가게 되었고, 새마을 본부 간부들은 일괄사표를 강요당했다. 전 대통령은 강원도 백담사로 현대판 귀양(?)을 가게 되었으니, 새마을운동에서 개인적인 희생(월급 72만원)을 감수하면서, 4년 동안 고생한 보람은 하루아침에 물거품이 되고 말았다. '사회생활은 줄을 잘 잡아야 한다'라는 말이 있다. 나는 내가 맡은 일은 잘 했는데, 이번 일만은 줄을 잡는 일에 '썩은 줄'을 잡은 셈이 되었다.

1986년 4월, 전두환 대통령과 전경환 새마을운동본부 회장이 썩은 줄이었던가? 전두환 대통령의 제5공화국은 단군조선 이래 최고의 경제성장을 이루었고, 88서울올림픽 대회를 유치하여, 만반의 준비(올림픽체육시설과 도시미화사업)를 세계만방에 과시하여, 공산국가들이 놀랐었다. 그 결과로 우리나라와 러시아-중공을 비롯한 공산국가들과 차기 정부에서 외교관계를 수립하게 되었다. 전경환 회장은 황태자란 별명을 달고, 지구를 22바퀴나 뛰어다녔지만, 미국 뉴저지 주에 유학하는 아이들의 숙소를 20만 불에 사준것 외에는 해외에서 아무런 문제도 일으키지 않았다.

노태우 씨가 대통령을 마친 후, 윤필용(예비역장군)씨는 노태우 씨 집을 밤늦게 찾아가서 전두환 씨를 한 자리에 불러 놓고, 두 사람이 화해를 하도록 술자리를 같이 했다는 소문을 들었다.

하지만 불교에서 말하는 업장(業障) 소멸은 그렇게 쉽게 이루어지지 않는다. 업장(業障)은 업장(業藏-유식의 제8아뢰야식)이 되어 관련된 여러 사람들의 유전자 세포에 저장되었기 때문에, 특히 가족들과 관련된 많은 사람들의 가슴에 묻힌 나쁜 감정(業障)을 모두 없애는 데는 상당한 노력과 시간이 필요하다. 우선 관계된 당사자들이 참회수행을 닦아야 한다. 그리고 자식들도 오랜 시간을 참회하는 수행을 함으로서 다소의 효과를 거둘 수 있을 것이다. 양가만의 악연이 될 사건이 아니라고 본다면, 공개적인 화목의 정을 나누는 잔치라도, 두 분이 살아 있을 때, 자주 하는 게 좋을 것이다.

지금 노태우 씨의 몸이 많이 불편한 것으로 알고 있다. 아상을 훨훨

털어버리고, 보통 사람으로서 자유가 어떤 것인지를 체득하기 위한 노력을 열심히 해 주기를 바라는 마음이다. 또한 노태우 씨의 가족들도 정성을 다해서 오래오래 수행을 닦고, 이타비행(利他悲行)을 많이 해야 한다고 권하고 싶다.(업장의 유전과정을 잘 깨쳐야 한다.) 지금 월관은 분당 정자역 앞, 대림아크로텔에서 '월관법당'을 열고, 집안의 가장으로서, 공직자로서 살았던 지난날의 구속에서 벗어나, 일상수행을 통해서 '진리 깨침의 즐거움과 하루하루의 자유로움'을 만끽하고 있다.

많은 종교에서 비슷한 말을 하지만, 죽어서 영혼이 천당과 지옥에 가는 것이 중요한 것이 아니라, 살아 있는 동안에 받는 고통이 더 크고, 의미가 무겁다는 것을 불교신도들은 알아야 한다. 숨을 쉴 수 있는 체력이면, 자기 참회와 수행을 닦으며 하루를 사는 것이 '팔정도의 정견(正見)수행이고, 정념－정정(正念－正定)수행'이라고 믿는다. 하루에 한 번이라도 부처님 앞에 무릎 꿇고 앉아서 자기를 살피고, 참회하는 것이 얼마나 중요한 수행인지 불자들은 깊이 생각해야 한다.